南京统计年鉴

STATISTICAL YEARBOOK OF NANJING

2017

南　京　市　统　计　局
国家统计局南京调查队　编

中国统计出版社
China Statistics Press

图书在版编目（CIP）数据

南京统计年鉴. 2017 / 南京市统计局, 国家统计局南京调查队编. -- 北京 : 中国统计出版社, 2017.8
ISBN 978-7-5037-8180-3

Ⅰ. ①南… Ⅱ. ①南… ②国… Ⅲ. ①统计资料－南京－2017－年鉴 Ⅳ. ①C832.531-54

中国版本图书馆CIP数据核字（2017）第158569号

南京统计年鉴－2017

作　　者	南京市统计局 国家统计局南京调查队
责任编辑	陈越月
装帧设计	钱　勇
出版发行	中国统计出版社
地　　址	北京市丰台区西三环南路甲6号 邮编 100073
电　　话	邮购（010）63376909　书店（010）68783171
网　　址	http://csp.stats.gov.cn
印　　刷	南京凯德印刷有限公司
经　　销	新华书店
开　　本	890×1240 毫米　1/16
字　　数	613千字
印　　张	28
印　　数	1-1000册
版　　别	2017年8月第1版
版　　次	2017年8月第1次印刷
定　　价	380.00元

本书附同版本CD-ROM一张，光盘内容以书面文字为准。
如有印装差错，由本社发行部调换。

《南京统计年鉴》（2017）编委会和编辑人员

编辑委员会

主　　任：王国钧　王忠华

副 主 任：向绍明　仲玉琪　张诒强　陈锡文　方爱军　尹小宁

江　波　刘延胜　汪　萌　朱玉明　周根林　张新纪

编　　委：（按姓氏笔画为序）

王　军　史　明　吕胜利　刘　宏　刘　波　孙如志

严晓红　杜凌飞　李　昂　杨晓燕　汪　娟　张小良

陈美华　范怀华　郑　菲　赵前成　查莉华　骆立宇

徐　迅　唐　昆　唐　俊　韩厚盾　雷晓萍　戴苏林

编　辑　部

主　　编：王国钧

副 主 编：仲玉琪

责任编辑：沈爱民

编　　辑：郑　菲　李　昂　杜凌飞　常晓军　吴　婧　程　雨

资料提供人员：（按姓氏笔画为序）

于溯泳　马　丽　王　科　王淳宇　毛　森　叶　韬

冯　波　毕发萍　朱国梁　朱　真　朱　锦　刘文勇

刘安平　刘婷婷　江　滢　汤　健　李丹丹　何全方

何　政　张孝伟　张苏滨　张晓燕　张铭园　陈明星

周雪菲　居军荣　赵　妮　查　雯　洪凌云　姚　彤

耿延武　夏恒岗　夏　婕　曹华盛　龚　锐　章　瑜

蒋宗跃　魏　炜

编 者 说 明

一、《南京统计年鉴》(2017)以大量的统计数据，全面、系统地反映了2016年南京经济和社会等各方面的发展情况，是一本数据信息密集、内容广泛的资料性工具书。

二、全书内容分为18个篇目，即：1. 综合；2. 国民经济核算；3. 人口和就业；4. 人民生活；5. 价格指数；6. 农业；7. 工业和能源；8. 交通运输和邮电通迅业；9. 固定资产投资和建筑业；10. 批发和零售业、住宿和餐饮业；11. 对外经济贸易和旅游业；12. 财政、金融和保险；13. 科技和教育；14. 文化、卫生和体育；15. 司法、社会福利与其他社会活动；16. 城市建设与环境保护；17. 分区社会经济；18. 区域经济。为便于读者正确地使用资料，各篇目还附有主要统计指标解释。

三、"分区社会经济"中由我局统计的经济类指标为评价口径。即在分区统计中，根据我市实际，扬子石化、金陵石化、南钢、南汽、苏宁、苏果等少数生产经营规模和影响特别大的部省属单位，以及海关、邮政、电信、供电、大型金融(银行、证券、保险)部门，因业务垂直领导、经营活动跨地区、财务统一核算等因素，相关数据不宜或难以按区进行划分，故在各区GDP核算和相关专业统计中未包括，由市统计局直接统计。

从2009年起，浦口区包含高新技术开发区的数据、栖霞区包含新港经济开发区的数据、六合区包括南京化学工业园的数据。

为了全面反映分区经济发展的整体情况，从2009年开始，在原有的按评价口径计算分区地区生产总值数据的基础上，增加按在地口径计算的分区地区生产总值数据。

四、本年鉴国民经济行业分类启用新标准(GB/T 4754−2011)。

五、本年鉴部分统计数据来源于有关主管部门，对此我们分别予以注明。如使用者在使用该资料时认为有必要，可与该部门直接联系。

除部门统计数据外，本年鉴的统计资料，由南京市统计局、国家统计局南京调查队依法通过统计调查，汇总、加工取得，并对统计资料的质量负责。请使用者客观、科学、合理的依法使用，对使用本年鉴统计数据所产生的法律争议由使用者自行解决。

六、本年鉴部分数据合计数或相对数由于单位取舍不同产生的计算误差均未作机械调整。

七、读者在使用统计资料时，凡与本年鉴有出入的，均以本年鉴为准。

八、本年鉴中符号使用说明："−"或"空格"表示数据不详或无该项数据；

"#"表示其中的主要项；

"*"表示另有注解。

九、《南京统计年鉴》公开出版以来，受到社会各界的关注和支持，对年鉴的内容和编辑工作提出了许多宝贵的意见，对此，我们深表谢意。欢迎读者继续对年鉴的不足之处给予批评指正，帮助我们进一步提高编辑水平，以期更好地为广大读者服务。

《南京统计年鉴》编辑部

2017年8月

南京市户籍人口总数示意图

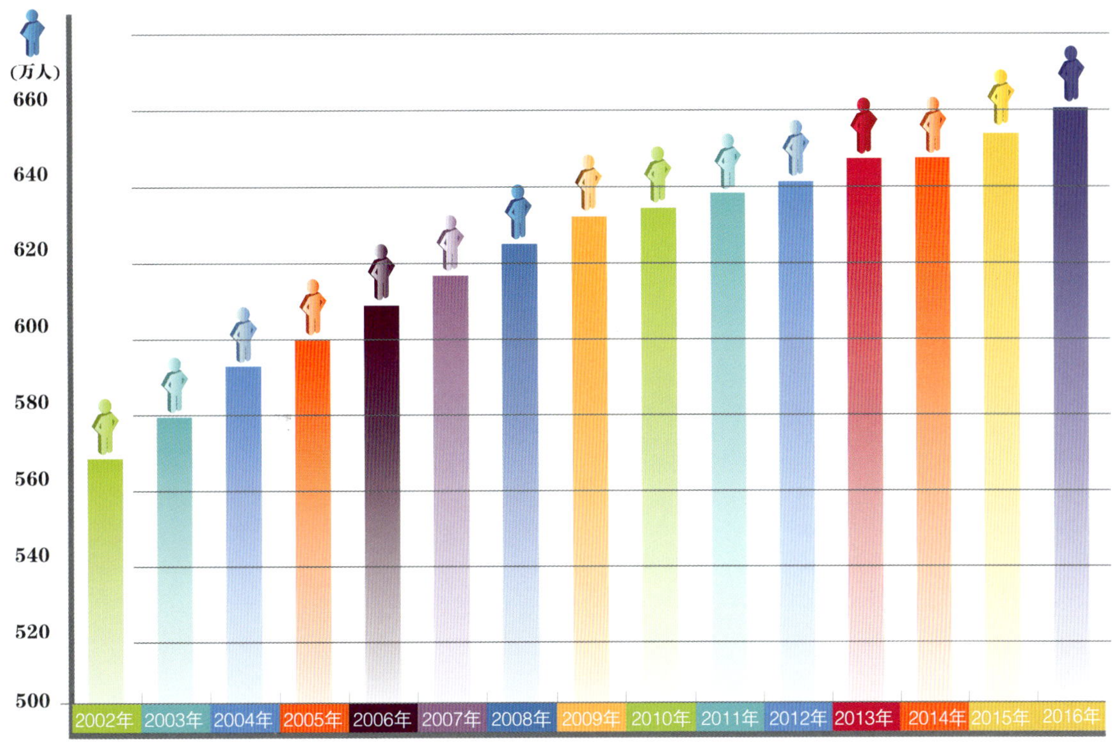

南京市人均地区生产总值（按户籍人口计算）示意图

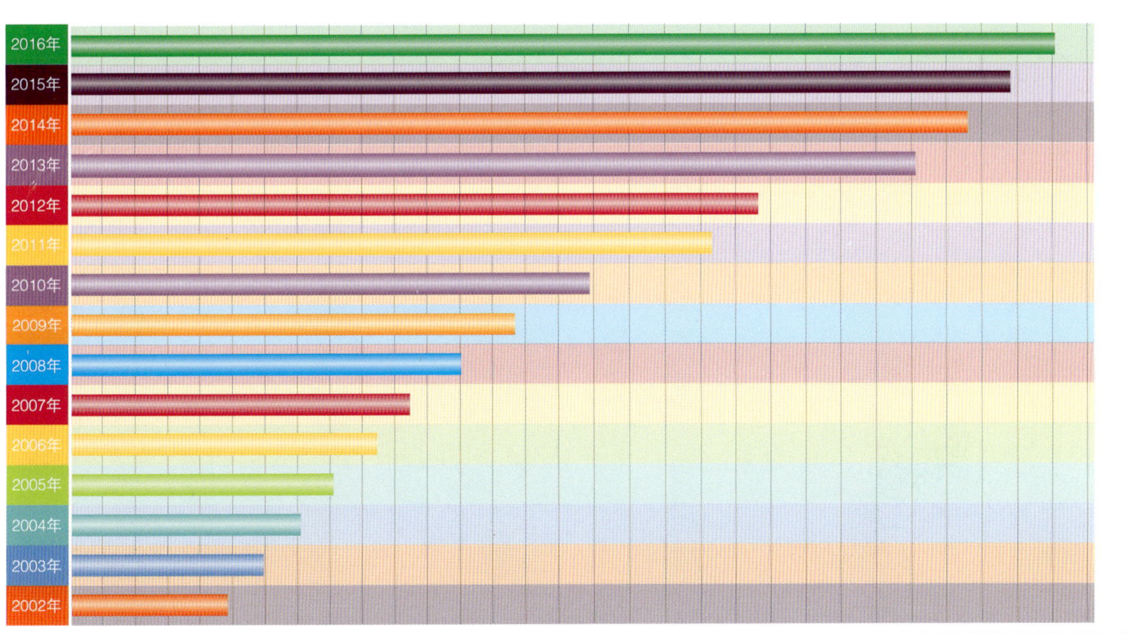

南京市地区生产总值示意图

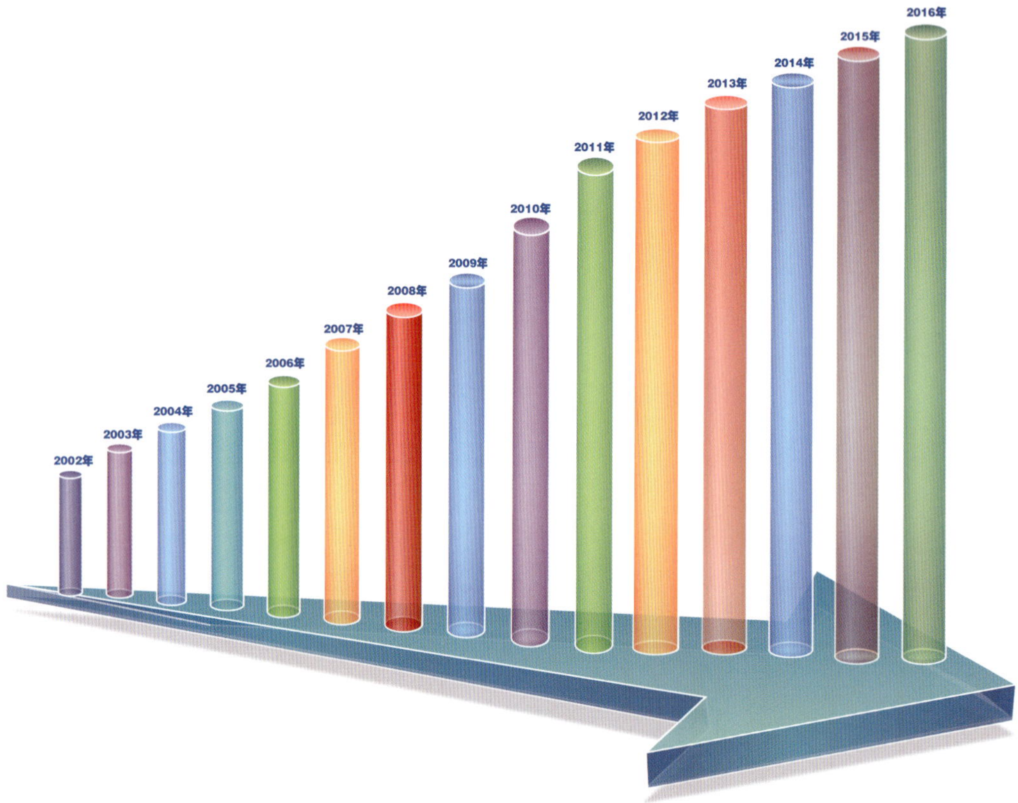

南京市第三产业占地区生产总值比重示意图

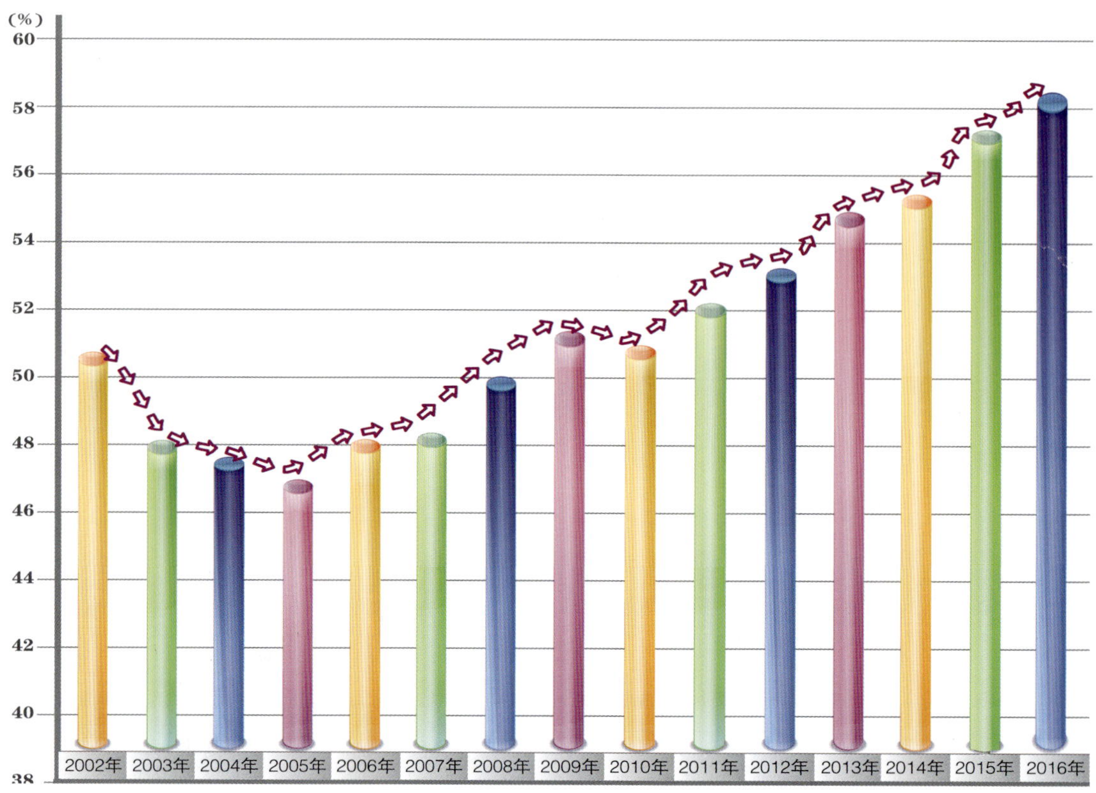

南京市财政收入示意图

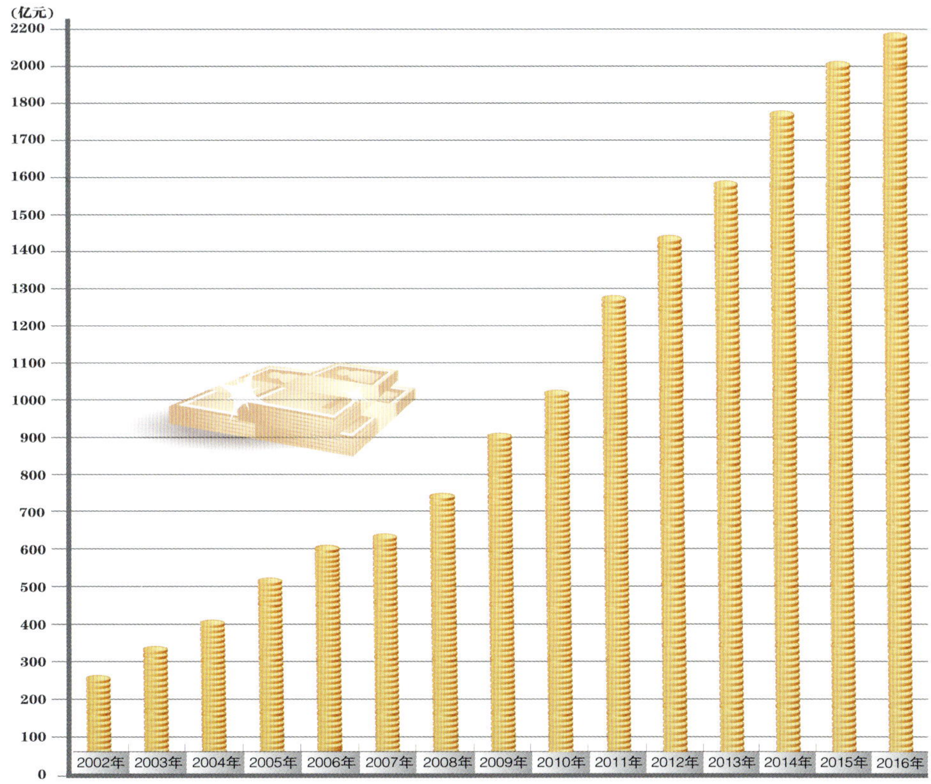

南京市全社会固定资产投资完成额示意图

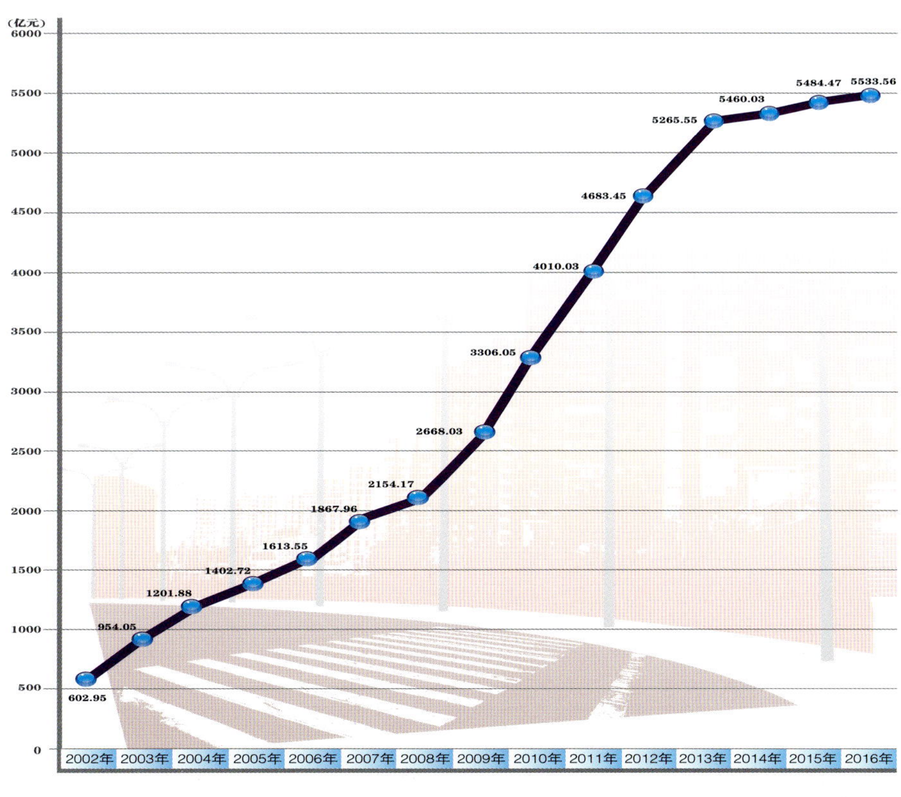

南京市社会消费品零售总额示意图

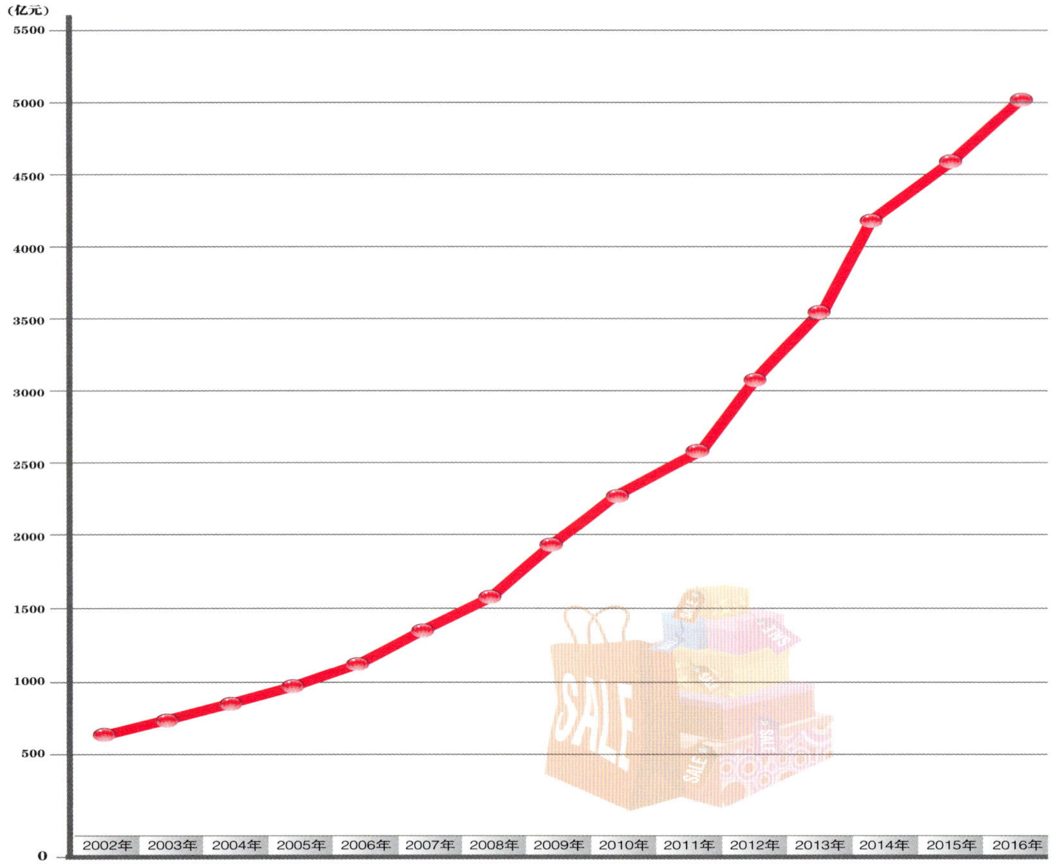

南京市外贸出口总额示意图

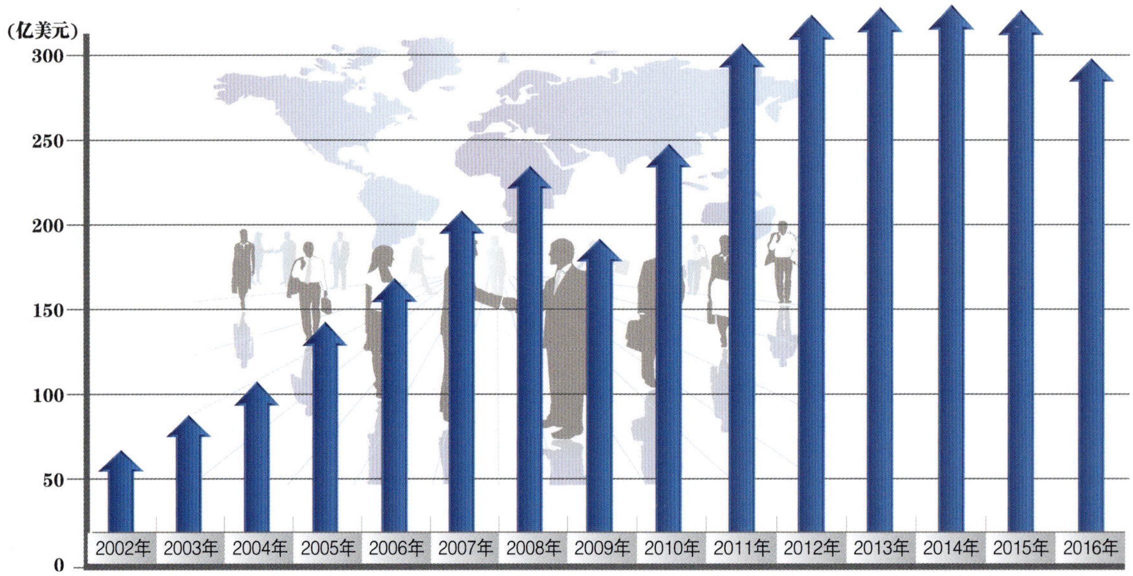

南京市工业增加值示意图

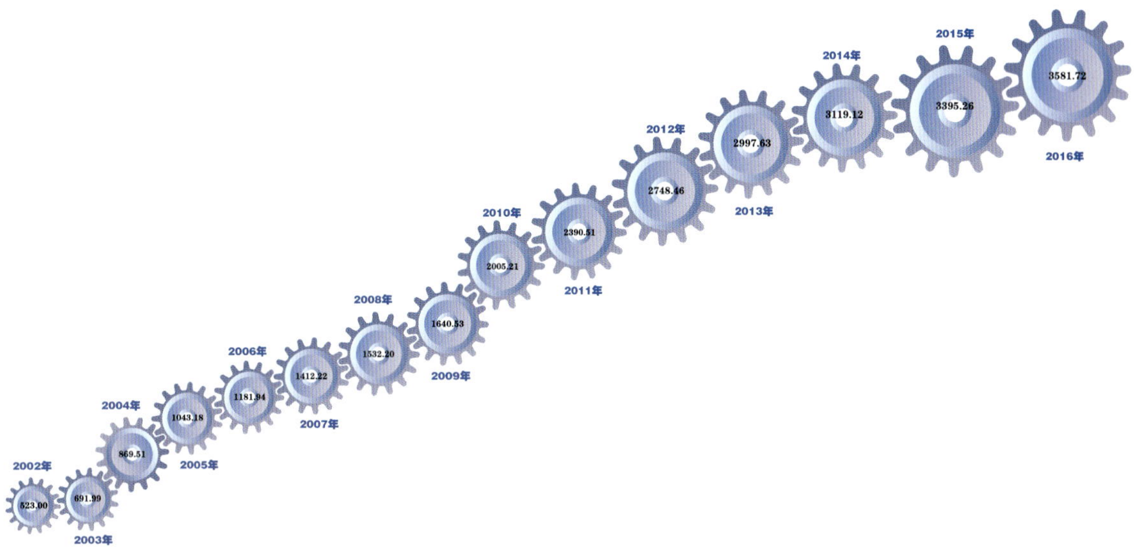

南京市规模以上工业企业利税总额示意图

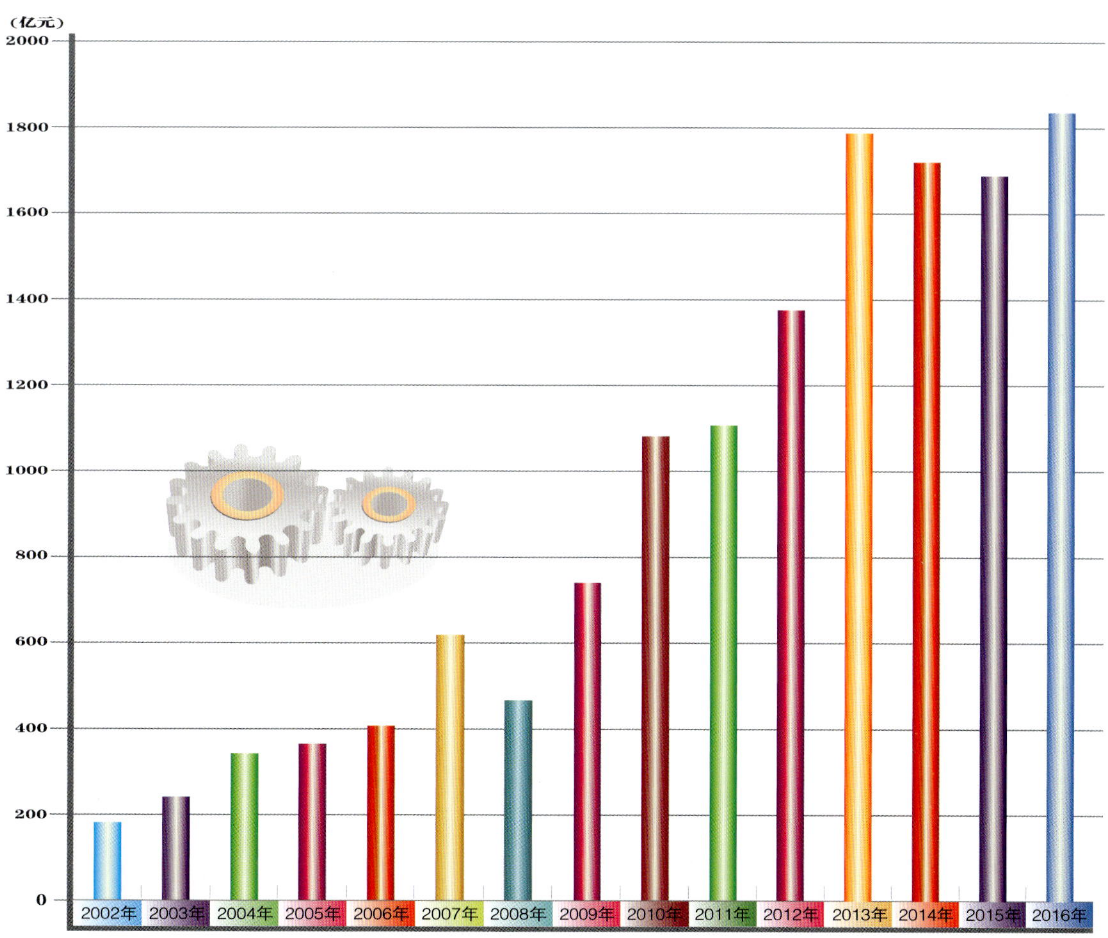

南京市农林牧渔总产值（现价）示意图

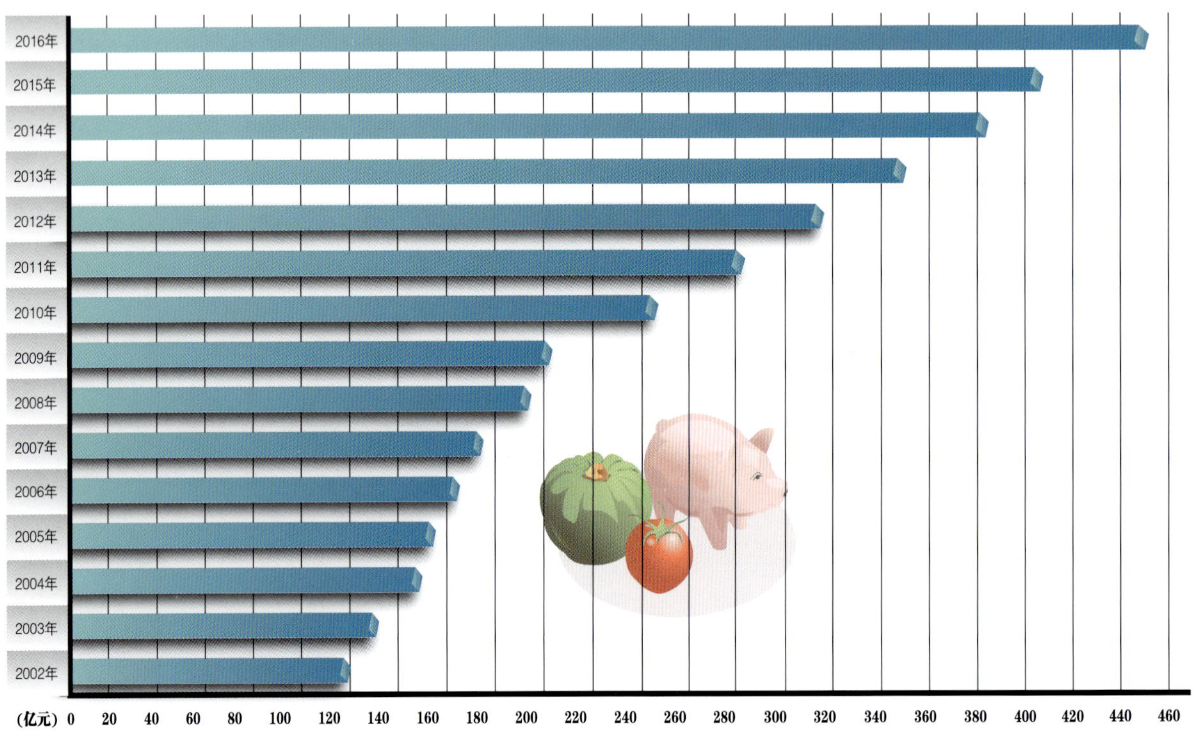

南京市普通高校在校学生人数示意图

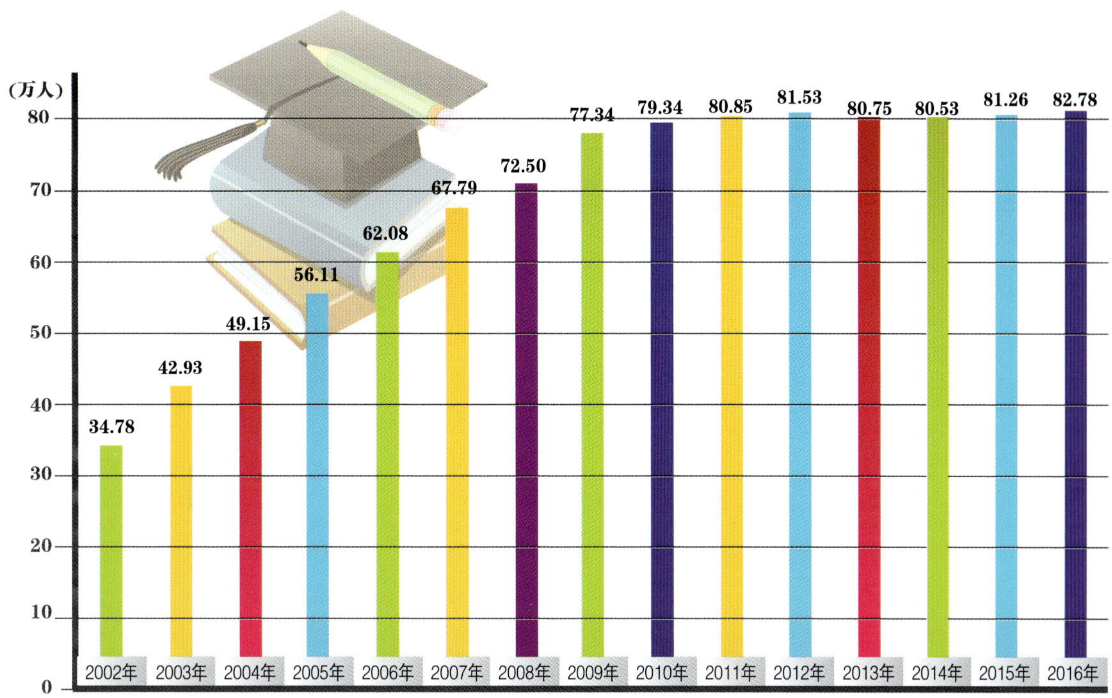

南京市人均公园绿地面积示意图

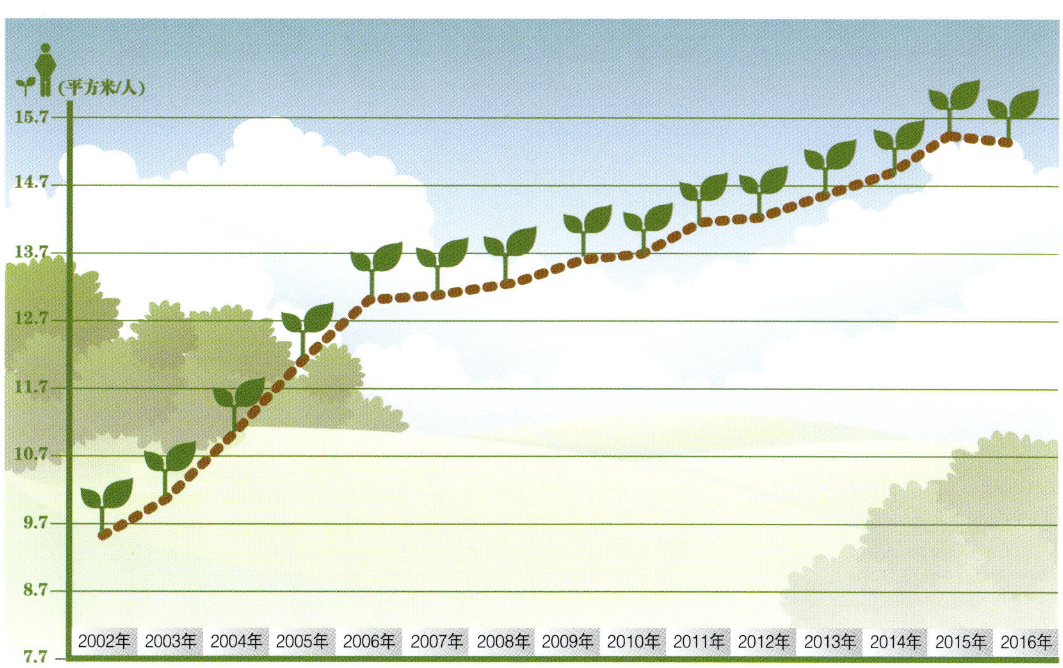

南京市城市居民人均可支配收入示意图

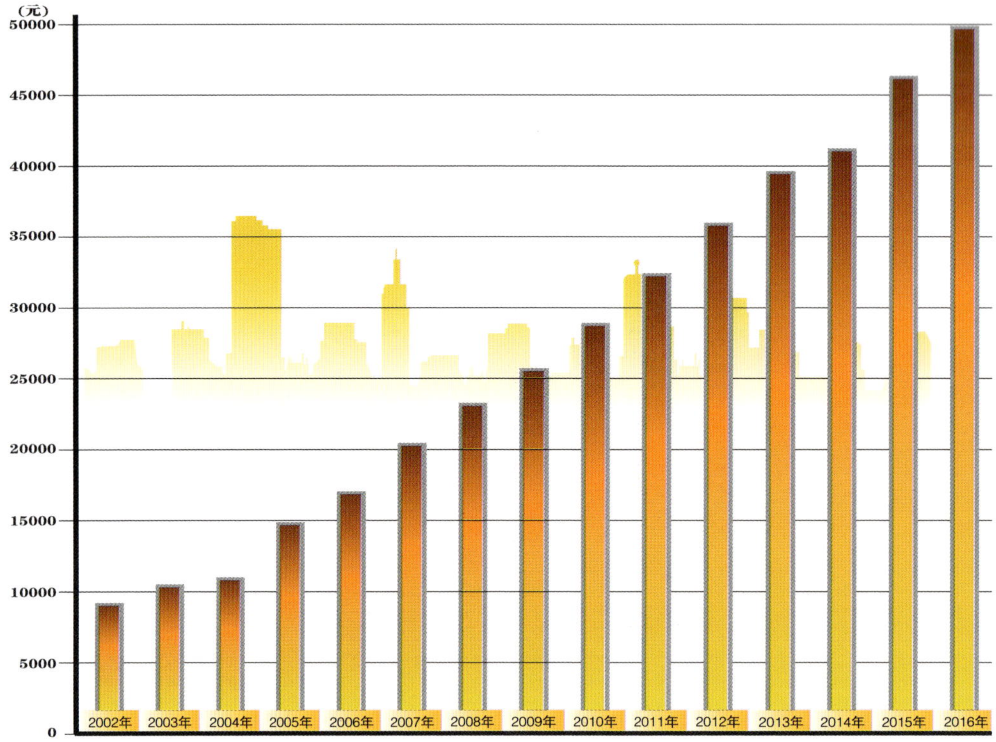

南京市农村居民人均可支配收入示意图

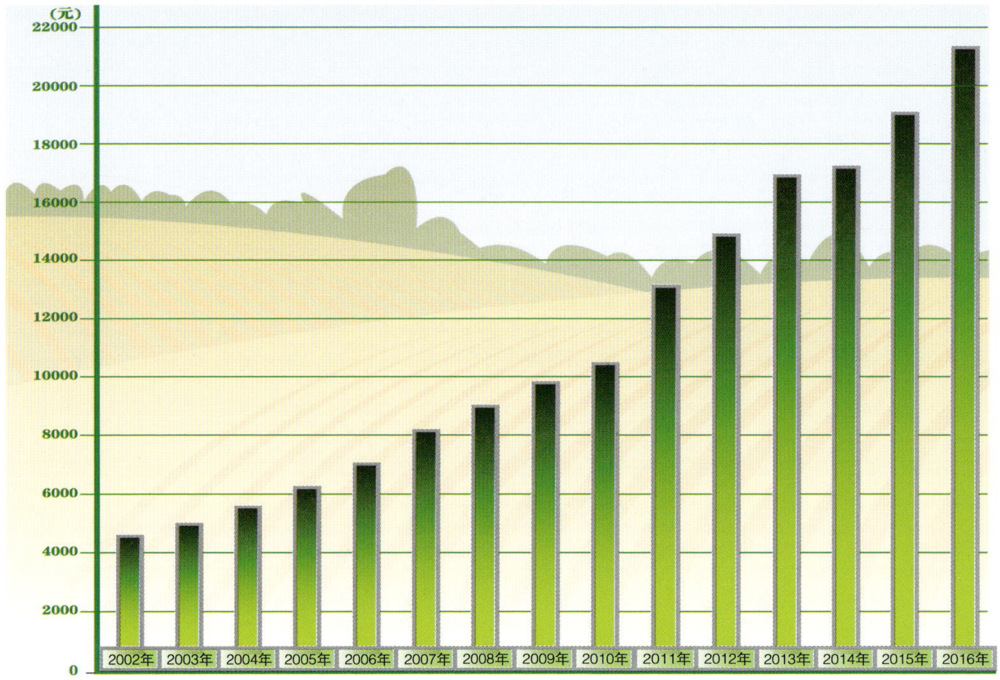

2017年统计年鉴目录

CONTENTS ON STATISTICAL YEARBOOK-2017

（一）综合

General Survey

（二）国民经济核算

National Accounts

（三）人口和就业

Population And Employment

（四）人民生活

People's Livelihood

（五）价格指数

Price Indices

（六）农业
Agriculture

（七）工业和能源
Industry and Energy

（八）交通运输和邮电通讯业

Transportation, Post and Telecommunication Services

（九）固定资产投资和建筑业

Investment in Fixed Assets and Construction

（十）批发和零售业、住宿和餐饮业

Wholesale and Retail Trade, Accommodations and Catering

（十一）对外经济贸易和旅游业

Foreign Trade and Economic Cooperation，Tourism

（十二）财政、金融和保险

Finance，Banking and Insurance

（十三）科技和教育

Science and Technology, Education

（十四）文化、体育和卫生
Culture, Sports and Public Health

（十五）司法、社会福利与其他社会活动

Judicature, Social Welfare and Others

（十六）城市建设与环境保护

Urban Construction and Environmental Protection

（十七）分区社会经济

Social Economy by District and County

（十八）区域经济

Regional Economy

（一）综合

CHAPTER 1
GENERAL SURVEY

表1—1 行政区划与行政区域土地面积（2016年末）

计量单位：个、平方公里

地区	行政区划				行政区域土地面积
	街道办事处	社区居民委员会	镇人民政府	村民委员会	
总计	87	944	13	287	6587.02
玄武	7	59			75.46
秦淮	12	107			49.11
建邺	6	57			82.93
鼓楼	13	118			53.00
浦口	9	89		31	910.49
栖霞	9	85		30	395.44
雨花台	6	59			132.39
江宁	10	129		72	1563.32
六合	11	88	1	55	1470.99
溧水	2	69	6	39	1063.67
高淳	2	84	6	60	790.23

注：本表中行政区划数据由市民政局提供；行政区域土地面积由市国土资源局提供，为2016年末的数据。

表1—2　区所辖街道办事处、镇名称（2016年）

地　区	街道办事处、镇
玄武区	梅园新村街道　新街口街道　玄武门街道　锁金村街道　红山街道　孝陵卫街道　玄武湖街道
秦淮区	秦虹街道　夫子庙街道　双塘街道　中华门街道　红花街道　洪武路街道　五老村街道　大光路街道　瑞金路街道　月牙湖街道　光华路街道　朝天宫街道
建邺区	兴隆街道　南苑街道　双闸街道　沙洲街道　江心洲街道　莫愁湖街道
鼓楼区	宁海路街道　华侨路街道　湖南路街道　中央门街道　挹江门街道　江东街道　凤凰街道　阅江楼街道　热河南路街道　幕府山街道　建宁路街道　宝塔桥街道　小市街道
浦口区	泰山街道　顶山街道　沿江街道　江浦街道　桥林街道　汤泉街道　盘城街道　星甸街道　永宁街道
栖霞区	尧化街道　马群街道　迈皋桥街道　燕子矶街道　仙林街道　龙潭街道　栖霞街道　八卦洲街道　西岗街道
雨花台区	赛虹桥街道　雨花街道　西善桥街道　板桥街道　铁心桥街道　梅山街道
江宁区	东山街道　禄口街道　淳化街道　麒麟街道　横溪街道　江宁街道　谷里街道　汤山街道　秣陵街道　湖熟街道
六合区	龙池街道　雄州街道　横梁街道　金牛湖街道　程桥街道　马鞍街道　龙袍街道　冶山街道　竹镇镇　葛塘街道　长芦街道　大厂街道
溧水区	永阳街道　柘塘街道　白马镇　东屏镇　石湫镇　洪蓝镇　晶桥镇　和凤镇
高淳区	淳溪街道　古柏街道　阳江镇　砖墙镇　漆桥镇　固城镇　东坝镇　桠溪镇

表 1—3 耕地面积情况

计量单位：千公顷

指 标	2016年	2015年
一、年初耕地面积	237.24	237.01
二、年内增加耕地面积	0.94	1.34
三、当年经批准减少耕地面积	1.53	1.18
四、年末耕地面积	236.65	237.17

注：本表数据来源于市国土资源局。

表 1—4 气候（2016 年）

月 份	平均气温（摄氏）	月平均气温（摄氏）		月降水量合计（毫米）
		最高	最低	
全年	16.8	—	—	—
一月	3.1	6.7	0.4	62.8
二月	6.7	12.3	2.0	31.1
三月	11.2	16.2	7.3	40
四月	17.3	22	13.6	155.4
五月	20.1	24.8	16.3	119.6
六月	24.1	27.8	21.1	186.2
七月	28.9	32.5	25.9	477.3
八月	29.1	33.6	25.5	78.7
九月	24.1	28.4	20.6	187.4
十月	18.3	20.8	16.5	308
十一月	11.3	15.4	8.4	95.4
十二月	7.3	11.9	4.0	65.8

附：极端最低气温 -9.8　出现日期：1月24日
　　极端最高气温 38.5　出现日期：7月28日
　　全年日照 1834.4 小时

表1—5 社会经济主要指标

指　标	2016年	2015年
行政区域土地面积（平方公里）	6587.02	6587.02
#建成区面积	774.00	755.00
户籍总人口（万人）	662.79	653.40
常住人口（万人）	827.00	823.59
居民平均期望寿命（岁）*	82.34	82.19
地区生产总值（亿元）	10503.02	9720.77
规模以上工业总产值（亿元）	12945.02	12905.13
固定资产投资（亿元）	5533.56	5484.47
#房地产开发投资	1845.6	1429.02
社会消费品零售总额（亿元）	5088.2	4590.17
实际使用外资（亿美元）	34.79	33.35
海关进出口总额（亿美元）	502.12	532.40
#出口总额	295.92	315.03
接待国内外旅游人数（万人次）	11206	10234
国际旅游创汇收入（亿美元）	6.76	6.39
财政总收入（亿元）	2198.54	2008.96
#一般公共预算收入	1142.6	1020.03
一般公共预算支出（亿元）	1173.79	1045.57

注：居民平均期望寿命由市卫生局提供。

表 1—5 社会经济主要指标（续表）

指 标	2016年	2015年
城市居民消费价格指数（以上年为 100）	102.7	102.0
城镇登记失业率（%）	1.88	1.90
城镇企业职工基本养老保险参保人数（万人）	303.50	299.04
城镇失业保险参保人数（万人）	259.76	253.61
城镇职工基本医疗保险参保人数（万人）	400.21	388.37
个人轿车拥有量（万辆）	140.90	126.50
计算机互联网用户（万户）	339.18	313.04
专业技术人员数（万人）	129.46	123.75
规模以上工业企业高新技术产业产值（亿元）	56613.46	5597.70
专利申请量（件）	65198	56099
普通高校在校学生数（万人）（含研究生）	82.78	81.26
普通中学在校学生数（万人）	22.45	21.99
小学在校学生数（万人）	37.54	35.80
公共图书馆总藏量（万册）	1762.30	2189.12
传染病发病率（1/10 万）	101.8	110.25
5 岁以下儿童死亡率（‰）	2.14	2.97
执业（助理）医师（人）	25272	22307
城市绿化覆盖率（%）	44.75	44.47
森林覆盖率（%）	29.86	29.56
环境空气质量良好以上天数（天）	242	235

注：从2013年起，按国家环保部新颁布的空气质量标准（空气质量指数AQI）要求，认定良好以上天数。

表1—6 按人口平均的社会经济主要指标

指 标	2016年	2015年
人均地区生产总值（元）*	127264	118171
人均固定资产投资（元）*	67049	66672
人均社会消费品零售总额 *	61653	55801
人均财政收入（元）*	26639	24422
人均一般公共预算支出（元）*	14223	12711
居民人均储蓄本外币存款余额（元）	73701	68704
城镇非私营单位职工年平均工资（元）	90191	81075
城市居民人均可支配收入（元）	49997	46104
城市居民人均消费支出（元）	29772	27794
农村居民人均可支配收入（元）	21156	19483
农村居民人均生活消费支出（元）	15773	14041
城镇居民人均现住房建筑面积（平方米）	36.7	36.5
农村居民人均现住房建筑面积（平方米）	56.6	56.2
人均日生活用水量（升）*	313.67	298.40
人均生活用电（千瓦小时）*	926.32	794.40
年末每万人拥有医疗床位数（张）	60.29	56.70
年末每万人拥有执业医师、助理医师（人）	30.56	27.12
每万人口拥有收养性社会福利单位的床位数（张）	61.30	65.00
交通、火灾死亡人口比率（1/10万）	6.29	6.36
人均拥有道路面积（平方米）	23.36	23.06

注：本表中人均指标按常住人口计算，加“*”号指标按常住平均人口计算。

表 1—7　南京与全国、全省主要经济指标比较

	计量单位	南　京	全　国	全　省	占全国%	占全省%
年末总人口（常住）	万人	827.00	138271.00	7998.60	0.6	10.3
全社会从业人员	万人	493.20	77603.00	4756.20	0.6	10.4
地区生产总值	亿元	10503.02	744127.00	76086.20	1.4	13.8
第一产业增加值	亿元	252.54	63671.00	4078.50	0.4	6.2
第二产业增加值	亿元	4117.32	296236.00	33855.70	1.4	12.2
# 工业增加值	亿元	3581.72	247860.00	29689.90	1.4	12.1
第三产业增加值	亿元	6133.16	384221.00	38152.00	1.6	16.1
# 金融业增加值	亿元	1241.76	62132.00	6060.00	2.0	20.5
# 房地产业增加值	亿元	711.47	48368.00	4586.70	1.5	15.5
规模以上工业主营业务收入	亿元	12421.68	1151617.50	157789.50	1.1	7.9
规模以上工业利润总额	亿元	941.81	68803.00	10525.80	1.4	8.9
全社会固定资产投资	亿元	5533.56	606466.00	49370.90	0.9	11.2
社会消费品零售总额	亿元	5088.20	332316.00	28707.10	1.5	17.7
进出口总额	亿美元	502.12	36849.25	5096.12	1.4	9.9
进口	亿美元	206.20	15874.81	1902.68	1.3	10.8
出口	亿美元	295.92	20974.44	3193.44	1.4	9.3
实际外商直接投资	亿美元	34.79	1260.00	245.40	2.8	14.2
一般公共预算收入	亿元	1142.60	159552.00	8121.20	0.7	14.1
一般公共预算支出	亿元	1173.79	187841.00	9990.10	0.6	11.7
金融机构人民币存款余额	亿元	27633.55	1506000.00	121106.60	1.8	22.8
金融机构人民币贷款余额	亿元	21681.28	1066000.00	91107.60	2.0	23.8

表1—8 南京与全国、全省主要经济指标人均水平比较

计量单位：元

	2016年			2015年		
	南 京	全 国	全 省	南 京	全 国	全 省
人均地区生产总值（常住）	127264	53980	95259	118171	49351	87995
城镇居民人均可支配收入	49997	33616	40152	46104	31195	37173
农村居民人均可支配收入	21156	12363	17606	19483	11422	16257
人均固定资产投资	67049	43989	61811	66672	40985	57611
人均社会消费品零售额	61653	24104	35940	55801	21946	32475
人均一般公共预算收入	13845	11573	10167	12400	11101	10076
人均一般公共预算支出	14223	13625	12507	12711	12818	12150
人均金融机构人民币存款余额	334832	109236	151621	314707	101935	135380
人均金融机构人民币贷款余额	262709	77321	114063	221466	72451	98977

表 1—9 用电量

计量单位：万千瓦小时

指 标	2016年	2015年	2016年为上年%
全社会用电量	5247863	4951753	106.0
# 农业用电	30133	23820	126.5
工业用电	3108114	3005429	103.4
城乡居民生活用电	764493	653471	117.0
# 乡村生活用电	167893	142138	118.1

注：农业用电量指农、林、牧、渔用电量。

表 1—10 个体经营户注册登记情况（2016 年）

指 标	年末户数（户）	从业人数（人）	资金数额（万元）
合 计	437573	945988	3881597
农、林、牧、渔业	10619	28239	309171
采矿业	34	119	674
制造业	19242	58939	254231
电力、热力、燃气及水生产和供应业	28	62	337
建筑业	3504	12048	54979
批发和零售业	266087	489472	2002316
交通运输、仓储和邮政业	8149	13903	79889
住宿和餐饮业	53907	165536	572297
信息传输、软件和信息技术服务业	1356	2629	7737
金融业	31	67	275
房地产业	1607	4104	13925
租赁和商务服务业	10596	21987	98962
科学研究和技术服务业	2186	5165	16518
水利、环境和公共设施管理业	144	545	2115
居民服务、修理和其他服务业	50618	122238	391927
教育	345	693	1313
卫生和社会工作	611	1814	5974
文化、体育和娱乐业	8486	18407	68848
其他	23	21	110

注：本表数据来自市工商局。

表 1—11　私营企业注册登记情况（2016 年）

指　标	年末户数（户）	从业人数（人）	注册资金（万元）
合　计	472906	3483462	130977791
农、林、牧、渔业	2340	19012	1202299
采矿业	58	2126	143722
制造业	25203	416433	11806768
电力、热力、燃气及水生产和供应业	264	3135	396797
建筑业	26887	302329	13096991
批发和零售业	101826	602410	26342047
交通运输、仓储和邮政业	7412	66048	2477886
住宿和餐饮业	4130	59379	566277
信息传输、软件和信息技术服务业	21291	161107	7430439
金融业	902	6931	2024237
房地产业	7342	74524	6911633
租赁和商务服务业	222441	1403223	38409132
科学研究和技术服务业	33977	224872	15326463
水利、环境和公共设施管理业	743	7657	527786
居民服务、修理和其他服务业	7828	75348	1575790
教育	1092	8134	151152
卫生和社会工作	463	7524	380007
文化、体育和娱乐业	8698	43163	2207990
其他	9	107	375

注：本表数据来自市工商局。

表 1—12　2016 年全市规模以上服务业企业主要财务指标情况表

计量单位：千元

指　标	单位个数	固定资产原价	本年折旧	资产总计	负债合计	营业收入
总　计	2919	374730706	16023645	1736154767	941703710	454935821
按登记注册类型分组						
内资企业	2781	342586710	13742471	1654617035	893338273	403237034
港、澳、台商投资企业	63	11238349	909495	36186502	24608805	14102642
外商投资企业	75	20905647	1371679	45351230	23756632	37596145
按企业控股情况分组						
国有控股	604	288224648	9955657	1313505813	687497569	177112878
集体控股	101	11172057	836752	40827734	25477909	27561604
私人控股	1799	33930962	2189600	239572717	144543759	166417932
港澳台商控股	52	9795670	857767	22771188	13196779	8844403
外商控股	61	16983782	1253121	38054904	20383285	33497016
其他	302	14623587	930748	81422411	50604409	41501988
按国民经济行业分组						
交通运输、仓储和邮政业	448	225084519	6364381	410655203	220477970	105370093
# 道路运输业	217	91570613	2261024	212579308	125899389	35629901
水上运输业	77	38377546	1505797	48373669	28063947	24861782
装卸搬运和运输代理业	90	4980677	160866	12790676	8084443	15580476
信息传输、软件和信息技术服务业	517	59461916	4330669	180355751	88223188	124235673
# 电信、广播电视和卫星传输服务	31	45350528	2921498	58970896	23878654	23540440
软件和信息技术服务业	397	12072882	1194284	93377621	49001889	68652323
租赁和商务服务业	652	52395777	2967140	953554864	525685566	120803331
# 商务服务业	635	51855268	2921226	951252695	524317683	120268584
科学研究和技术服务业	546	18205035	1140506	89302139	53034461	63583383
# 专业技术服务业	406	14462875	957941	73307717	44501194	53237706
水利、环境和公共设施管理业	100	4949655	282898	30366506	13465675	6964322
居民服务、修理和其他服务业	61	624555	50797	3258147	2552485	2935019
教育	44	1540746	69576	3532903	1581290	2393070
卫生和社会工作	53	3399507	277909	5798090	4002206	4746967
文化、体育和娱乐业	272	7663463	450711	46277031	23574775	14731684
房地产业（除房地产开发）	226	1405533	89058	13054133	9106094	9172279

注：总计中，不包含中国联合通信有限公司、中国电信股份有限公司和中国移动通信集团有限公司三家江苏分公司的数据。

表1—12　2016年全市规模以上服务业企业主要财务指标情况表（续表1）

计量单位：千元

指　标	营业成本	营业税金及附加	销售费用	管理费用	管理费用中的税金	财务费用
总　计	353701158	3576637	22301099	43014472	767564	12887211
按登记注册类型分组						
内资企业	314730795	3187984	17368096	38109726	670937	12246643
港、澳、台商投资企业	8606203	128864	2979904	1547105	38931	305599
外商投资企业	30364160	259789	1953099	3357641	57696	334969
按企业控股情况分组						
国有控股	141702512	1459909	5954020	13406552	344239	9738321
集体控股	18526132	222667	1404631	5130173	23317	98136
私人控股	129955426	1206881	7063094	16332051	274934	2193311
港澳台商控股	5471819	60999	971934	1439166	33740	263392
外商控股	27632241	233595	1740665	2924442	42628	280895
其他	30413028	392586	5166755	3782088	48706	313156
按国民经济行业分组						
交通运输、仓储和邮政业	88960010	499657	1903267	4855448	140461	4156898
#道路运输业	30062045	200180	799435	1616052	49859	1464774
水上运输业	20054076	149088	100364	1359811	36771	830594
装卸搬运和运输代理业	14397712	9192	209143	606773	10106	75715
信息传输、软件和信息技术服务业	86231095	751172	11926715	16437782	120930	117384
#电信、广播电视和卫星传输服务	15222446	88370	2373933	1537445	35168	-83480
软件和信息技术服务业	44240218	577594	7692201	11714152	76693	205436
租赁和商务服务业	99702678	1257764	2815361	9169479	296836	7949950
#商务服务业	99350997	1248776	2772682	9084734	294755	7921814
科学研究和技术服务业	50681425	546378	1635515	6784994	109249	237608
#专业技术服务业	42878430	471717	1239570	5468459	91339	139983
水利、环境和公共设施管理业	4850903	97003	292530	709637	17000	119823
居民服务、修理和其他服务业	1873384	28556	638826	365116	4119	-12600
教育	1484184	28488	274222	425660	4735	4608
卫生和社会工作	3559698	157	393789	719529	9145	59020
文化、体育和娱乐业	10340602	170305	1774487	2230052	39782	180834
房地产业（除房地产开发）	6017179	197157	646387	1316775	25307	73686

表 1—12　2016 年全市规模以上服务业企业主要财务指标情况表（续表 2）

计量单位：千元

指　标	投资收益	营业利润	利润总额	应交所得税	应付职工薪酬	应交增值税
总　计	18588926	39354718	50368199	6858737	64483425	7635649
按登记注册类型分组						
内资企业	17086763	34358030	44469875	6149811	57324093	6736142
港、澳、台商投资企业	346702	872851	1613995	239600	3355771	360199
外商投资企业	1155461	4123837	4284329	469326	3803561	539308
按企业控股情况分组						
国有控股	14797500	19153302	26888355	3417875	23626102	2938083
集体控股	44595	2384844	2515579	621061	7291237	301673
私人控股	1520086	11180768	12544308	1809647	20374635	3036488
港澳台商控股	343666	986081	1148295	138555	2088011	240004
外商控股	1153899	3513475	3654786	352202	3094114	375649
其他	729180	2136248	3616876	519397	8009326	743752
按国民经济行业分组						
交通运输、仓储和邮政业	1820594	6840685	9715721	2232175	13615702	1252119
# 道路运输业	955290	2482515	4719494	1212138	6009879	599761
水上运输业	143396	2378163	2405185	258466	2960354	266921
装卸搬运和运输代理业	62535	332861	374715	97418	745745	60967
信息传输、软件和信息技术服务业	2418822	11488983	14384484	1856158	22437974	2760544
# 电信、广播电视和卫星传输服务	361106	4757261	4857591	395411	3318587	563385
软件和信息技术服务业	1491509	5837242	8419551	1237996	15731220	1863696
租赁和商务服务业	13586891	14998421	18783251	1214878	7884728	1548358
# 商务服务业	13582310	14953635	18724653	1207172	7794975	1537785
科学研究和技术服务业	506249	4213659	4719229	962067	11177230	1281370
# 专业技术服务业	208814	3067924	3366434	811740	9312943	1159508
水利、环境和公共设施管理业	30839	970502	1099777	117772	792631	170456
居民服务、修理和其他服务业	7104	62756	201814	34574	657422	41468
教育	319	161586	186893	34120	680231	29684
卫生和社会工作	202	83723	81219	30392	1198440	876
文化、体育和娱乐业	212136	333684	924484	240446	2062764	393622
房地产业（除房地产开发）	5770	200719	271327	136155	3976303	157152

表1—13 人民币汇率（年平均价）

单位：人民币元

年份 Year	美元 US Dollar (100)	日元 Japanese Yen (100)	港币 Hong Kong Dollar (100)	欧元 EURO (100)
1985	293.66	1.2457	37.57	
1986	345.28	2.0694	44.22	
1987	372.21	2.5799	47.74	
1988	372.21	2.9082	47.70	
1989	376.51	2.7360	48.28	
1990	478.32	3.3233	61.39	
1991	532.33	3.9602	68.45	
1992	551.46	4.3608	71.24	
1993	576.20	5.2020	74.41	
1994	861.87	8.4370	111.53	
1995	835.10	8.9225	107.96	
1996	831.42	7.6352	107.51	
1997	828.98	6.8600	107.09	
1998	827.91	6.3488	106.88	
1999	827.83	7.2932	106.66	
2000	827.84	7.6864	106.18	
2001	827.70	6.8075	106.08	
2002	827.70	6.6237	106.07	800.58
2004	827.68	7.6552	106.23	1029.00
2005	819.17	7.4484	105.30	1019.53
2007	760.40	6.4632	97.46	1041.75
2008	694.51	6.7427	89.19	1022.27
2009	683.10	7.2986	88.12	952.70
2010	676.95	7.7279	87.13	897.25
2011	645.88	8.1050	82.97	900.11
2012	631.25	7.9037	81.38	810.67
2013	619.32	6.3323	79.85	822.19
2014	614.28	5.8196	79.22	816.51
2015	622.84	5.1553	80.34	691.41
2016	664.23	6.1243	85.58	734.26

主要统计指标解释

可比价格 指在不同时期的价值指标对比时，扣除了价格变动的因素，以确切反映物量的变化。按可比价格计算有两种方法：一种是直接用产品产量乘某一年的不变价格计算；另一种是用价格指数换算。

不变价格 指以同类产品某年的平均价格作为固定价格，来计算各年产品价值。按不变价格计算的产品价值消除了价格变动因素，不同时期对比可以反映生产的发展速度。新中国成立后，随着工农业产品价格水平的变化，国家统计局先后五次制定了全国统一的工业产品不变价格和农业产品不变价格，从1949年到1957年使用1952年工（农）业产品不变价格，从1957年到1971年使用1957年不变价格，从1971年到1981年使用1970年不变价格，从1981年到1990年使用1980年不变价格，从1990年开始使用1990年不变价格。

平均增长速度 我国计算平均增长速度有两种方法：一种是习惯上经常使用的"水平法"，又称几何平均法，是以间隔期最后一年的水平同基期水平对比来计算平均每年增长（或下降）速度；另一种是"累计法"，又称代数平均法或方程法，是以间隔期内各年水平的总和同基期水平对比来计算平均每年增长（或下降）速度。在一般正常情况下，两种方法计算的平均每年增长速度比较接近；但在经济发展不平衡、出现大起大落时，两种方法计算的结果差别较大。

本《年鉴》内所列的平均增长速度，除固定资产投资用"累计法"计算外，其余均用"水平法"计算。从某年到某年平均增长速度的年份，均不包括基期年在内。如建国四十三年以来的平均增长速度是以1949年为基期计算的，则写为1950-1992年平均增长速度，其余类推。

三次产业 根据社会生产活动历史发展的顺序对产业结构的划分，产品直接取自自然界的部门称为第一产业，对初级产品进行再加工的部门称为第二产业。为生产和消费提供各种服务的部门称为第三产业。它是世界上通用的产业结构分类，但各国的划分不尽一致。

我国的三次产业划分是：

第一产业是指农、林、牧、渔业。

第二产业是指采矿业，制造业，电力、燃气及水的生产和供应业，建筑业。

第三产业是指除第一、二产业以外的其他行业。

企业（单位）登记注册类型 是以在工商行政管理机关登记注册的各类企业为划分对象，以工商行政管理部门对企业登记注册的类型为依据，将企业登记注册类型分为内资企业、港澳台商投资企业和外商投资企业三大类。内资企业包括国有企业、集体企业、股份合作企业、联营企业、有限责任公司、股份有限公司、私营公司和其他企业；港澳台商投资企业和外商投资企业分别包括合资经营企业、合作经营企业、独资经营企业和股份有限公司。对不在工商行政管理部门进行登记注册的行政机关、事业单位和社会团体，主要按其经费来源和管理方式进行划分。

法人单位 指具备以下条件的单位：(1)依法成立，有自己的名称、组织机构和场所，能够独立承担民事责任；(2)独立拥有和使用(或授权使用)资产，承担负债，有权与其他单位签订合同；(3)会计上独立核算，能够编制资产负债表。法人单位包括企业法人、事业单位法人、机关法人、社会团体法人和其他法人。

法人单位所属产业活动单位(简称：产业活动单位) 是指具备有以下条件的单位：(1)在一个场所从事一种或主要从事一种社会经济活动；(2)相对独立组织生产经营或业务活动：(3)能够掌握收入和支出等业务核算资料。产业活动单位是指经过法定程序批准建立的、不能独立承担民事责任的单位。包括由各级工商行政管理机关核准登记，领取《营业执照》的分支机构或经营单位；由各级登记主管机关备案，或依据相关法律法规由各级主管部门批准建立的事业单位分支机构和社会团体分支机构。未经法定程序批准在法人内部建立的机构，具备产业活动单位条件的认定为产业活动单位。产业活动单位分为单产业法人单位和多产业法人单位。

（二）国民经济核算

CHAPTER 2
NATIONAL ACCOUNTS

表 2—1　全市地区生产总值（2016 年）

计量单位：亿元

指　标	2016年	2016年为上年%（按可比价计算）	占地区生产总值比重%
地区生产总值	10503.02	108.0	100.0
第一产业	252.54	101.1	2.4
第二产业	4117.32	105.3	39.2
工业	3581.72	104.8	34.1
建筑业	537.06	109.0	5.1
第三产业	6133.16	110.3	58.4
交通运输、仓储和邮政业	306.21	99.1	2.9
批发和零售业	1174.06	109.7	11.2
住宿和餐饮业	183.00	106.6	1.7
金融业	1241.76	114.0	11.8
房地产业	711.47	102.0	6.8
其他服务业	2516.66	112.6	24.0
附：按户籍平均人口计算的人均地区生产总值（元）	159597	106.9	—
按常住平均人口计算的人均地区生产总值（元）	127264	107.7	—

表 2—2　按支出法计算的全市地区生产总值（2016 年）

计量单位：亿元

指　标	2016年	2016年为上年%（按可比价计算）
支出法地区生产总值	10503.02	108.0
一、最终消费支出	5989.07	109.3
1、居民消费支出	4181.99	109.6
城镇居民	580.50	111.9
农村居民	3601.49	109.8
2、政府消费支出	1807.08	106.9
二、资本形成总额	4522.48	106.6
1、固定资本形成总额	4281.78	107.1
2、存货增加	240.67	102.4
三、货物和服务净流出	-8.5	0.0

注：从2008年开始本表发展速度按可比价计算。

表 2—3　居民消费水平（2016 年）

指　标	2016年	2016年为上年%
一、当年价格居民消费水平（元 / 人）	50673	115.4
城镇居民	38437	116.3
农村居民	53413	115.0
二、常住居民年平均人口（万人）	825.30	100.3
城镇居民	151.02	97.4
农村居民	674.27	101.0

表2—4　最终消费（2016年）

计量单位：亿元

	2016年
最终消费支出	5989.07
一、居民消费支出	4181.99
（一）城镇居民	580.50
1. 食品烟酒	99.41
2. 衣着	18.63
3. 居住（含自有住房服务）	95.16
4. 生活用品及服务	23.02
5. 交通和通信	24.22
6. 教育文化娱乐	128.99
7. 医疗保健	45.23
8. 银行中介服务	15.79
9. 保险服务	99.33
10. 其他商品和服务	30.71
（二）农村居民	3601.49
1. 食品烟酒	294.55
2. 衣着	202.81
3. 居住（含自有住房服务）	463.10
4. 生活用品及服务	220.41
5. 交通和通信	328.43
6. 教育文化娱乐	472.21
7. 医疗保健	436.55
8. 银行中介服务	138.13
9. 保险服务	843.93
10. 其他商品和服务	201.38
二、政府消费支出	1807.08

表2—5 主要年份地区生产总值

计量单位：亿元

年 份	地区生产总值	第一产业	第二产业	#工业	第三产业	人均地区生产总值（元）（按户籍人口计算）	人均地区生产总值（元）（按常住人口计算）
1990	176.52	17.26	96.03	87.4	63.23	3538	—
1994	472.17	34.85	248.26	227.99	189.06	9142	—
1995	584.59	44.97	297.46	258.38	242.16	11242	—
1996	682.78	45.93	339.49	286.12	297.36	13041	—
1997	773.78	49.85	379.86	323.13	344.07	14665	—
1998	850.24	51.72	406.18	341.89	392.34	16010	—
1999	937.89	53.53	432.86	368.44	451.5	17535	—
2000	1073.54	57.56	491.87	424.81	524.11	19838	—
2001	1218.51	61.94	544.66	469.67	611.91	22196	—
2002	1385.14	65.73	610.65	523	708.76	24816	—
2003	1690.77	69.51	802.24	691.99	819.02	29780	—
2004	2067.17	75.27	1003.99	869.51	987.92	35770	—
2005	2451.94	102	1199.48	1043.58	1150.46	41579	36112
2006	2822.80	109.55	1359.94	1181.94	1353.31	46928	40072
2007	3340.05	115.28	1607.22	1412.22	1617.55	54558	45473
2008	3814.62	119.4	1771.28	1532.2	1923.94	61445	50855
2009	4230.26	129.18	1930.66	1640.53	2170.42	67455	55290
2010	5130.65	142.29	2327.86	2005.21	2660.49	81298	65272
2011	6145.52	164.27	2760.84	2390.51	3220.41	96872	76263
2012	7201.57	185.06	3170.78	2748.46	3845.73	112980	88525
2013	8080.21	195.29	3462.42	2997.63	4422.5	126099	98848
2014	8820.75	214.25	3623.48	3119.12	4983.02	136564	107545
2015	9720.77	232.39	3916.77	3395.26	5571.61	149307	11871
2016	10503.02	252.54	4117.32	3581.72	6133.16	159597	127264

注：1、本表数据均为现价，2010年为年报调整数据，2013年为经济普查调整数据。
2、2004年开始为研发支出资本化（加入R&D增加值）数据。

表 2—6 主要年份地区生产总值发展速度

计量单位：%

年份	地区生产总值	第一产业	第二产业	#工业	第三产业	人均地区生产总值（按户籍人口计算）	人均地区生产总值（按常住人口计算）
1990	109.2	97.2	105.1	111.8	121.8	107.7	—
1994	115.6	98.6	119.2	120.6	112.8	114.7	—
1995	112.4	115.6	113.0	108.7	110.8	111.6	—
1996	113.0	108.9	113.6	111.1	112.8	112.2	—
1997	113.3	109.6	113.3	113.9	114.1	112.4	—
1998	111.8	104.5	111.9	111.3	112.6	111.1	—
1999	110.6	107.4	109.7	111.0	112.6	109.8	—
2000	112.3	108.1	112.1	112.8	113.1	111.0	—
2001	111.1	108.3	109.0	108.1	113.8	109.5	—
2002	112.8	106.8	112.3	111.2	114.0	110.9	—
2003	115.0	105.1	118.7	118.4	112.5	113.1	—
2004	117.3	105.9	120.7	123.0	114.9	115.2	—
2005	115.1	102.7	117.9	118.0	113.4	112.8	115.0
2006	115.1	104.0	115.4	115.9	115.7	112.8	110.9
2007	115.7	103.6	115.9	117.6	116.4	113.7	111.6
2008	112.1	102.7	109.6	109.9	115.3	110.5	109.1
2009	111.5	104.1	110.1	109.3	113.5	110.4	109.4
2010	113.1	104.1	113.6	114.4	113.0	112.4	110.1
2011	112.0	104.1	112.3	112.9	112.3	111.4	110.6
2012	111.7	104.9	111.9	111.0	111.8	111.2	110.6
2013	111.0	103.4	111.1	111.1	111.3	110.4	110.5
2014	110.1	103.3	108.8	109.3	111.5	108.3	108.8
2015	109.3	103.4	107.3	108.0	111.3	108.5	109.0
2016	108.0	101.1	105.3	104.8	110.3	106.9	107.7

主要统计指标解释

地区生产总值 是按市场价格计算的地区生产总值的简称。它是一个国家(地区)所有常住单位在一定时期内生产活动的最终成果。地区生产总值有三种表现形态，即价值形态、收入形态和产品形态。从价值形态看，它是所有常住单位在一定时期内所生产的全部货物和服务价值超过同期投入的全部非固定资产货物和服务价值的差额，即所有常住单位的增加值之和；从收入形态看，它是所有常住单位在一定时期内所创造并分配给常住单位和非常住单位的初次分配收入之和；从产品形态看，它是最终使用的货物和服务减去进口货物和服务。在实际核算中，地区生产总值的三种表现形态表现为三种计算方法，即生产法、收入法和支出法。三种方法分别从不同的方面反映地区生产总值及其构成。

支出法地区生产总值 指一个国家(地区)所有常住单位在一定时期内用于最终消费、资本形成总额，以及货物和服务的净出口总额，它反映本期生产的地区生产总值的使用及构成。

最终消费 指常住单位在一定时期内对于货物和服务的全部最终消费支出，也就是常住单位为满足物质、文化和精神生活的需要，从本国经济领土和国外购买的货物和服务的支出；不包括非常住单位在本国经济领土内的消费支出。最终消费分为居民消费和政府消费。

居民消费 指常住住户对货物和服务的全部最终消费支出。居民消费按市场价格计算，即按居民支付的购买者价格计算。购买者价格是购买者取得货物所支付的价格，包括购买者支付的运输和商业费用。居民消费除了直接以货币形式购买货物和服务的消费之外，还包括以其他方式获得的货物和服务的消费支出，即所谓的虚拟消费支出。居民虚拟消费支出包括以下几种类型：单位以实物报酬及实物转移的形式提供给劳动者的货物和服务；住户生产并由本住户消费了的货物和服务，其中的服务仅指住户的自有住房服务；金融机构提供的金融媒介服务；保险公司提供的保险服务。

政府消费 指政府部门为全社会提供公共服务的消费支出和免费或以较低价格向住户提供的货物和服务的净支出。前者等于政府服务的产出价值减去政府单位所获得的经营收入的价值，政府服务的产出价值等于它的经常性业务支出加上固定资产折旧；后者等于政府部门免费或以较低价格向住户提供的货物和服务的市场价值减去向住户收取的价值。

资本形成总额 指常住单位在一定时期内获得的减去处置的固定资产加存货的变动，包括固定资本形成总额和存货增加。

固定资本形成总额 指常住单位购置、转入和自产自用的固定资产，扣除固定资产的销售和转出后的价值，分有形固定资产形成总额和无形固定资产形成总额。有形固定资产形成总额包括一定时期内完成的建筑工程、安装工程和设备工器具购置（减处置）价值，以及土地改良、新增役、种、奶、毛、娱乐用牲畜和新增经济林木价值。无形固定资产形成总额包括矿藏的勘探、计算机软件、娱乐和文学艺术品原件等获得减处置。

存货增加 指常住单位存货实物量变动的市场价值，即期末价值减期初价值的差额。存货增加可以是正值，也可以是负值；正值表示存货上升，负值表示存货下降。它包括生产单位购进的原材料、燃料和储备物资等存货，以及生产单位生产的产成品、在制品等存货等。

货物和服务净出口 指货物和服务出口减货物和服务进口的差额。出口包括常住单位向非常住单位出售或无偿转让的各种货物和服务的价值；进口包括常住单位从非常住单位购买或无偿得到的各种货物和服务的价值。由于服务活动的提供与使用同时发生，因此服务的进出口业务并不发生出入境现象，一般把常住单位从国外得到的服务作为进口，非常住单位从本国得到的服务作为出口。货物的出口和进口都按离岸价格计算。

（三）人口和就业

CHAPTER 3
POPULATION AND EMPLOYMENT

表 3—1　人口主要指标

指　标	2016年	2015年	2016年为上年%
一、户籍人口情况			
总户数（户）	2299454	2251385	102.1
总人口（人）	6627927	6534039	101.4
按性别分：			
男（人）	3308645	3267798	101.3
女（人）	3319282	3266241	101.6
性别比（以女性为 100）	99.68	100.05	99.6
迁入人口（人）	111418	106962	104.2
迁出人口（人）	61119	77434	78.9
出生人口（人）	80332	67406	119.2
出生率（‰）	12.21	10.35	-
死亡人口（人）	37156	40448	91.9
死亡率（‰）	5.65	6.21	-
自然增长人口（人）	43176	26958	160.2
自然增长率（‰）	6.56	4.14	-
二、全市常住人口（万人）	827.00	823.59	100.4

注：本表户籍资料根据市公安局提供的户籍数据编制。

表 3—2 计划生育情况（2016 年）

计量单位：人

指　标	2016年
一、出生人数	63593
一孩	42712
二孩	20507
三孩及三孩以上	374
二、计划内生育	63551
三、育龄妇女人数	2065004
四、已婚育龄妇女人数	1469306
五、现家庭只有一个孩子的妇女人数	1173285

注：本表根据市卫计委提供的资料编制。

表 3—3 结婚及离婚登记情况

指　标	2016年	2015年
结婚登记（对）	79787	80597
内地居民登记结婚初婚人数（人）	108001	120519
内地居民登记结婚再婚人数（人）	51573	40675
内地居民恢复结婚对数（对）	14877	11035
离婚登记（对）	46962	33796

注：本表根据市民政局提供的资料编制。

表 3—4 收养登记情况

计量单位：人

指　标	2016年	2015年
一、收养人合计	1541	1519
二、被收养人情况	1026	1077
1、社会福利机构抚养的孤儿	776	812
2、社会福利机构抚养的弃婴	—	—
3、社会弃婴	—	—
4、父母无力抚养的儿童	—	—
5、其他	250	265

注：本表数据不含省属口径，由市民政局提供。

表3—5　全市城镇非私营单位从业人员情况（2016年）

计量单位：人

指　标	单位从业人员	其中		
		女性从业人员	在岗职工	其他从业人员
全　市	2051922	736495	1919706	132216
按登记注册类型分组				
国有单位	498646	212629	474545	24101
城镇集体单位	22240	10795	20314	1926
其他单位	1531036	513071	1424847	106189
内资	1137068	313928	1042090	94978
港、澳、台商投资	123003	59024	119996	3007
外商投资	270965	140119	262761	8204
按国民经济行业分组				
农、林、牧、渔业	1480	485	1257	223
采矿业	959	205	958	1
制造业	484362	188876	476289	8073
电力、热力、燃气及水生产和供应业	17046	4669	16919	127
建筑业	404389	39799	336273	68116
批发和零售业	182068	111525	176333	5735
交通运输、仓储和邮政业	143217	35160	137019	6198
住宿和餐饮业	47096	27391	41613	5483
信息传输、软件和信息技术服务业	141485	51328	140652	833
金融业	44434	22549	42918	1516
房地产业	54366	22602	51931	2435
租赁和商务服务业	79312	27685	71023	8289
科学研究和技术服务业	81996	24671	79711	2285
水利、环境和公共设施管理业	23495	8221	21016	2479
居民服务、修理和其他服务业	7855	3016	7781	74
教育	148157	81003	138740	9417
卫生和社会工作	67119	45900	61179	5940
文化、体育和娱乐业	26815	12373	25558	1257
公共管理、社会保障和社会组织	96271	29037	92536	3735

表3—6　全市城镇非私营单位分行业从业人数及构成（2016年）

计量单位：人

指　标	全　市	国有单位	城镇集体单位	其他类型单位
总　计	2051922	498646	22240	1531036
按单位属性分组				
企业	1692234	154997	14498	1522739
事业	273694	262929	7733	3032
机关	76697	76688	9	
民间非营利组织	1842	56		1786
其他	7455	3976		3479
按国民经济行业分组				
农、林、牧、渔业	1480	1042	38	400
农业	428	353	23	52
林业	460	447		13
畜牧业	4		4	
渔业	101	101		
农、林、牧、渔服务业	487	141	11	335
采矿业	959	38	45	876
制造业	484362	9914	3529	470919
电力、热力、燃气及水生产和供应业	17046	8132	495	8419
电力、热力生产和供应业	8635	3939	412	4284
燃气生产和供应业	2715		15	2700
水的生产和供应业	5696	4193	68	1435
建筑业	404389	9676	1238	393475
房屋建筑业	274912	890	669	273353
土木工程建筑业	69505	6751	210	62544
建筑安装业	39193	622	102	38469
建筑装饰和其他建筑业	20779	1413	257	19109

表3—6　全市城镇非私营单位分行业从业人数及构成（2016年）（续表1）

指　标	全　市	国有单位	城镇集体单位	其他类型单位
批发和零售业	182068	4719	1384	175965
批发业	68263	3407	579	64277
零售业	113805	1312	805	111688
交通运输、仓储和邮政业	143217	47773	921	94523
铁路运输业	18438	17739	334	365
道路运输业	72366	20503	205	51658
水上运输业	22373	2827		19546
航空运输业	11214	634		10580
管道运输业	1140	488		652
装卸搬运和运输代理业	5664	137	370	5157
仓储业	2122	307	12	1803
邮政业	9900	5138		4762
住宿和餐饮业	47096	6445	343	40308
住宿业	22614	5265	324	17025
餐饮业	24482	1180	19	23283
信息传输、软件和信息技术服务业	141485	24862	8	116615
电信、广播电视和卫星传输服务	68525	23467		45058
互联网和相关服务	16597	550		16047
软件和信息技术服务业	56363	845	8	55510
金融业	44434	18886	1426	24122
货币金融服务	32970	15062	1413	16495
资本市场服务	3453	20	13	3420
保险业	7780	3696		4084
其他金融业	231	108		123

表 3—6　全市城镇非私营单位分行业从业人数及构成（2016 年）（续表 2）

指　标	全　市	国有单位	城镇集体单位	其他类型单位
房地产业	54366	1707	126	52533
房地产开发经营	16064	909	16	15139
物业管理	34065	370	36	33659
房地产中介服务	3105	4	6	3095
租赁和商务服务业	79312	16838	3038	59436
租赁业	860		50	810
商务服务业	78452	16838	2988	58626
科学研究和技术服务业	81996	34434	456	47106
研究和试验发展	25874	23294		2580
专业技术服务业	50484	9400	389	40695
科技推广和应用服务业	5638	1740	67	3831
水利、环境和公共设施管理业	23495	14700	1505	7290
水利管理业	3083	3048	24	11
生态保护和环境治理业	2090	1388		702
公共设施管理业	18322	10264	1481	6577
居民服务、修理和其他服务业	7855	675	1004	6176
居民服务业	2130	398	925	807
机动车、电子产品和日用产品修理业	3692	169	44	3479
其他服务业	2033	108	35	1890
教育	148157	135190	900	12067
初等教育	19183	18745		438
中等教育	34298	32198	9	2091
高等教育	77054	74201		2853
卫生和社会工作	67119	54918	5447	6754

表3—6 全市城镇非私营单位分行业从业人数及构成（2016年）（续表3）

指 标	全 市	国有单位	城镇集体单位	其他类型单位
卫生	65319	53187	5438	6694
社会工作	1800	1731	9	60
文化、体育和娱乐业	26815	12905	160	13750
新闻和出版业	6173	1733		4440
广播、电视、电影和影视录音制作业	10002	5812		4190
文化艺术业	5943	4145	118	1680
体育	1646	1119		527
娱乐业	3051	96	42	2913
公共管理、社会保障和社会组织	96271	95792	177	302
中国共产党机关	3738	3738		
国家机构	88699	88699		
人民政协、民主党派	798	798		
社会保障	1002	885	115	2
群众社团、社会团体和其他成员组织	1737	1672	62	3

表3—7　主要年份户籍人口数及自然变动情况

年份	年末户籍总人口（万人）	按农业、非农业分		按性别分		出生率（‰）	死亡率（‰）	自然增长率（‰）
		非农业人口	农业人口	男	女			
1949	256.70	102.02	154.68	136.68	120.02	30.45	17.36	13.09
1950	256.70	101.05	155.65	135.53	121.17	31.20	15.56	15.64
1952	256.18	96.99	159.19	133.82	122.36	34.40	14.57	19.83
1955	280.34	115.25	165.09	147.57	132.77	32.78	12.84	19.94
1957	304.85	133.83	171.02	160.03	144.82	42.75	9.60	33.15
1960	322.59	159.53	163.06	171.34	151.25	20.68	20.45	0.23
1962	322.55	149.10	173.45	166.56	155.99	36.87	8.27	28.60
1965	345.29	153.25	192.04	178.28	167.01	32.07	6.49	25.58
1970	360.53	132.47	228.06	185.69	174.84	26.04	5.28	20.76
1975	392.99	145.62	247.37	203.54	189.45	15.23	5.70	9.53
1978	412.38	156.37	256.01	213.65	198.73	14.50	5.66	8.84
1980	435.87	183.33	252.54	225.11	210.76	13.91	5.83	8.08
1985	465.77	226.70	239.07	241.64	224.13	10.16	5.60	4.56
1990	501.82	236.22	265.60	260.08	241.74	14.77	5.59	9.18
1995	521.72	259.04	262.68	270.77	250.95	8.56	5.94	2.62
1997	529.82	270.11	259.71	274.28	255.54	8.01	5.85	2.16
1998	532.31	276.23	256.08	275.41	256.90	7.12	6.12	1.00
1999	537.44	287.03	250.41	278.14	259.30	7.54	5.53	2.01
2000	544.89	309.52	235.37	281.66	263.23	10.17	7.69	2. 48
2002	563.28	339.35	223.93	291.34	271.94	7.11	5.47	1.64
2005	595.80	—	—	305.25	290.55	7.69	5.35	2.34
2007	617.17	—	—	314.70	302.47	8.40	5.56	2.84
2008	624.46	—	—	317.38	307.08	8.11	5.60	2.51
2009	629.77	—	—	319.16	310.61	7.87	5.69	2.18
2010	632.42	—	—	319.65	312.77	9.09	7.87	1.22
2011	636.36	—	—	320.90	315.46	9.19	5.50	3.69
2012	638.48	—	—	321.39	317.09	10.29	6.88	3.41
2013	643.09	—	—	322.90	320.19	9.98	5.77	4.21
2014	648.72	—	—	325.04	323.68	11.04	5.84	5.20
2015	653.40	—	—	326.78	326.62	10.35	6.21	4.14
2016	662.79	—	—	330.86	331.93	12.21	5.65	6.56

注：从2002年开始出生率、死亡率、自然增长率改为公安数据。

表3—8 2000年以来常住人口、城镇化率与城镇登记失业率

计量单位：平方公里、万人、%

	常住人口	常住人口城镇化率	城镇登记失业率
2000年	614.85	—	3.11
2001年	628.39	—	3.59
2002年	641.99	—	4.13
2003年	654.58	—	4.18
2004年	668.18	—	4.03
2005年	689.80	76.24	3.35
2006年	719.06	76.40	3.33
2007年	741.30	76.82	3.26
2008年	758.89	76.95	3.16
2009年	771.31	77.16	2.70
2010年	800.76	78.50	2.60
2011年	810.91	79.73	2.65
2012年	816.10	80.23	2.69
2013年	818.78	80.50	2.67
2014年	821.61	80.92	2.50
2015年	823.59	81.40	1.90
2016年	827.00	82.00	1.88

注：城镇登记失业率来自于人社部门。

主要统计指标解释

人口数 指一定时点、一定地区范围内的有生命的个人的总和。

年度统计的年末人口数指每年 12 月 31 日 24 时的人口数。年度统计的全国人口总数内未包括台湾省和港澳同胞以及海外华侨人数。

城镇人口和乡村人口 其定义有三种口径：

第一种口径（按行政建制） 城镇人口是指市辖区内和县辖镇的全部人口；乡村人口是指县辖乡人口。

第二种口径（按常住人口划分） 城镇人口是指设区的市的区人口和不设区的市所辖的街道人口以及不设区的市所辖镇的居民委员会人口和县辖镇的居民委员会人口，乡村人口是除上述两种人口以外的全部人口。

第三种口径 城乡人口的划分是按照国家统计局 1999 年发布的《关于统计上划分城乡的规定（试行）》计算的。

1952—1989 年数据为第一种口径的数据，1990-1999 年的数据为第二种口径的数据，2000 年人口普查和 2000 年以后数据是按照国家统计局 1999 年发布的《关于统计上划分城乡的规定（试行）》计算的。

出生率（又称粗出生率） 指在一定时期内（通常为一年）一定地区的出生人数与同期内平均人数（或期中人数）之比。一般用千分率表示。

本资料中的出生率指年出生率，其计算公式为：出生率 = 年出生人数 / 年平均人数 ×1000

公式中：出生人数指活产婴儿，即胎儿脱离母体时（不管怀孕月数），有过呼吸或其他生命现象。年平均人数指年初、年底人口数的平均数，也可用年中人口数代替。

死亡率（又称粗死亡率） 指在一定时期内（通常为一年）一定地区的死亡人数与同期内平均人数（或期中人数）之比，一般用千分率表示。

本资料中的死亡率指年死亡率，其计算公式为：死亡率 = 年死亡人数 / 年平均人数 ×1000

人口自然增长率 指在一定时期内（通常为一年）人口自然增加数（出生人数减死亡人数）与该时期内平均人数（或期中人数）之比，一般用千分率表示。

计算公式为：人口自然增长率 =（本年出生人数 - 本年死亡人数）/ 年平均人数 ×1000

常住人口 是指具有中华人民共和国国籍并在中华人民共和国境内常住的人。时间标准为半年，空间标准为乡镇街道。即只要一个人在某乡镇街道居住半年以上，即为该地的常住人口。

从业人员 指从事一定社会劳动并取得劳动报酬或经营收入的全部劳动力。包括：（1）全部城镇单位从业人员；（2）城镇私营企业从业人员；（3）个体劳动者；（4）社会劳动者；（5）其他社会劳动者。这一指标反映了一定时期内全部劳动力资源的实际利用情况，是研究我国基本国情国力的重要指标。

城镇非私营单位从业人员 指在各级国家机关、政党机关、社会团体及企业、事业单位中工作，取得工资或其他形式的劳动报酬的全部人员（在岗职工+其他从业人员），不包括村办、乡办、私营、个体从业人员和离开本单位仍保留劳动关系的职工。其中：(1）在岗职工是指在城镇单位工作并由单位支付工资的人员。(2）其他从业人员包括：再就业的离退休人员、民办教师以及在各单位中工作的外方人员和港澳台方人员、兼职人员、借用的外单位人员和第二职业者等，反映了各城镇单位实际参加生产或工作的全部劳动力。

2017南京统计年鉴
NANJING STATISTICAL YEARBOOK

（四）人民生活

CHAPTER 4
PEOPLE'S LIVELIHOOD

表 4—1　城镇居民家庭生活基本情况

指　标	2016年	2015年	2016年为上年%
调查户数（户）	1470	1460	100.7
平均每户家庭常住人口（人）	2.82	2.82	99.9
平均每户就业人员（人）	1.57	1.56	100.2
每一就业者负担人口（包括本人）（人）	1.80	1.81	99.8
平均每户就业面（%）	55.6	55.3	106.1
平均每人年可支配收入（元）	49997	46104	108.4
平均每人年消费支出（元）	29772	27794	107.1
人均现住房建筑面积（平方米）	36.7	36.5	100.5

表 4—2　城镇居民家庭全年人均可支配收入

计量单位：元

指　标	2016年	2015年	2016年为上年%	比重%	
				2016年	2015年
可支配收入	49997	46104	108.4	100	100
（一）工资性收入	31083	28707	108.3	62.1	62.3
（二）经营净收入	5382	5007	107.5	10.8	10.9
（三）财产净收入	5335	4952	107.7	10.7	10.7
（四）转移净收入	8197	7438	110.2	16.4	16.1

注：城镇居民人均可支配收入按照五等份分组，低收入组为24938元、中等偏下收入组为36880元、中等收入组为46022元、中等偏上收入组为58836元、高收入组为94919元。

表4—3 城镇居民家庭全年人均消费支出

计量单位：元

指 标	2016年	2015年	2016年为上年%	各项费用占消费支出比重（%）	
				2016年	2015年
消费支出合计	29772	27794	107.1	100	100.0
一、食品烟酒	7642	7213	105.9	25.7	26.0
# 食品	5073	4828	105.1	17.0	17.4
烟酒	844	809	104.3	2.8	2.9
二、衣着	2192	2126	103.1	7.4	7.6
# 衣类	1707	1655	103.1	5.7	6.0
鞋类	485	470	103.2	1.6	1.7
三、居住	6514	6074	107.3	21.9	21.9
四、生活用品及服务	1792	1668	107.5	6.0	6.0
五、交通通信	3710	3593	103.2	12.5	12.9
六、教育文化娱乐	5311	4698	113.0	17.8	16.9
七、医疗保健	1734	1554	111.6	5.8	5.6
八、其他用品和服务	877	868	101.0	2.9	3.1

表 4—4　城镇居民家庭平均每百户年末耐用消费品拥有量

指　标	2016年	2015年
家用汽车（辆）	51.7	40.4
摩托车（辆）	19.6	20.0
助力车（辆）	60.5	59.7
洗衣机（台）	97.7	97.9
电冰箱（台）	102.5	102.4
微波炉（台）	92.4	92.1
彩色电视机（台）	167.0	165.6
其中：接入有线电视	148.5	149.7
空调（台）	214.8	210.2
热水器（台）	108.7	108.6
其中：太阳能热水器	47.9	47.8
消毒碗柜（台）	11.9	11.9
洗碗机（台）	1.6	1.6
排油烟机（台）	89.9	89.8
固定电话（部）	66.7	69.6
移动电话（部）	229.8	226.0
其中：接入互联网	133.4	126.3
计算机（台）	108.7	105.5
其中：接入互联网	99.2	96.9
摄像机（架）	15.2	15.4
照相机（架）	58.1	58.3
中高档乐器（部）	10.9	10.7
健身器材（部）	8.0	8.0
组合音响（台）	13.7	14.0

表4—5 农村居民家庭生活基本情况

指 标	2016年	2015年	2016年为上年%
调查户数（户）	380	380	100.0
平均每户家庭常住人口（人）	3.30	3.32	99.4
平均每户就业人员（人）	2.45	2.51	97.6
每一就业者负担人口（包括本人）（人）	1.35	1.32	102.3
平均每户就业面（%）	74.2	75.6	98.1
平均每人年可支配收入（元）	21156	19483	108.6
平均每人年消费支出（元）	15773	14041	112.3
人均现住房建筑面积（平方米）	56.6	56.2	100.7

表4—6 农村居民家庭全年人均可支配收入

计量单位：元

指 标	2016年	2015年	2016年为上年%	比重%	
				2016年	2015年
可支配收入	21156	19483	108.6	100	100
（一）工资性收入	14456	13517	107.0	68.3	69.4
（二）经营净收入	3331	3139	106.1	15.8	16.1
（三）财产净收入	1001	925	108.2	4.7	4.7
（四）转移净收入	2368	1902	124.5	11.2	9.8

表 4—7　农村居民家庭全年人均消费支出

计量单位：元

指　标	2016年	2015年	2016年为上年%	各项费用占消费支出比重（%）	
				2016年	2015年
消费支出合计	15773	14041	112.3	100.0	100.0
一、食品烟酒	4745	4230	112.2	30.1	30.1
# 食品	2523	2255	111.9	16.0	16.1
烟酒	1208	1077	112.1	7.7	7.7
二、衣着	902	825	109.3	5.7	5.9
# 衣类	670	616	108.9	4.2	4.4
鞋类	232	209	110.7	1.5	1.5
三、居住	3000	2701	111.1	19.0	19.2
四、生活用品及服务	994	882	112.7	6.3	6.3
五、交通通信	2421	2035	118.9	15.3	14.5
六、教育文化娱乐	2334	2038	114.5	14.8	14.5
七、医疗保健	864	829	104.4	5.5	5.9
八、其他用品和服务	513	500	102.6	3.3	3.6

表4—8 农村居民家庭人均主要消费品购买量

指 标	2016年	2015年
大米（公斤）	34.3	33.1
蔬菜和食用菌（公斤）	54.7	46.8
食用植物油（公斤）	7.9	9.1
豆类（公斤）	9.0	8.1
肉类（公斤）	26.7	26.8
禽类（公斤）	17.8	15.9
蛋类（公斤）	8.1	7.8
水产品（公斤）	15.4	14.6
糖果糕点类（公斤）	5.8	5.9
鲜瓜果（公斤）	41.9	35.7
卷烟（盒）	53.0	54.4

表 4—9　农村居民家庭平均每百户年末耐用消费品拥有量

指　标	2016年	2015年
家用汽车（辆）	35.1	33.2
摩托车（辆）	57.1	57.3
助力车（辆）	97.1	94.9
洗衣机（台）	94.4	93.7
电冰箱（台）	111.2	109.5
微波炉（台）	78.0	76.6
彩色电视机（台）	171.5	168.9
其中：接入有线电视	154.7	151.8
空调（台）	156.3	148.7
热水器（台）	105.7	103.5
其中：太阳能热水器	92.5	90.2
消毒碗柜（台）	4.1	4.0
洗碗机（台）	1.0	1.0
排油烟机（台）	56.8	55.7
固定电话（部）	60.9	63.0
移动电话（部）	264.0	256.7
其中：接入互联网	132.0	128.6
计算机（台）	70.3	67.3
其中：接入互联网	60.3	57.5
摄像机（架）	2.1	2.1
照相机（架）	22.9	22.7
中高档乐器（部）	3.1	3.0
健身器材（部）	3.7	3.7
组合音响（台）	10.6	10.9

表4—10 全市城镇非私营单位从业人员工资总额（2016年）

指 标	从业人员工资总额（千元）	在岗职工工资总额	其他人员工资总额	从业人员年平均人数（人）	从业人员年人均工资（元）
全 市	178864654	172313989	6550665	2042783	87559
按单位属性分组					
企业	138702858	133226235	5476623	1684741	82329
事业	29973680	29093054	880626	272463	110010
机关	9594142	9482588	111554	76457	125484
民间非营利组织	98164	90254	7910	1798	54596
其他	495810	421858	73952	7324	67697
按国民经济行业分组					
农、林、牧、渔业	62386	57737	4649	1473	42353
采矿业	89004	88980	24	979	90913
制造业	37539411	36849058	690353	485928	77253
电力、热力、燃气及水生产和供应业	1865547	1858901	6646	17067	109307
建筑业	20701837	17433260	3268577	396359	52230
批发和零售业	12417790	12255280	162510	181734	68329
交通运输、仓储和邮政业	13009617	12715567	294050	144937	89760
住宿和餐饮业	2286672	2129748	156924	46115	49586
信息传输、软件和信息技术服务业	22485984	22441907	44077	141686	158703
金融业	9584186	9518001	66185	43556	220043
房地产业	4054903	3910196	144707	53806	75362
租赁和商务服务业	5296202	4923028	373174	79677	66471
科学研究和技术服务业	10092216	9910192	182024	81298	124139
水利、环境和公共设施管理业	1676451	1577824	98627	23642	70910
居民服务、修理和其他服务业	582351	578215	4136	7833	74346
教育	14775575	14326421	449154	147560	100133
卫生和社会工作	7948667	7561226	387441	65888	120639
文化、体育和娱乐业	2952378	2895440	56938	26945	109571
公共管理、社会保障和社会组织	11443477	11283008	160469	96300	118832

注：2016年全社会法人单位从业人员平均工资为65883元。

表4—11　全市城镇非私营单位国有单位从业人员工资总额（2016年）

指　标	从业人员工资总额（千元）	在岗职工工资总额	其他人员工资总额	从业人员年平均人数（人）	从业人员年人均工资（元）
全　市	54019648	52843331	1176317	496035	108903
按单位属性分组					
企业	15052682	14832385	220297	153929	97790
事业	29113907	28294395	819512	261763	111222
机关	9593654	9482142	111512	76448	125493
民间非营利组织	3140	3140		56	56071
其他	256265	231269	24996	3839	66753
按国民经济行业分组					
农、林、牧、渔业	46598	44662	1936	1040	44806
采矿业	1638	1614	24	37	44270
制造业	895066	885153	9913	10119	88454
电力、热力、燃气及水生产和供应业	883396	880670	2726	8168	108153
建筑业	884048	866625	17423	9657	91545
批发和零售业	463313	457241	6072	4723	98097
交通运输、仓储和邮政业	4574883	4528955	45928	47326	96667
住宿和餐饮业	355142	333919	21223	6369	55761
信息传输、软件和信息技术服务业	2223480	2216586	6894	25013	88893
金融业	3247436	3194647	52789	18429	176213
房地产业	148714	142232	6482	1724	86261
租赁和商务服务业	969021	935835	33186	16528	58629
科学研究和技术服务业	4457491	4411692	45799	34018	131033
水利、环境和公共设施管理业	1104502	1018084	86418	14813	74563
居民服务、修理和其他服务业	59745	57386	2359	678	88119
教育	13845266	13491279	353987	134787	102720
卫生和社会工作	6838542	6537574	300968	53822	127058
文化、体育和娱乐业	1605411	1582718	22693	12960	123874
公共管理、社会保障和社会组织	11415956	11256459	159497	95824	119135

表4—12 全市城镇非私营单位集体单位从业人员工资总额（2016年）

指　标	从业人员工资总额（千元）	在岗职工工资总额	其他人员工资总额	从业人员年平均人数（人）	从业人员年人均工资（元）
全　市	1638977	1549171	89806	22364	73286
按单位属性分组					
企业	1014046	980496	33550	14667	69138
事业	624443	568229	56214	7688	81223
机关	488	446	42	9	54222
民间非营利组织					
其他					
按国民经济行业分组					
农、林、牧、渔业	2830	2830		38	74474
采矿业	1655	1655		45	36778
制造业	201746	194601	7145	3592	56165
电力、热力、燃气及水生产和供应业	44355	44140	215	499	88888
建筑业	67744	60686	7058	1317	51438
批发和零售业	70974	69328	1646	1391	51024
交通运输、仓储和邮政业	63417	59106	4311	962	65922
住宿和餐饮业	15766	15624	142	346	45566
信息传输、软件和信息技术服务业	602	602		8	75250
金融业	236961	235345	1616	1422	166639
房地产业	8017	7405	612	126	63627
租赁和商务服务业	203774	194778	8996	3002	67879
科学研究和技术服务业	24326	24198	128	457	53230
水利、环境和公共设施管理业	91727	91664	63	1498	61233
居民服务、修理和其他服务业	37572	36736	836	1007	37311
教育	53071	49176	3895	897	59165
卫生和社会工作	491268	439938	51330	5421	90623
文化、体育和娱乐业	10108	8735	1373	160	63175
公共管理、社会保障和社会组织	13064	12624	440	176	74227

表 4—13　全市城镇非私营单位其他各种类型单位从业人员工资总额（2016 年）

指　标	从业人员工资总额（千元）	在岗职工工资总额	其他人员工资总额	从业人员年平均人数（人）	从业人员年人均工资（元）
全　市	123206029	117921487	5284542	1524384	80823
按单位属性分组					
企业	122636130	117413354	5222776	1516145	80887
事业	235330	230430	4900	3012	78131
机关					
民间非营利组织	95024	87114	7910	1742	54549
其他	239545	190589	48956	3485	68736
按国民经济行业分组					
农、林、牧、渔业	12958	10245	2713	395	32805
采矿业	85711	85711		897	95553
制造业	36442599	35769304	673295	472217	77173
电力、热力、燃气及水生产和供应业	937796	934091	3705	8400	111642
建筑业	19750045	16505949	3244096	385385	51248
批发和零售业	11883503	11728711	154792	175620	67666
交通运输、仓储和邮政业	8371317	8127506	243811	96649	86616
住宿和餐饮业	1915764	1780205	135559	39400	48623
信息传输、软件和信息技术服务业	20261902	20224719	37183	116665	173676
金融业	6099789	6088009	11780	23705	257321
房地产业	3898172	3760559	137613	51956	75028
租赁和商务服务业	4123407	3792415	330992	60147	68555
科学研究和技术服务业	5610399	5474302	136097	46823	119821
水利、环境和公共设施管理业	480222	468076	12146	7331	65506
居民服务、修理和其他服务业	485034	484093	941	6148	78893
教育	877238	785966	91272	11876	73866
卫生和社会工作	618857	583714	35143	6645	93131
文化、体育和娱乐业	1336859	1303987	32872	13825	96699
公共管理、社会保障和社会组织	14457	13925	532	300	48190

表 4—14 全市城镇非私营单位在岗职工工资总额及平均工资（2016 年）

指标	在岗职工工资总额（千元）	在岗职工年平均人数（人）	在岗职工年人均工资（元）
全市	172313989	1910538	90191
按登记注册类型分组			
国有单位	52843331	472575	111820
城镇集体单位	1549171	20374	76037
其他单位	117921487	1417589	83185
内资	87758090	1032534	84993
港、澳、台商投资	9868383	121479	81235
外商投资	20295014	263576	76999
按单位属性分组			
企业	133226235	1573497	84669
事业	29093054	255562	113840
机关	9482588	73789	128510
民间非营利组织	90254	1580	57123
其他	421858	6110	69044
按国民经济行业分组			
农、林、牧、渔业	57737	1251	46153
采矿业	88980	978	90982
制造业	36849058	477669	77143
电力、热力、燃气及水生产和供应业	1858901	16935	109767
建筑业	17433260	326924	53325
批发和零售业	12255280	175907	69669
交通运输、仓储和邮政业	12715567	138699	91677
住宿和餐饮业	2129748	41329	51532
信息传输、软件和信息技术服务业	22441907	140881	159297
金融业	9518001	42449	224222
房地产业	3910196	51203	76367
租赁和商务服务业	4923028	71457	68895
科学研究和技术服务业	9910192	78999	125447
水利、环境和公共设施管理业	1577824	21108	74750
居民服务、修理和其他服务业	578215	7760	74512
教育	14326421	138510	103432
卫生和社会工作	7561226	60174	125656
文化、体育和娱乐业	2895440	25672	112786
公共管理、社会保障和社会组织	11283008	92633	121803

表4—15 城镇非私营单位主要年份在岗职工工资总额及平均工资

年 份	工资总额（万元）	#国有经济单位	#城镇集体经济单位	平均工资（元）	#国有经济单位	#城镇集体经济单位
1955	10448	10448	—	571	571	—
1960	23800	23800	—	548	548	—
1965	23054	23054	—	646	646	—
1970	23164	23164	—	582	582	—
1975	40954	30648	10306	546	587	452
1978	54649	41693	12956	560	615	441
1980	80362	58272	22090	730	785	616
1985	156556	104749	40143	1131	1193	996
1990	334781	253640	74359	2349	2514	1917
1995	1043754	800055	162415	7016	7589	5024
1997	1280823	1004362	166228	8847	9516	6004
1998	1343146	1016523	164861	9449	10059	6134
1999	1440432	941202	144030	10295	10779	6324
2000	1576409	1027036	134553	11897	12512	6815
2005	2716059	1482115	87548	25215	27922	12783
2007	3439839	1838467	99769	31905	36721	16620
2008	4076177	2209308	120106	36092	44880	20134
2009	4894546	2571369	142014	40134	50486	23225
2010	5703903	2897621	151423	45444	57373	26855
2011	7240564	3364479	154763	54713	67976	37105
2012	8456679	3847272	197582	60404	74560	43474
2013	13443124	3562962	157893	66381	81781	53890
2014	14998353	4114922	167717	72818	88295	61369
2015	16122677	4580666	154756	81075	95963	69103
2016	17231399	5284333	154917	90191	111820	76037

注：2012年年报开始，城镇非私营单位离岗职工（离开本单位仍保留劳动关系，并定期领取生活费的人员）不包括在从业人员统计中，故原职工工资统计口径由原“在岗+离岗”改为“在岗+劳务派遣”。

表4—16　主要年份人民生活主要指标

年　份	城市居民人均可支配收入（元）	农村居民人均可支配收入（元）
1952	—	—
1957	—	—
1962	—	—
1965	—	—
1970	—	—
1975	—	—
1978	—	—
1979	—	—
1980	487	—
1985	823	530
1990	1591	970
1995	4996	2471
1997	6497	3533
1998	7018	3724
1999	7694	3862
2000	8233	4062
2002	9157	4579
2005	14997	6225
2007	20317	8020
2008	23123	8951
2009	25504	9858
2010	28312	11128
2011	32200	13108
2012	36322	14786
2013	39881	16531
2014	42568	17661
2015	46104	19483
2016	49997	21156

注：从2014年起“农村居民人均纯收入”改为“农村居民人均可支配收入”。

表4—16　主要年份人民生活主要指标（续表）

计量单位：元、平方米

	城乡居民人均消费支出		城乡居民人均现住房建筑面积	
	城　镇	农　村	城　镇	农　村
2000年	7047	2498		33.75
2001年	7326	2518		35.10
2002年	7323	2590	20.01	35.61
2003年	7725	3153	22.11	37.08
2004年	8350	3619	21.61	37.63
2005年	10704	4376	24.30	42.90
2006年	12234	5512	25.21	44.69
2007年	13278	6180	26.08	45.94
2008年	15133	7033	26.91	47.07
2009年	16339	7588	27.04	48.85
2010年	18156	9956	27.44	49.94
2011年	20763	8477	29.10	58.10
2012年	23493	11114	29.61	58.10
2013年	24129	12392	30.20	54.60
2014年	25855	12818	36.30	55.40
2015年	27794	14041	36.50	56.20
2016年	29772	15773	36.70	56.60

主要统计指标解释

可支配收入 指调查户在调查期内获得的，可用于最终消费支出和储蓄的总和，即调查户可以用来自由支配的收入。可支配收入既包括现金，也包括实物收入。按照收入的来源，可支配收入包含四项，分别为：工资性收入、经营净收入、财产净收入和转移净收入。可以根据调查对象范围的不同，分为全体居民可支配收入、城镇居民可支配收入和农村居民可支配收入。

消费支出 指住户用于满足家庭日常生活消费需要的全部支出，包括用于消费品的支出和用于服务性消费的支出。根据用途不同，消费支出可划分为食品烟酒、衣着、居住、生活用品及服务、交通通信、教育文化娱乐、医疗保健、其他用品及服务八大类。可以根据调查对象范围的不同，分为全体居民消费支出、城镇居民消费支出和农村居民消费支出。

城乡居民储蓄存款余额 指某一时点城乡居民存入银行及农村信用社的储蓄金额，包括城镇居民储蓄存款和农民个人储蓄存款，不包括居民的手存现金和工矿企业、部队、机关、团体等单位存款。

从业人员工资总额 指本单位在报告期内（季度或年报）直接支付给本单位全部从业人员的劳动报酬总额。工资总额包括计时工资、计件工资、奖金、津贴和补贴、加班工资、特殊情况下支付的工资，是在岗职工工资总额、劳务派遣人员工资总额和其他从业人员工资总额之和。

工资总额是税前工资，包括单位从个人工资中直接为其代扣或代缴的房费、水费、电费、住房公积金和社会保险基金个人缴纳的部分等。

工资总额不论是计入成本的还是不计入成本的，不论是以货币形式支付的还是以实物形式支付的，均应列入工资总额的计算范围。

工资总额计算原则应以直接支付给从业人员的全部劳动报酬为依据。

从业人员平均工资 指城镇企业、事业、机关单位的从业人员在一定时期内平均每人所得的工资额。它表明一定时期从业人员工资收入高低程度，是反映从业人员工资水平的主要指标。

计算公式为：从业人员平均工资＝报告期实际支付的全部从业人员工资总额 ÷ 报告期全部从业人员平均人数

2017南京统计年鉴
NANJING STATISTICAL YEARBOOK

（五）价格指数

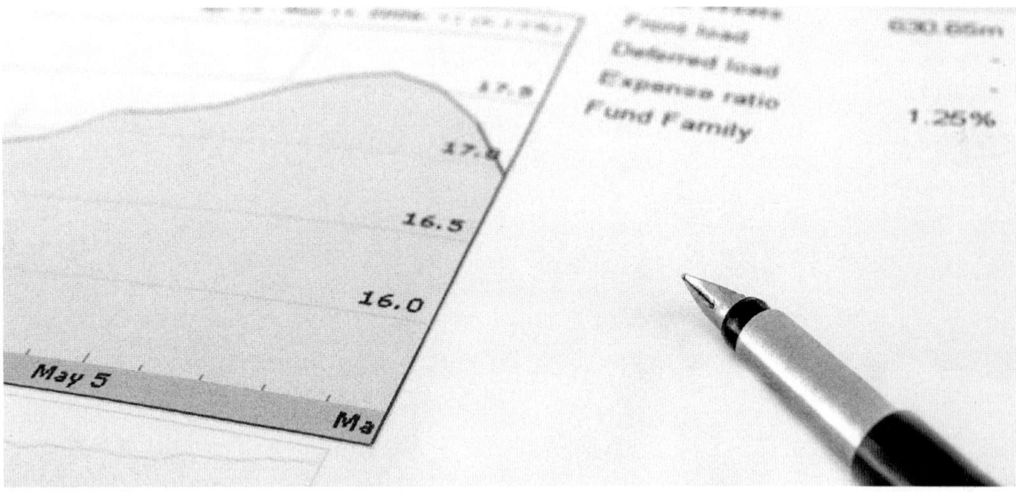

CHAPTER 5
PRICE INDICES

表 5—1　工业生产者出厂价格指数

指　标	2016年（以上年价格为100）	2015年（以上年价格为100）
总指数	97.7	90.5
#轻工业	98.7	97.6
重工业	97.5	89.1
#生产资料	97.6	89.1
生活资料	98.2	97.1
按工业行业大类分		
黑色金属矿采选业	63.7	64.5
有色金属矿采选业	89.8	98.1
非金属矿采选业	100.0	99.6
农副食品加工业	102.4	97.1
食品制造业	100.1	100.8
酒、饮料和精制茶制造业	102.0	99.1
烟草制品业	100.0	100.0
纺织业	98.9	98.9
纺织服装、服饰业	102.1	98.5
皮革、毛皮、羽毛及其制品和制鞋业	104.3	101.1
木材加工和木、竹、藤、棕、草制品业	102.9	109.4
家具制造业	97.9	101.4
造纸和纸制品业	96.1	95.2
印刷和记录媒介复制业	97.2	99.3
文教、工美、体育和娱乐用品制造业	102.3	93.5
石油加工、炼焦和核燃料加工业	90.5	71.6

表 5—1 工业生产者出厂价格指数（续表）

指　标	2016年 （以上年价格为100）	2015年 （以上年价格为100）
化学原料和化学制品制造业	96.4	81.3
医药制造业	95.9	95.5
化学纤维制造业	107.0	103.2
橡胶和塑料制品业	96.9	97.8
非金属矿物制品业	100.4	95.0
黑色金属冶炼和压延加工业	96.7	69.6
有色金属冶炼和压延加工业	96.3	97.7
金属制品业	98.6	100.3
通用设备制造业	97.8	100.0
专用设备制造业	100.0	100.4
汽车制造业	98.9	95.7
铁路、船舶、航空航天和其他运输设备制造业	98.0	93.8
电气机械和器材制造业	99.7	98.9
计算机、通信和其他电子设备制造业	98.2	97.7
仪器仪表制造业	100.5	99.6
废弃资源综合利用业	100.2	94.7
金属制品、机械和设备修理业	100.5	103.4
电力、热力生产和供应业	91.1	98.7
燃气生产和供应业	89.1	105.2
水的生产和供应业	103.4	102.2

表5—2 居民消费价格指数

指　标	2016年（以上年价格为100）	2015年（以上年价格为100）
居民消费价格总指数	102.7	102.0
一、食品烟酒	102.4	
粮　食	101.3	104.0
鲜　菜	105.9	108.6
畜　肉	108.2	
水产品	107.3	101.5
蛋	97.3	92.8
鲜　果	93.0	93.7
二、衣着	103.5	105.4
三、居住	102.2	101.1
四、生活用品及服务	102.1	
五、交通和通信	99.3	98.6
六、教育文化和娱乐	103.4	
七、医疗保健	109.9	101.5
八、其他用品和服务	102.9	

注：因基期调整，部分指标不可比。

表 5—3 商品零售价格指数

指 标	2016年（以上年价格为100）	2015年（以上年价格为100）
商品零售价格总指数	100.5	100.6
一、食品	102.8	102.3
粮 食	101.3	104.0
鲜 菜	105.9	108.6
畜 肉	108.2	
水产品	107.3	101.5
蛋	97.3	92.8
鲜 果	93.0	93.7
二、饮料、烟酒	99.3	101.8
三、服装、鞋帽	103.6	105.4
四、纺织品	100.5	100.3
五、家用电器及音像器材	100.5	101.2
六、文化办公用品	97.7	100.0
七、日用品	99.5	101.5
八、体育娱乐用品	101.8	101.6
九、交通、通信用品	100.8	99.3
十、家具	98.8	101.2
十一、化妆品	101.7	101.8
十二、金银珠宝	107.8	92.4
十三、中西药品及医疗保健用品	95.7	99.7
十四、书报杂志及电子出版物	99.8	106.6
十五、燃料	98.8	85.2
十六、建筑材料及五金电料	99.2	102.4

注：因基期调整，部分指标不可比。

表 5—4　主要年份价格指数

（以上年价格为100）

年　份	城市居民消费价格指数	城市商品零售价格指数
1952	99.4	99.3
1957	102.2	102.5
1962	—	100.4
1965	—	97.3
1970	—	—
1975	99.8	99.9
1978	—	107.4
1979	101.1	101.1
1980	104.9	105.0
1985	110.1	110.5
1990	105.3	104.4
1995	115.1	111.2
1997	99.7	97.6
1998	100.0	98.2
1999	98.6	97.1
2000	100.0	99.2
2005	102.1	96.7
2007	103.7	99.9
2008	106.2	103.7
2009	100.1	98.7
2010	104.2	103.5
2011	105.4	104.2
2012	102.7	101.4
2013	102.7	101.2
2014	102.6	102.0
2015	102.0	100.6
2016	102.7	100.5

注：本表1978年前数据为国营商业牌价。

表 5—4 主要年份价格指数（以上年价格 =100）（续表）

	工业生产者出厂价格指数	按生产生活部门分组	
		生产资料	生活资料
2003 年	103.7	104.7	99.3
2004 年	107.1	109.3	99.8
2005 年	101.7	102.6	98.8
2006 年	99.0	98.9	99.9
2007 年	101.6	101.8	100.3
2008 年	105.5	106.1	102.3
2009 年	90.8	89.1	100.1
2010 年	105.6	106.8	100.6
2011 年	104.3	105.0	100.9
2012 年	97.3	96.7	100.5
2013 年	97.0	96.5	99.6
2014 年	97.3	97.0	98.9
2015 年	90.5	89.1	97.1
2016 年	97.7	97.6	98.2

主要统计指标解释

工业生产者价格指数 是通过调查收集部分代表企业的代表产品的价格变动资料进行加权计算的相对数，以反映工业产品价格变动趋势和变动程度。

居民消费价格指数 是度量一组代表性消费品及服务项目价格水平随着时间而变动的相对数，反映居民家庭购买的消费品及服务价格水平的变动情况。它是宏观经济分析和决策、价格总水平监测和调控以及国民经济核算的重要指标。其按年度计算的变动率通常被用来作为反映通货膨胀（或紧缩）程度的指标。

商品零售价格指数 是反映城乡商品零售价格变动趋势的一种经济指数。零售物价的调整变动直接影响到城乡居民的生活支出和国家的财政收入，影响居民购买力和市场供需平衡，影响消费与积累的比例。因此，计算零售价格指数，可以从一个侧面对上述经济活动进行观察和分析。

（六）农业

CHAPTER 6
AGRICULTURE

表 6—1　农村组织情况和从业人员情况（2016 年）

指　标	全 市	浦 口	栖 霞	雨花台	江 宁	六 合
一、农村基层组织情况（个）						
村委会个数	287	31	30		72	55
村民小组个数	11979	1186	474	204	3980	2514
二、农村人口、从业人员资源及主要行业分布						
乡村户数（万户）	63.25	7.19	2.7	0.95	15.85	14.33
乡村人口数（万人）	199.12	23.17	7.51	2.38	47.86	48.93
劳动年龄内人口数（万人）	117.85	14.16	4.9	1.71	29.84	28.34
# 劳动年龄内上学的人口数	5.71	0.86	0.26	0.15	1.47	1.25
超过劳动年龄而实际参加劳动的人数	11.3	0.92	0.56	0.14	2.54	2.85
乡村实有从业人员合计（万人）	116.97	12.5	4.77	1.61	29.17	28.65
男从业人员	61.74	6.43	2.55	0.88	15.03	14.98
女从业人员	55.23	6.07	2.22	0.73	14.14	13.67
农林牧渔业从业人员（万人）	23.21	2.3	1.37	0.15	5.38	6.02
# 种植业从业人员	17.86	1.64	1.24	0.03	4.52	5.35
工业从业人员（万人）	36.65	4.17	1.73	0.66	11.1	7.52
建筑业从业人员（万人）	23.81	1.7	0.4	0.2	4.66	6.26
交通运输业、仓储业和邮政业从业人员（万人）	7.14	0.89	0.28	0.17	1.63	1.54
信息传输、计算机服务和软件业从业人员（万人）	1.26	0.19	0.03	0.03	0.4	0.19
批发与零售业从业人员（万人）	7.99	1.07	0.26	0.15	1.67	2.24
住宿与餐饮业从业人员（万人）	4.5	0.63	0.11	0.09	0.94	1.34
金融、保险业从业人员（万人）	0.71	0.08	0.01	0.01	0.21	0.13
其他从业人员（万人）	11.7	1.47	0.58	0.15	3.18	3.41

表6—1　农村组织情况和从业人员情况（2016年）（续表）

指　标	溧水	高淳
一、农村基层组织情况（个）		
村委会个数	39	60
村民小组个数	2176	1445
二、农村人口、从业人员资源及主要行业分布		
乡村户数（万户）	10.61	11.62
乡村人口数（万人）	32.1	37.17
劳动年龄内人口数（万人）	17.96	20.94
#劳动年龄内上学的人口数	0.89	0.83
超过劳动年龄而实际参加劳动的人数（万人）	1.74	2.55
乡村实有从业人员合计（万人）	18.1	22.17
男从业人员	10.13	11.74
女从业人员	7.97	10.43
农林牧渔业从业人员（万人）	3.78	4.21
#种植业从业人员	2.95	2.13
工业从业人员（万人）	5.74	5.73
建筑业从业人员（万人）	3.53	7.06
交通运输业、仓储业和邮政业从业人员（万人）	0.96	1.67
信息传输、计算机服务和软件业从业人员（万人）	0.27	0.15
批发与零售业从业人员（万人）	1.26	1.34
住宿与餐饮业从业人员（万人）	0.62	0.77
金融、保险业从业人员（万人）	0.16	0.11
其他从业人员（万人）	1.78	1.13

表6—2　农、林、牧、渔业总产值（现价）（2016年）

计量单位：万元

指　标	合 计	农 业	林 业	牧 业	渔 业	农林牧渔服务业
全　市	4511638	2587494	242567	468297	993610	219670
增长（%）	1.3	-0.2	6.3	-6.0	6.7	7.3
#浦口区	770981	412065	66761	110448	136486	45221
栖霞区	134649	112400	1136	8506	8457	4150
雨花台区	15108	2264	10076	1867	901	
江宁区	1064583	638224	35387	111617	242291	37064
六合区	1060118	711556	55430	101671	154901	36560
溧水区	731303	458000	40903	72000	108000	52400
高淳区	732527	252985	32874	59819	342574	44275

注：增长速度按可比价计算。

表6—3　农、林、牧、渔业增加值（现价）（2016年）

计量单位：万元

指　标	合 计	农 业	林 业	牧 业	渔 业	农林牧渔服务业
全　市	2649764	1644776	138880	185429	555936	124743
#浦口区	439892	263553	38362	44691	66589	26697
栖霞区	78207	66590	597	3390	5400	2230
雨花台区	8484	1365	5786	894	439	
江宁区	630421	396805	20553	43785	147620	21658
六合区	637405	460201	31301	40773	85196	19934
溧水区	430230	291800	23700	27200	57760	29770
高淳区	424350	164462	18581	23921	192932	24454

表6—4 农业机械化、农业化学化、农田水利化情况（2016年）

指 标	计量单位	2016年
一、农业机械化情况		
农用机械总动力合计	万千瓦	227.61
柴油发动机动力	万千瓦	149.49
汽油发动机动力	万千瓦	6.05
电动机动力	万千瓦	72.07
其他机械动力	万千瓦	
（一）耕作机械		
大中型拖拉机	台	5202
大中型拖拉机动力	万千瓦	27.23
小型拖拉机	台	21081
小型拖拉机动力	万千瓦	18.93
大中型拖拉机配套农具	部	8631
小型拖拉机配套农具	部	37944
（二）农用排灌机械		
柴油机	台	20051
柴油机动力	万千瓦	16.65
电动机	台	43193
电动机动力	万千瓦	51.51
农用水泵	万台	6.57
节水灌溉机械	套	4647
（三）收获机械		
联合收割机	台	2580
机动割晒机	台	
其他收获机械	台	4638
#秸秆粉碎还田机	台	3996

注：本表数据来源于市农业委员会。

表6—4 农业机械化、农业化学化、农田水利化情况（2016年）（续表1）

指　标	计量单位	2016年
机动脱粒机	台	385
（四）田间管理机械		
#机动喷雾（粉）机	台	18568
（五）林果业机械	台	2501
（六）畜牧养殖机械	台	3887
（七）渔业机械	台	40262
（八）农副产品初加工作业机械	台	9924
#粮食加工机械	台	5107
棉花加工机械	台	1679
油料加工机械	台	792
（九）运输机械		
手扶变型运输机	台	3757
手扶变型运输机动力	万千瓦	8.00
农用挂车	台	664
（十）其他农业机械		
农田基本建设机械	台	1319
农田基本建设机械动力	万千瓦	7.61

注：本表数据来源于市农业委员会。

表6—4 农业机械化、农业化学化、农田水利化情况（2016年）（续表2）

指 标	计量单位	2016年
二、农业主要能源及物资消耗		
农村用电量	万千瓦小时	320808
农用化肥使用量（按折纯法计算）	吨	73949
氮肥	吨	37645
磷肥	吨	6226
钾肥	吨	4866
复合肥	吨	25212
农用塑料薄膜使用量	吨	5093
# 地膜使用量	吨	2614
地膜覆盖面积	公顷	18803
农用柴油	吨	23760
农药使用量	吨	1660
三、农田水利建设情况		
有效灌溉面积	千公顷	221.69
新增有效灌溉面积	千公顷	3.5
新增节水灌溉面积	千公顷	13.6

表6—5　农业主要产品生产情况（全社会）（2016年）

指　标	播种面积（千公顷）	每公顷产量（公斤）	总产量（吨）
农作物总播种面积	289.25		
一、粮食作物合计	153.05	7059	1080421
（一）夏收粮食	48.77	4877	237832
1、夏收谷物	47.84	4915	235140
小麦	47.72	4917	234638
元麦			
大麦	0.12	4183	502
2、夏收豆类（蚕豌豆）	0.93	2895	2692
（二）秋收粮食	104.28	8080	842589
1、秋收谷物	96.41	8395	809327
稻谷	89.88	8549	768375
早稻			
中稻和一季晚稻	89.88	8549	768375
双季晚稻			
稻谷中：籼稻	26.13	8225	214917
粳稻	61.81	8681	536595
糯稻	1.94	8692	16863
玉米	6.53	6271	40952
谷子			
高粱			
其他谷物			
2、秋收豆类	4.9	2421	11862
大豆	4.45	2468	10981
绿豆	0.26	2242	583
其他豆类	0.19	1568	298
3、秋收薯类（按五折一计算）	2.97	7205	21400

表6—5 农业主要产品生产情况（全社会）（2016年）（续表）

指 标	播种面积（千公顷）	每公顷产量（公斤）	总产量（吨）
二、油料合计	30.5	2437	74337
（一）花生	1.7	2865	4870
（二）油菜籽	27.51	2432	66906
（三）芝麻	1.29	1985	2561
（四）其他油料			
三、棉花（皮棉）	1.98	1551	3071
四、麻类合计	0.28	2404	673
# 苎麻	0.28	2404	673
五、糖料合计	0.24	38521	9245
# 甘蔗	0.24	38521	9245
六、烟叶合计			
# 烤烟叶			
七、药材类合计	0.32		
八、蔬菜（含菜用瓜）	79.9	34413	2749606
九、瓜果类	6.58	32559	214237
# 西瓜	5.35	34453	184322
甜瓜	0.33	32515	10730
草莓	0.9	21317	19185
十、其他农作物	16.4		
# 青饲料	12.87		
绿肥	0.78		
附：常年种蔬菜面积	20.16		

表6—6　茶叶、水果生产情况（2016年）

指　标	计量单位	2016年
一、茶叶合计	吨	1540
红毛茶	吨	9
绿毛茶	吨	1527
白 茶	吨	4
其它茶	吨	
二、园林水果	吨	155916
1、苹果	吨	
#红富士苹果	吨	
国光苹果	吨	
2、梨	吨	25013
#雪花梨	吨	6500
鸭梨	吨	9387
3、柑桔类	吨	60
#柑	吨	60

表 6—6 茶叶、水果生产情况（2016 年）（续表）

指　标	计量单位	2016年
4、其他园林水果	吨	131110
#桃子	吨	29734
猕猴桃	吨	561
葡萄	吨	57212
枇杷	吨	
红枣（干折鲜 1：5）	吨	1442
柿子（干折鲜 1：5）	吨	4077
三、年末实有茶园面积	公顷	8969
#当年采摘面积	公顷	7579
四、年末果园面积合计	公顷	51633
#苹果园	公顷	
梨 园	公顷	1761
柑桔园	公顷	
桃 园	公顷	2992
猕猴桃园	公顷	53
葡萄园	公顷	3036
五、年末实有桑园面积	公顷	2

表 6—7　林业生产情况（2016 年）

指　标	计量单位	2016年
一、荒山荒（沙）地造林面积	公顷	1320
（一）按造林方式分		
1、人工造林	公顷	1320
# 竹林面积	公顷	20
灌木林面积	公顷	835
2、飞播造林	公顷	
3、无林地和疏林地新封	公顷	
（二）按经济成份分		
1、公有经济造林	公顷	444
（1）国有经济造林	公顷	20
（2）集体经济造林	公顷	424
2、非公有经济造林	公顷	876
（三）按林种用途分		
1、用材林	公顷	220
2、经济林	公顷	675
3、防护林	公顷	425
4、薪炭林	公顷	
5、特种用途林	公顷	
二、有林地造林面积	公顷	
1、林冠下造林	公顷	
2、飞播营林	公顷	
3、有林地和灌木林地新封	公顷	
三、更新造林	公顷	
四、低效林改培面积	公顷	
五、四旁（零星）植树	万株	286.09
六、年末实有封山（沙）育林面积	公顷	
七、幼林抚育作业面积	公顷	
八、幼林抚育实际面积	公顷	

注：本表数据来源于市绿化园林局。

表6—7　林业生产情况（2016年）（续表）

指　标	计量单位	2016年
九、森林抚育面积	公顷	4012
十、抚育改造出材量	立方米	
#中、幼龄林抚育出材量	立方米	
十一、林木种子采集量	吨	3
十二、当年苗木产量	万株	10015.39
十三、育苗面积	公顷	20589
#国有育苗面积	公顷	801
十四、年末实有母树林面积	公顷	
十五、年末实有种子园面积	公顷	
十六、主要林产品产量		
1、油桐籽	吨	
2、油茶籽	吨	
3、乌桕籽	吨	
4、棕　片	吨	
5、竹笋干	吨	388
6、核　桃	吨	25
7、板　栗	吨	2911
8、白　果	吨	256
9、花　椒	吨	25
10、八　角	吨	
11、松　子	吨	
十七、竹木采伐		
1、木材	立方米	117927
#村及村以下采伐	立方米	90759
2、竹材	根	225478
#村及村以下采伐	根	3093

注：本表数据来源于市绿化园林局。

表 6—8 畜牧业主要产品生产情况（2016 年）

指　标	当年出栏头数	年末存栏头数	肉产量（吨）
一、大牲畜（万头）	0.47	1.89	832
# 从事农事劳役的		0.31	
1、牛	0.47	1.89	832
# 黄牛			
良种及改良乳牛		1.17	
水牛	0.47	0.72	832
2、驴			
二、猪（万头）	72.79	40.46	53150
三、羊（万只）	18.60	8.29	2603
1、山羊	18.60	8.29	2603
2、绵羊			
四、家禽（万只）	2763.05	995.35	41453
五、兔（万只）	7.47	2.35	89

表 6—8 畜牧业主要产品生产情况（2016 年）（续表）

指　标	计量单位	2016年
六、肉类总产量	吨	98129
七、奶类产量	吨	74721
# 牛奶产量	吨	74721
八、蜂蜜产量	吨	259
九、禽蛋产量	吨	65367
十、蚕茧产量	吨	2

表 6—9 渔业生产情况（2016 年）

指 标	计量单位	2016年
水产品总产量	吨	223098
# 鱼类	吨	159834
虾蟹类	吨	51887
贝类	吨	10432
其他类	吨	945
# 内陆水域捕捞	吨	11126
内陆水域养殖	吨	211972
内陆水域养殖面积	千公顷	44.79
# 池塘养殖	千公顷	26.68
湖泊养殖	千公顷	2.37
河沟养殖	千公顷	8.70
水库养殖	千公顷	6.70
其他养殖	千公顷	0.34

注：本表数据来源于市农业委员会。

表6—10　主要年份农林牧渔业总产值（现价）

计量单位：万元

年份	合计	农业	林业	牧业	渔业	农林牧渔服务业
1978	61713	48846	1013	10943	911	—
1980	77728	58761	1266	16009	1692	—
1985	154358	101895	3897	41969	6597	—
1990	308287	172537	4591	111029	20130	—
1995	764367	510727	13068	168272	72300	—
1997	942439	585783	16069	229413	111174	—
1998	979644	586628	16834	247533	128649	—
1999	989199	599064	19370	224822	145943	—
2000	1063412	616473	24033	253261	169645	—
2003	1325889	675733	18645	301214	244707	85590
2005	1553837	854544	19637	338746	293414	47496
2007	1749179	944763	22788	351247	373128	57253
2008	1940094	1051973	24505	400745	401579	61292
2009	2236617	1228116	30453	387016	477113	113919*
2010	2447531	1394403	31168	394385	506240	121335
2011	2835016	1624518	32153	470153	571982	136210
2012	3185439	1834683	33868	511676	654571	150641
2013	3513124	2052345	36620	520407	737894	165858
2014	3846279	2184996	198412	482330	798629	181912
2015	4152664	2399141	219509	461894	872752	199368
2016	4511638	2587494	242567	468297	993610	219670

说明：2009年农林牧渔服务业业产值根据第二次经济普查数据进行了调整。

表6—11　主要年份主要农产品产量

年 份	粮 食（万吨）	棉花（吨）	油料（吨）	麻类（吨）	蚕茧（吨）	园林水果（吨）
1949	37.84	836	9194	104	27	913
1950	49.53	892	10577	121	31	934
1955	72.44	2160	11024	595	118	1587
1960	45.84	656	7833	244	308	1448
1965	96.12	1825	10468	878	169	2887
1970	102.57	2360	9928	1693	565	4774
1975	120.44	2718	15841	2545	940	6492
1978	147.20	3621	21882	3593	797	5077
1980	138.01	5528	28025	2710	1095	9653
1985	173.70	4459	90542	9906	629	6802
1990	173.26	2392	96797	1727	487	8526
1995	168.57	3520	144872	1320	1127	13639
1997	182.51	4501	146179	1561	484	18530
1998	176.91	4838	106504	1631	580	18685
1999	169.77	3699	192144	1687	494	22032
2000	143.37	4461	220119	2318	536	23625
2005	96.54	5920	211685	4013	441	42495
2007	100.88	2325	124528	3841	394	68267
2008	114.43	4327	133405	2709	431	79304
2009	110.69	4016	134144	2378	119	107016
2010	110.64	4135	117697	2008	170	85273
2011	112.06	4319	104859	1659	139	99358
2012	117.50	4113	106317	1710	85	119842
2013	116.95	4217	107872	1569	85	145135
2014	114.72	4175	114711	1130	33	157721
2015	114.06	3837	108415	857	10.5	154459
2016	108.04	3071	74337	673	2	155916

主要统计指标解释

农林牧渔业总产值 指以货币表现的农、林、牧、渔业全部产品和对农业生产进行各种支持性服务活动的总量，它反映一定时期内农业生产总规模和总成果。从 2003 年开始农林牧渔业总产值执行新的国民经济行业分类标准，包括农业、林业、牧业、渔业、农林牧渔服务业，不再包括农民家庭兼营商品性工业。农林牧渔业总产值中的农、林、牧、渔四业的计算方法通常是按农、林、牧、渔业产品及其副产品的产量分别乘以各自单位产品价格求得，现行价格从 2003 年开始使用生产价格调查的价格；少数生产周期较长，当年没有产品或产品产量不易统计的，则采用间接方法匡算其产值；然后将四业产品产值与农林牧渔服务业产值相加即为农林牧渔业总产值。1957 年以前的农林牧渔业总产值中包括了厩肥和农民自给性手工业（如农民自制衣服、鞋、袜，自己从事粮食初步加工等）。1958 年及以后，林业中增加了村及村以下竹木采伐产值；牧业中取消了厩肥产值；副业中取消了农民自给性手工业产值，增加了村及村以下办的工业产值；渔业中增加了海洋捕捞水产品产值。1980 年及以后，在副业中增加了农民家庭兼营工业商品部分的产值。从 1984 年起村及村以下工业产值划归工业。从 1993 年起取消副业，将野生动物的捕猎划入牧业、野生植物采集和农民家庭兼营商品性工业划归农业，从 2003 年起不再包括农民家庭兼营商品性工业产值。1996 年第一次农业普查以后，由于畜牧业产品年报数据与普查数据之间存在一定的差距，国家统计局农调总队对畜牧业年报数据与普查数据进行衔接，相应的畜牧业产值进行调整。

粮食产量 指全社会的产量。包括国有经济经营的、集体统一经营的和农民家庭经营的粮食产量，还包括工矿企业办的农场和其他生产单位的产量。粮食除包括稻谷、小麦、玉米、高粱、谷子及其他杂粮外，还包括薯类和豆类。其产量计算方法，豆类按去豆荚后的干豆计算；薯类（包括甘薯和马铃薯，不包括芋头和木薯）1963 年以前按每 4 公斤鲜薯折 1 公斤粮食计算，从 1964 年开始改为按 5 公斤鲜薯折 1 公斤粮食计算。城市郊区作为蔬菜的薯类（如马铃薯等）按鲜品计算，并且不作粮食统计。其他粮食一律按脱粒后的原粮计算。

棉花产量 指全社会的产量。包括春播棉和夏播棉。产量按皮棉计算。

油料产量 指全部油料作物的生产量。包括花生、油菜籽、芝麻、向日葵籽、胡麻籽（亚麻籽）和其他油料。不包括大豆、木本油料和野生油料。花生以带壳干花生计算。

水产品产量 指人工养殖的水产品和天然生长的水产品的捕捞量。包括海水的鱼类、虾蟹类、贝类和藻类以及内陆水域的鱼类、虾蟹类和贝类，不包括淡水水生植物。

猪、牛、羊肉产量 指当年出栏并已屠宰、除去头蹄下水后带骨肉（即胴体重）的重量。

期初（末）畜禽存栏头（只）数 指报告期初（末）农村各种合作经济组织和国营农场、农民个人、机关、团体、学校、工矿企业、部队等单位以及城镇居民饲养的大牲畜、猪、羊、家禽等畜禽的存栏数。

耕地面积 是指年初可用来种植农作物并经常进行耕种、能够正常收获的土地。包括当年实际耕种的熟地、当年新开荒地、休闲不满三年随时可以复耕的地和当年休闲地以及以种植农作物为主并附带种植桑树、茶树、果树和其他林木的土地、沿海、沿湖地区已围垦利用的"海涂"、"湖田"等面积。不包括临时种植农作物的坡度在25度以上的陡坡地、在河套、湖畔、库区临时开发的成片或零星土地，属于专业性的桑园、茶园、果园、果木苗圃、林地、芦苇地、天然或人工草地面积、也不包括已列为国家和省（区、市）退耕计划但临时耕种的土地。

农作物播种面积 指实际播种或移植有农作物的面积。凡是实际种植有农作物的面积，不论种植在耕地上还是种植在非耕地上，均包括在农作物播种面积中。在播种季节基本结束后，因遭灾而重新改种和补种的农作物面积，也包括在内。

有效灌溉面积 指具有一定的水源，地块比较平整，灌溉工程或设备已经配套，在一般年景下当年能够进行正常灌溉的耕地面积。在一般情况下，有效灌溉面积应等于灌溉工程或设备已经配备，能够进行正常灌溉的水田和水浇地面积之和。

农用化肥施用量 指本年内实际用于农业生产的化肥数量，包括氮肥、磷肥、钾肥和复合肥。化肥施用量要求按折纯量计算数量。折纯量是指把氮肥、磷肥、钾肥分别按含氮、含五氧化二磷、含氧化钾的百分之一百成份进行折算后的数量。复合肥按其所含主要成分折算。

农业机械总动力 指主要用于农、林、牧、渔业的各种动力机械的动力总和。包括耕作机械、排灌机械、收获机械、农用运输机械、植物保护机械、牧业机械、林业机械、渔业机械和其他农业机械〔内燃机按引擎马力折成瓦（特）计算、电动机按功率折成瓦（特）计算〕。不包括专门用于乡、镇、村、组办工业、基本建设、非农业运输、科学试验和教学等非农业生产方面用的动力机械与作业机械。

大中型拖拉机 指发动机额定功率在14.7千瓦（含14.7千瓦即20马力）以上的拖拉机，有链轨式和轮式两种。

小型拖拉机 指发动机额定功率在2.2千瓦（含2.2千瓦）以上，小于14.7千瓦的拖拉机，包括小四轮与手扶式。

拖拉机配套农具 指由拖拉机牵引或悬挂的田间移动作业机具，例如：机引犁、拖耕机、机引耙、播种机等农具。与大中型拖拉机配套使用的农具称为大中型拖拉机配套农具，与小型拖拉机配套使用的农具称为小型拖拉机配套农具。

农林牧渔业劳动力 指全社会直接参加农林牧渔业生产活动的劳动力。

2017南京统计年鉴
NANJING STATISTICAL YEARBOOK

（七）工业和能源

CHAPTER 7
INDUSTRY AND ENERGY

表 7—1　规模以上工业企业主要经济指标（2016 年）

计量单位：千元

指　标	企业单位数（个）	#亏损企业	工业总产值	工业销售产值
总　计	2661	387	1294501936	1268857544
一、按经济类型分组：				
内资企业	2070	252	755424312	743926929
国有企业	21	3	19037939	18853483
集体企业	17	4	4203596	4151595
股份合作企业	6	2	295868	289374
联营企业	4	0	995213	1005773
有限责任公司	571	91	293754153	290579929
股份有限公司	131	19	195509655	191898524
私营企业	1312	132	239514258	235069391
其他企业	8	1	2113630	2078860
港、澳、台商投资企业	189	39	102753122	100752913
外商投资企业	402	96	436324502	424177702
二、在总计中：国有控股	196	36	492079829	484916195
三、按轻重工业分组：				
轻工业	807	113	295856727	288726151
重工业	1854	274	998645209	980131393
四、按企业规模分组：				
大型企业	94	9	593303605	580086983
中型企业	416	47	289158356	282974998
小微企业	2151	331	412039975	405795563
五、按隶属关系分组：				
中央	64	3	215471647	213794241
省	25	6	111361349	110091489
市	112	40	96537673	95374139
市以下	2460	338	871131267	849597675

注：1、我市规模以上工业的统计范围为“年主营业务收入2000万元及以上的工业企业”。
2、全市工业企业完成工业总产值13640.69亿元，其中：规模以下工业总产值695.68亿元。

表7—1 规模以上工业企业主要经济指标（2016年）（续表1）

指　标	企业单位数（个）	# 亏损企业	工业总产值	工业销售产值
六、按工业行业分组				
采矿业	10	2	1843770	1748339
煤炭开采和洗选业				
石油和天然气开采业				
黑色金属矿采选业	1		194857	194857
有色金属矿采选业	2	1	231179	229864
非金属矿采选业	7	1	1417734	1323618
开采辅助活动				
其他采矿业				
制造业	2615	381	1266122029	1240603350
农副食品加工业	57	11	14028024	13415031
食品制造业	55	8	13077814	12954591
酒、饮料和精制茶制造业	16	3	5711558	5195477
烟草制品业	1		20258932	19027520
纺织业	32	3	8133305	8048404
纺织服装、服饰业	164	19	38076283	37529368
皮革、毛皮、羽毛及其制品和制鞋业	22	4	8084807	8004826
木材加工和木、竹、藤、棕、草制品业	12	1	1870919	1843434
家具制造业	19	4	3758105	3524053
造纸和纸制品业	31	3	4605177	4524142
印刷和记录媒介复制业	57	13	5755726	5700515
文教、工美、体育和娱乐用品制造业	65	10	12638396	12409988
石油加工、炼焦和核燃料加工业	9		63237210	62918137

表 7—1　规模以上工业企业主要经济指标（2016 年）（续表 2）

指　标	企业单位数（个）	# 亏损企业	工业总产值	工业销售产值
化学原料和化学制品制造业	225	35	175544360	172157640
医药制造业	61	4	28471732	27155446
化学纤维制造业	8	1	4965024	4969192
橡胶和塑料制品业	110	11	18008359	17923299
非金属矿物制品业	187	38	36240796	35837409
黑色金属冶炼和压延加工业	55	5	58578412	57682512
有色金属冶炼和压延加工业	56	5	29231239	28717696
金属制品业	182	16	42338654	41819461
通用设备制造业	236	36	48990231	48648854
专用设备制造业	181	23	29204895	28977784
汽车制造业	150	26	189807023	188516640
铁路、船舶、航空航天和其他运输设备制造业	84	8	34720756	34184933
电气机械和器材制造业	252	44	96045248	93931864
计算机、通信和其他电子设备制造业	184	37	232992818	224646272
仪器仪表制造业	89	11	38317609	36922453
其他制造业	4	2	115458	115458
废弃资源综合利用业	9		2624992	2612784
金属制品、机械和设备修理业	2		688167	688167
电力、燃气及水的生产和供应业	36	4	26536137	26505855
电力、热力生产和供应业	15		17573787	17573787
燃气生产和供应业	11	2	6260057	6260057
水的生产和供应业	10	2	2702293	2672011

表 7—1 规模以上工业企业主要经济指标（2016 年）（续表 3）

指 标	资产总计	流动资产	固定资产原价	累计折旧	负债	流动负债
总 计	1144885270	599595239	647531245	272814077	616609820	516503326
一、按经济类型分组：						
内资企业	801054701	428160173	419361378	176544396	441129366	372755243
国有企业	43453575	21084130	17530604	5251477	26520528	18310310
集体企业	1140832	621393	585333	283334	547593	547523
股份合作企业	624035	548111	163721	111306	223147	166732
联营企业	981624	207622	1183326	428287	137201	97201
有限责任公司	381400044	217766643	176548364	75422716	221681350	187117492
股份有限公司	209414434	90807870	154123279	68056034	103494009	84792695
私营企业	160682110	94120581	68947219	26921638	85436325	79336376
其他企业	3358047	3003823	279532	69604	3089213	2386914
港、澳、台商投资企业	75635876	37990902	42678104	16325940	35790638	31610244
外商投资企业	268194693	133444164	185491763	79943741	139689816	112137839
二、在总计中：国有控股	548176373	265524197	343895351	145963542	299395981	235517062
三、按轻重工业分组：						
轻工业	202100900	114565076	95363523	38786207	88354435	74367243
重工业	942784370	485030163	552167722	234027870	528255385	442136083
四、按企业规模分组：						
大型企业	620282725	308488934	373395883	161865891	342024000	283210877
中型企业	249815611	136821513	132148645	54195714	129978745	109013599
小微企业	274786934	154284792	141986717	56752472	144607075	124278850
五、按隶属关系分组：						
中央	285860528	98945026	230910089	89222619	155003646	113472089
省	41631144	29853992	16594260	9166106	13758677	13025219
市	91729272	50972245	41107475	15826464	53494678	43714947
市以下	725664326	419823976	358919421	158598888	394352819	346291071

表 7—1 规模以上工业企业主要经济指标（2016 年）（续表 4）

指 标	资产总计	流动资产	固定资产原价	累计折旧	负债	流动负债
六、按工业行业分组						
采矿业	1048315	454008	468871	259014	646173	544682
煤炭开采和洗选业						
石油和天然气开采业						
黑色金属矿采选业	71254	28974			30214	
有色金属矿采选业	443495	200584	305053	166403	347129	302405
非金属矿采选业	533566	224450	163818	92611	268830	242277
开采辅助活动						
其他采矿业						
制造业	1084846590	583477316	594675603	254187982	585112664	498582506
农副食品加工业	10182645	4375407	4280326	1202000	6420648	4096553
食品制造业	12990447	4839429	6101147	2594334	4162514	3758972
酒、饮料和精制茶制造业	4749841	1824539	4186499	1887848	1691853	1645280
烟草制品业	22128050	17871524	3286974	2359746	2419962	2398526
纺织业	6384860	3797242	4143411	2112322	2980648	2292070
纺织服装、服饰业	18632162	10683540	10096434	4562842	7853871	7327921
皮革、毛皮、羽毛及其制品和制鞋业	2314979	1144698	1201623	577775	993025	862837
木材加工和木、竹、藤、棕、草制品业	743917	538542	285633	116861	491517	491203
家具制造业	2599518	1031380	2553780	1408893	800248	731873
造纸和纸制品业	4266689	2377118	2376752	678274	2146136	1514322
印刷和记录媒介复制业	7244342	3694596	4399517	2106533	3358228	3259760
文教、工美、体育和娱乐用品制造业	5023709	2954835	2597309	986931	2280465	2196409
石油加工、炼焦和核燃料加工业	22493875	7630425	22479061	12778039	12186774	11046971

表 7—1 规模以上工业企业主要经济指标（2016 年）（续表 5）

指 标	资产总计	流动资产	固定资产原价	累计折旧	负债	流动负债
化学原料和化学制品制造业	155707510	65287532	141227353	75538342	76609984	62343099
医药制造业	28714596	15720693	13184570	4613260	9562468	8398258
化学纤维制造业	5344887	2198507	4745079	2080268	2671394	2478173
橡胶和塑料制品业	12626873	6610232	6464409	2823657	6830355	5376868
非金属矿物制品业	41591660	22927077	22457433	9750150	24998598	22869508
黑色金属冶炼和压延加工业	79720067	25767838	76762992	34495212	52161959	47554695
有色金属冶炼和压延加工业	12341315	7121672	5015351	2136821	6254127	5951688
金属制品业	26174473	14522001	15710026	6326199	13747132	12976643
通用设备制造业	60727097	40229556	24182223	10724514	30985485	27844674
专用设备制造业	36636068	24282399	10739579	4050871	18869227	17595606
汽车制造业	102802951	68363996	42612555	21738519	73542220	62597639
铁路、船舶、航空航天和其他运输设备制造业	40313975	25167358	13218511	6138582	25604187	24249716
电气机械和器材制造业	103849568	76590588	25111312	9965737	62686184	59059162
计算机、通信和其他电子设备制造业	202673265	87933851	113796290	25792657	104983751	72160234
仪器仪表制造业	54145709	37317133	9705968	3804027	27255663	24963070
其他制造业	183191	117775	12851	3918	125731	125637
废弃资源综合利用业	1324882	487572	1551505	788679	355508	332337
金属制品、机械和设备修理业	213469	68261	189130	44171	82802	82802
电力、燃气及水的生产和供应业	58990365	15663915	52386771	18367081	30850983	17376138
电力、热力生产和供应业	32065320	5257299	37213669	15015754	16681103	9347123
燃气生产和供应业	5236357	1208461	3932616	1092025	2440195	2352036
水的生产和供应业	21688688	9198155	11240486	2259302	11729685	5676979

表 7—1　规模以上工业企业主要经济指标（2016 年）（续表 6）

指　标	主营业务收　入	主营业务税金及附加	利 税总 额	盈亏相抵后利润总额	从业人员平均人数（人）
总　计	1244235983	44537033	184999688	95934623	744356
一、按经济类型分组：					
内资企业	772078906	39812883	131213961	60210977	501734
国有企业	17781817	67971	1904430	1466776	11979
集体企业	7095735	27686	387988	221892	3321
股份合作企业	293494	1973	30029	11785	868
联营企业	1005466	7249	108839	52247	1035
有限责任公司	308609727	14189336	46826718	21476192	195165
股份有限公司	199736169	24245141	51925509	17224026	70964
私营企业	235721457	1261917	29995657	19751666	217429
其他企业	1835041	11610	34791	6393	973
港、澳、台商投资企业	100678281	399057	12934940	8758839	62498
外商投资企业	371478796	4325093	40850787	26964807	180124
二、在总计中：国有控股	465839161	41354710	108531551	45361680	178330
三、按轻重工业分组：					
轻工业	292712510	13390050	47904015	22579631	223340
重工业	951523473	31146983	137095673	73354992	521016
四、按企业规模分组：					
大型企业	596622626	39137317	99434752	39068927	267694
中型企业	286654629	1331428	35122517	23781597	216096
小微企业	360958728	4068288	50442419	33084099	260566
五、按隶属关系分组：					
中央	221842795	24232754	15634366	50010215	83353
省	68823897	14660360	14862798	35185974	13790
市	105953150	368644	4170573	6945552	50919
市以下	847616141	5275275	61266886	92857947	596294

表7—1　规模以上工业企业主要经济指标（2016年）（续表7）

指　标	主营业务收　入	主营业务税金及附加	利税总额	盈亏相抵后利润总额	从业人员平均人数（人）
六、按工业行业分组					
采矿业	2164332	21178	204636	97007	2684
煤炭开采和洗选业					
石油和天然气开采业					
黑色金属矿采选业	194857	1912	33634	25410	48
有色金属矿采选业	228238	8535	13409	-14961	836
非金属矿采选业	1741237	10731	157593	86558	1800
开采辅助活动					
其他采矿业					
制造业	1216052077	44326339	179069618	91475328	729465
农副食品加工业	12933158	55520	1356806	886267	8047
食品制造业	13119918	63527	2043266	1349242	14969
酒、饮料和精制茶制造业	5332476	120570	923411	489869	5552
烟草制品业	19911993	12194503	17982726	3182384	1541
纺织业	8033626	39926	989889	701476	11441
纺织服装、服饰业	37672815	163373	3785824	2178958	53934
皮革、毛皮、羽毛及其制品和制鞋业	7911085	26125	967171	540283	6916
木材加工和木、竹、藤、棕、草制品业	1737723	5440	193800	113606	1163
家具制造业	3681446	26516	313375	143878	3605
造纸和纸制品业	4656162	10313	561783	404586	3500
印刷和记录媒介复制业	5477201	26129	480437	269812	9723
文教、工美、体育和娱乐用品制造业	15071607	90274	1319836	783910	17866
石油加工、炼焦和核燃料加工业	64517575	15174176	24613122	4762345	5971

表 7—1 规模以上工业企业主要经济指标（2016 年）（续表 8）

指　标	主营业务收入	主营业务税金及附加	利税总额	盈亏相抵后利润总额	从业人员平均人数（人）
化学原料和化学制品制造业	177307918	9140196	29669202	13932629	64228
医药制造业	28348609	232755	6731158	4449413	23889
化学纤维制造业	4585728	24025	376153	227315	6113
橡胶和塑料制品业	17687631	90174	1538445	909344	17870
非金属矿物制品业	35870552	172471	3133688	1763250	31228
黑色金属冶炼和压延加工业	60741101	297298	4159369	2170177	22774
有色金属冶炼和压延加工业	29080318	79777	2291233	1482342	8476
金属制品业	42122725	232559	5386285	3687408	30191
通用设备制造业	48457459	291196	6389914	4383471	49256
专用设备制造业	28473748	178672	4126870	2962711	31186
汽车制造业	157935328	4512709	28353799	17599587	65596
铁路、船舶、航空航天和其他运输设备制造业	35387105	164833	3435111	2280175	32094
电气机械和器材制造业	91926837	473194	12939613	8870121	58524
计算机、通信和其他电子设备制造业	216753553	222192	9197636	6705794	115108
仪器仪表制造业	37983709	197465	5433397	4015722	25864
其他制造业	109247	266	-12038	-12831	205
废弃资源综合利用业	2551054	13464	296514	174802	2262
金属制品、机械和设备修理业	672670	6701	91823	67282	373
电力、燃气及水的生产和供应业	26019574	189516	5725434	4362288	12207
电力、热力生产和供应业	17743384	145148	4559785	3517322	4768
燃气生产和供应业	5764158	21861	687309	499895	2943
水的生产和供应业	2512032	22507	478340	345071	4496

表7—2 规模以上工业企业主要产品产量

产品名称	2016年	2015年	同比增长（%）
铁矿石原矿（吨）		592778	
饲料（吨）	272760	313200	-12.9
精制食用植物油（吨）	38271	23042	66.1
饮料酒（千升）	304804	300841	1.3
软饮料（吨）	1199429	1234026	-2.8
卷烟（万支）	3200000	3564190	-10.2
纱（吨）	25228	28566	-11.7
布（万米）	126	649	-80.6
服装（万件）	31034	33576	-7.6
皮革鞋靴（万双）	289	288	0.3
家具（件）	1039043	1074840	-3.3
机制纸及纸板（吨）	2545	2385	6.7
原油加工量（吨）	29171377	27884364	4.6
汽油（吨）	6461795	6082620	6.2
煤油（吨）	4321170	4088411	5.7
柴油（吨）	6711684	6370192	5.4
液化石油气（吨）	1635330	1559093	4.9
焦炭（吨）	4030138	4014872	0.4
硫酸（折100%）（吨）	539899	586184	-7.9
烧碱（折100%）（吨）	181470	181380	0.0
乙烯（吨）	1621560	1522046	6.5
纯苯（吨）	635975	595303	6.8

表 7—2　规模以上工业企业主要产品产量（续表 1）

产品名称	2016年	2015年	同比增长（%）
浓硝酸（折 100%）（吨）	159912	155159	3.1
合成氨（无水氨）（吨）	298834	253803	17.7
农用氮、磷、钾化学肥料总计（折纯）（吨）	160057	172858	-7.4
化学农药原药（折有效成分 100%）（吨）	185691	167793	10.7
涂料（吨）	348954	333491	4.6
初级形态的塑料（吨）	1914519	1850099	3.5
合成橡胶（吨）	326422	344475	-5.2
合成纤维单体（吨）	1618760	1528492	5.9
化学药品原药（吨）	24	29	-17.8
中成药（吨）	4016	3586	12.0
化学纤维（吨）	176910	186839	-5.3
橡胶轮胎外胎（条）	4733061	6861896	-31.0
塑料制品（吨）	251955	217960	15.6
水泥熟料（吨）	7873148	8533513	-7.7
水泥（吨）	6832629	7922814	-13.8
日用玻璃制品（吨）	70550	63349	11.4
生铁（吨）	14809827	15178611	-2.4
粗钢（吨）	15191411	15436722	-1.6
钢材（吨）	14371405	14045290	2.3
泵（台）	67412	63094	6.8
气体压缩机（台）	3710	3585	3.5

表7—2 规模以上工业企业主要产品产量（续表2）

产品名称	2016年	2015年	同比增长（%）
汽车（辆）	570635	428755	33.1
其中：基本型乘用车（轿车）	286733	202635	41.5
客车	175316	131244	33.6
载货汽车	46310	43109	7.4
改装汽车（辆）	10943	3474	215.0
摩托车整车（辆）	46926	89104	-47.3
民用钢质船舶（载重吨）	3567922	3756436	-5.0
发电机组（发电设备）（千瓦）	3389800	3260000	4.0
交流电动机（千瓦）	775237	963650	-19.6
变压器（千伏安）	28933287	31068531	-6.9
家用电风扇（台）	1142515	1300440	-12.1
家用洗衣机（台）	4696833	5274776	-11.0
电光源（万只）	661	2263	-70.8
移动通信手持机（手机）（台）	3329499	9887009	-66.3
电子计算机整机（台）	3445880	3207784	7.4
彩色电视机（台）	4273088	3962787	7.8
其中：液晶（LCD）电视机	4273088	2420466	76.5
发电量（万千瓦小时）	5145563	4982928	3.3
煤气生产量（万立方米）	2361820	2791185	-15.4
自来水生产量（万立方米）	113056	105402	7.3

表 7—3　规模以上国有工业企业主要经济指标（2016 年）

计量单位：千元

指　标	企业单位数（个）	#亏损企业	工业总产值
总　计	21	3	19037939
一、按轻重工业分组：			
轻工业	7	2	1732385
重工业	14	1	17305554
二、按企业规模分组：			
大型企业	3	1	12899377
中型企业	5		4001739
小微企业	13	2	2136823
三、按行业分组：			
采矿业			
煤炭开采和洗选业			
石油和天然气开采业			
黑色金属矿采选业			
有色金属矿采选业			
非金属矿采选业			
开采辅助活动			
其他采矿业			
制造业	14	2	15250168
农副食品加工业	2		344830
食品制造业			
酒、饮料和精制茶制造业			
烟草制品业			
纺织业			
纺织服装、服饰业			
皮革、毛皮、羽毛及其制品和制鞋业			
木材加工和木、竹、藤、棕、草制品业			
家具制造业			

表 7—3 规模以上国有工业企业主要经济指标（2016 年）（续表 1）

指 标	企业单位数（个）	#亏损企业	工业总产值
造纸和纸制品业			
印刷和记录媒介复制业	1	1	42100
文教、工美、体育和娱乐用品制造业			
石油加工、炼焦和核燃料加工业			
化学原料和化学制品制造业	2		125823
医药制造业			
化学纤维制造业			
橡胶和塑料制品业	1		80540
非金属矿物制品业	1	1	31250
黑色金属冶炼和压延加工业			
有色金属冶炼和压延加工业			
金属制品业			
通用设备制造业			
专用设备制造业	1		526364
汽车制造业			
铁路、船舶、航空航天和其他运输设备制造业	3		4557701
电气机械和器材制造业			
计算机、通信和其他电子设备制造业			
仪器仪表制造业	3		9541560
其他制造业			
废弃资源综合利用业			
金属制品、机械和设备修理业			
电力、燃气及水的生产和供应业	7	1	3787771
电力、热力生产和供应业	2		2380204
燃气生产和供应业			
水的生产和供应业	5	1	1407567

表 7—3 规模以上国有工业企业主要经济指标（2016 年）（续表 2）

指　标	资产总计	流动资产	固定资产原价	累计折旧	负债	流动负债
总　计	43453575	21084130	17530604	5251477	26520528	18310310
一、按轻重工业分组：						
轻工业	11275777	3486643	6590475	1199443	5512111	2412228
重工业	32177798	17597487	10940129	4052034	21008417	15898082
二、按企业规模分组：						
大型企业	28410897	13252863	8676046	2144118	16055367	12870670
中型企业	9460505	4550167	6631258	2707318	6526632	3829009
小微企业	5582173	3281100	2223300	400041	3938529	1610631
三、按行业分组：						
采矿业						
煤炭开采和洗选业						
石油和天然气开采业						
黑色金属矿采选业						
有色金属矿采选业						
非金属矿采选业						
开采辅助活动						
其他采矿业						
制造业	26465493	16721466	5076117	2578524	15788806	13999118
农副食品加工业	137413	31526	163706	65931	57422	57422
食品制造业						
酒、饮料和精制茶制造业						
烟草制品业						
纺织业						
纺织服装、服饰业						
皮革、毛皮、羽毛及其制品和制鞋业						
木材加工和木、竹、藤、棕、草制品业						
家具制造业						

表7—3 规模以上国有工业企业主要经济指标（2016年）（续表3）

指　标	资产总计	流动资产	固定资产原价	累计折旧	负债	流动负债
造纸和纸制品业						
印刷和记录媒介复制业	103114	45095	49343	29121	92802	92802
文教、工美、体育和娱乐用品制造业						
石油加工、炼焦和核燃料加工业						
化学原料和化学制品制造业	425539	226579	188940	82093	142901	129942
医药制造业						
化学纤维制造业						
橡胶和塑料制品业	23440	10290			18090	
非金属矿物制品业	485494	194361	287769	17536	136205	136205
黑色金属冶炼和压延加工业						
有色金属冶炼和压延加工业						
金属制品业						
通用设备制造业						
专用设备制造业	446827	306455	539640	500990	314282	314282
汽车制造业						
铁路、船舶、航空航天和其他运输设备制造业	8596618	6513696	2965941	1553921	4493332	4402635
电气机械和器材制造业						
计算机、通信和其他电子设备制造业						
仪器仪表制造业	16247048	9393464	880778	328932	10533772	8865830
其他制造业						
废弃资源综合利用业						
金属制品、机械和设备修理业						
电力、燃气及水的生产和供应业	16988082	4362664	12454487	2672953	10731722	4311192
电力、热力生产和供应业	5929461	947250	6055190	1558166	5354386	2033739
燃气生产和供应业						
水的生产和供应业	11058621	3415414	6399297	1114787	5377336	2277453

表7—3　规模以上国有工业企业主要经济指标（2016年）（续表4）

指　标	主营业务收　入	主营业务税金及附加	利 税总 额	盈亏相抵后利润总额	从业人员平均人数（人）
总　计	17781817	67971	1904430	1466776	11979
一、按轻重工业分组：					
轻工业	1507458	13299	133258	42543	3382
重工业	16274359	54672	1771172	1424233	8597
二、按企业规模分组：					
大型企业	12930065	37115	535759	320812	7029
中型企业	3579161	19263	1099093	944885	3137
小微企业	1272591	11593	269578	201079	1813
三、按行业分组：					
采矿业					
煤炭开采和洗选业					
石油和天然气开采业					
黑色金属矿采选业					
有色金属矿采选业					
非金属矿采选业					
开采辅助活动					
其他采矿业					
制造业	14193520	46332	923849	683946	7920
农副食品加工业	335934	7613	88269	55569	162
食品制造业					
酒、饮料和精制茶制造业					
烟草制品业					
纺织业					
纺织服装、服饰业					
皮革、毛皮、羽毛及其制品和制鞋业					
木材加工和木、竹、藤、棕、草制品业					
家具制造业					

表 7—3 规模以上国有工业企业主要经济指标（2016 年）（续表 5）

指 标	主营业务收入	主营业务税金及附加	利税总额	盈亏相抵后利润总额	从业人员平均人数（人）
造纸和纸制品业					
印刷和记录媒介复制业	42100	326	198	-128	110
文教、工美、体育和娱乐用品制造业					
石油加工、炼焦和核燃料加工业					
化学原料和化学制品制造业	220681	1005	36045	26681	389
医药制造业					
化学纤维制造业					
橡胶和塑料制品业	81280	20	277	107	24
非金属矿物制品业	33654	463	3790	-15	279
黑色金属冶炼和压延加工业					
有色金属冶炼和压延加工业					
金属制品业					
通用设备制造业					
专用设备制造业	81710	3210	12343	3418	377
汽车制造业					
铁路、船舶、航空航天和其他运输设备制造业	4078263	11822	184553	168044	3198
电气机械和器材制造业					
计算机、通信和其他电子设备制造业					
仪器仪表制造业	9319898	21873	598374	430270	3381
其他制造业					
废弃资源综合利用业					
金属制品、机械和设备修理业					
电力、燃气及水的生产和供应业	3588297	21639	980581	782830	4059
电力、热力生产和供应业	2396761	16003	923985	787164	898
燃气生产和供应业					
水的生产和供应业	1191536	5636	56596	-4334	3161

表 7—4　规模以上集体工业企业主要经济指标（2016 年）

计量单位：千元

指　标	企业单位数（个）	#亏损企业	工业总产值
总　计	17	4	4203596
一、按轻重工业分组：			
轻工业	10	2	3557069
重工业	7	2	646527
二、按企业规模分组：			
大型企业			
中型企业	3		1560139
小微企业	14	4	2643457
三、按行业分组：			
采矿业			
煤炭开采和洗选业			
石油和天然气开采业			
黑色金属矿采选业			
有色金属矿采选业			
非金属矿采选业			
开采辅助活动			
其他采矿业			
制造业	17	4	4203596
农副食品加工业	1		277731
食品制造业			
酒、饮料和精制茶制造业			
烟草制品业			
纺织业	2		894255
纺织服装、服饰业	2		359699
皮革、毛皮、羽毛及其制品和制鞋业			
木材加工和木、竹、藤、棕、草制品业			
家具制造业			

表7—4 规模以上集体工业企业主要经济指标（2016年）（续表1）

指 标	企 业 单位数 （个）	#亏损企业	工业总产值
造纸和纸制品业			
印刷和记录媒介复制业			
文教、工美、体育和娱乐用品制造业	3	2	1287471
石油加工、炼焦和核燃料加工业	1		55354
化学原料和化学制品制造业	3	1	772173
医药制造业			
化学纤维制造业			
橡胶和塑料制品业			
非金属矿物制品业	1	1	157877
黑色金属冶炼和压延加工业	1		40559
有色金属冶炼和压延加工业			
金属制品业	2		329561
通用设备制造业	1		28916
专用设备制造业			
汽车制造业			
铁路、船舶、航空航天和其他运输设备制造业			
电气机械和器材制造业			
计算机、通信和其他电子设备制造业			
仪器仪表制造业			
其他制造业			
废弃资源综合利用业			
金属制品、机械和设备修理业			
电力、燃气及水的生产和供应业			
电力、热力生产和供应业			
燃气生产和供应业			
水的生产和供应业			

表 7—4　规模以上集体工业企业主要经济指标（2016 年）（续表 2）

指　标	资产总计	流动资产	固定资产原价	累计折旧	负债	流动负债
总　计	1140832	621393	585333	283334	547593	547523
一、按轻重工业分组：						
轻工业	941422	487891	499301	242408	378718	378648
重工业	199410	133502	86032	40926	168875	168875
二、按企业规模分组：						
大型企业						
中型企业	455328	328001	198600	124714	183819	183763
小微企业	685504	293392	386733	158620	363774	363760
三、按行业分组：						
采矿业						
煤炭开采和洗选业						
石油和天然气开采业						
黑色金属矿采选业						
有色金属矿采选业						
非金属矿采选业						
开采辅助活动						
其他采矿业						
制造业	1140832	621393	585333	283334	547593	547523
农副食品加工业	38198	19007	21339	7651	17255	17255
食品制造业						
酒、饮料和精制茶制造业						
烟草制品业						
纺织业	235708	59346	236233	69059	68675	68675
纺织服装、服饰业	42977	34232	9485	5918	7473	7473
皮革、毛皮、羽毛及其制品和制鞋业						
木材加工和木、竹、藤、棕、草制品业						
家具制造业						

表 7—4　规模以上集体工业企业主要经济指标（2016 年）（续表 3）

指　标	资产总计	流动资产	固定资产原价	累计折旧	负债	流动负债
造纸和纸制品业						
印刷和记录媒介复制业						
文教、工美、体育和娱乐用品制造业	414071	347527	67931	49836	218515	218445
石油加工、炼焦和核燃料加工业	34634	32380			13964	13964
化学原料和化学制品制造业	275116	74233	179949	111468	149856	149856
医药制造业						
化学纤维制造业						
橡胶和塑料制品业						
非金属矿物制品业	44469	29930	1212	424	40162	40162
黑色金属冶炼和压延加工业	10385	4885	8165	3380	6488	6488
有色金属冶炼和压延加工业						
金属制品业	36472	12977	58892	35397	17250	17250
通用设备制造业	8802	6876	2127	201	7955	7955
专用设备制造业						
汽车制造业						
铁路、船舶、航空航天和其他运输设备制造业						
电气机械和器材制造业						
计算机、通信和其他电子设备制造业						
仪器仪表制造业						
其他制造业						
废弃资源综合利用业						
金属制品、机械和设备修理业						
电力、燃气及水的生产和供应业						
电力、热力生产和供应业						
燃气生产和供应业						
水的生产和供应业						

表 7—4　规模以上集体工业企业主要经济指标（2016 年）（续表 4）

指　标	主营业务收　入	主营业务税金及附加	利 税总 额	盈亏相抵后利润总额	从业人员平均人数（人）
总　计	7095735	27686	387988	221892	3321
一、按轻重工业分组：					
轻工业	6401236	26173	352739	208191	2361
重工业	694499	1513	35249	13701	960
二、按企业规模分组：					
大型企业					
中型企业	4450373	15879	117566	59432	1255
小微企业	2645362	11807	270422	162460	2066
三、按行业分组：					
采矿业					
煤炭开采和洗选业					
石油和天然气开采业					
黑色金属矿采选业					
有色金属矿采选业					
非金属矿采选业					
开采辅助活动					
其他采矿业					
制造业	7095735	27686	387988	221892	3321
农副食品加工业	265230	1175	29927	17006	123
食品制造业					
酒、饮料和精制茶制造业					
烟草制品业					
纺织业	874380	3579	123104	71937	743
纺织服装、服饰业	356112	2015	28560	16603	443
皮革、毛皮、羽毛及其制品和制鞋业					
木材加工和木、竹、藤、棕、草制品业					
家具制造业					

表7—4 规模以上集体工业企业主要经济指标（2016年）（续表5）

指 标	主营业务收 入	主营业务税金及附加	利 税总 额	盈亏相抵后利润总额	从业人员平均人数（人）
造纸和纸制品业					
印刷和记录媒介复制业					
文教、工美、体育和娱乐用品制造业	4173346	13680	45405	16783	744
石油加工、炼焦和核燃料加工业	55354	355	4688	1226	16
化学原料和化学制品制造业	827817	6052	127358	85083	573
医药制造业					
化学纤维制造业					
橡胶和塑料制品业					
非金属矿物制品业	153597	182	-2156	-2338	142
黑色金属冶炼和压延加工业	40282	98	4790	3027	59
有色金属冶炼和压延加工业					
金属制品业	320701	473	25364	12334	408
通用设备制造业	28916	77	948	231	70
专用设备制造业					
汽车制造业					
铁路、船舶、航空航天和其他运输设备制造业					
电气机械和器材制造业					
计算机、通信和其他电子设备制造业					
仪器仪表制造业					
其他制造业					
废弃资源综合利用业					
金属制品、机械和设备修理业					
电力、燃气及水的生产和供应业					
电力、热力生产和供应业					
燃气生产和供应业					
水的生产和供应业					

表 7—5　规模以上有限责任公司工业企业主要经济指标（2016 年）

计量单位：千元

指　标	企业单位数（个）	#亏损企业	工业总产值
总　计	1975	261	776401573
一、按经济类型分组：			
国有独资公司	33	5	48931786
私营有限责任公司	1177	125	199885175
与港澳台商合资经营	82	21	39300679
中外合资经营	145	24	243461566
其他有限责任公司	538	86	244822367
二、按轻重工业分组：			
轻工业	606	73	186159308
重工业	1369	188	590242265
三、按企业规模分组：			
大型企业	50	5	261198917
中型企业	280	29	188783022
小微企业	1645	227	326419634
四、按行业分组：			
采矿业	10	2	1843770
煤炭开采和洗选业			
石油和天然气开采业			
黑色金属矿采选业	1		194857
有色金属矿采选业	2	1	231179
非金属矿采选业	7	1	1417734
开采辅助活动			
其他采矿业			
制造业	1944	256	756661289
农副食品加工业	43	7	8866926
食品制造业	45	3	12123943
酒、饮料和精制茶制造业	10	2	4555759
烟草制品业	1		20258932
纺织业	25	3	4356222
纺织服装、服饰业	127	17	30541176
皮革、毛皮、羽毛及其制品和制鞋业	14	1	2768104
木材加工和木、竹、藤、棕、草制品业	10	1	1308305

表7—5 规模以上有限责任公司工业企业主要经济指标（2016年）（续表1）

指 标	企业单位数（个）	#亏损企业	工业总产值
家具制造业	15	2	1775593
造纸和纸制品业	24	2	2358505
印刷和记录媒介复制业	51	9	5284000
文教、工美、体育和娱乐用品制造业	47	6	8893409
石油加工、炼焦和核燃料加工业	6		3473382
化学原料和化学制品制造业	150	16	81695864
医药制造业	44	2	15002034
化学纤维制造业	7	1	3267844
橡胶和塑料制品业	82	8	13447333
非金属矿物制品业	155	31	29134849
黑色金属冶炼和压延加工业	37	5	38867541
有色金属冶炼和压延加工业	49	4	23760161
金属制品业	142	11	27883809
通用设备制造业	176	29	34540261
专用设备制造业	135	14	20252764
汽车制造业	105	16	171075677
铁路、船舶、航空航天和其他运输设备制造业	71	6	27126829
电气机械和器材制造业	177	28	53353500
计算机、通信和其他电子设备制造业	118	21	96212050
仪器仪表制造业	65	9	12232743
其他制造业	4	2	115458
废弃资源综合利用业	8		2086891
金属制品、机械和设备修理业	1		41425
电力、燃气及水的生产和供应业	21	3	17896514
电力、热力生产和供应业	9		11872348
燃气生产和供应业	8	2	5169520
水的生产和供应业	4	1	854646

表 7—5 规模以上有限责任公司工业企业主要经济指标（2016 年）（续表 2）

指 标	资产总计	流动资产	固定资产原价	累计折旧	负债	流动负债
总 计	698154995	385232508	363331775	152736936	384058264	326152679
一、按经济类型分组：						
国有独资公司	83769857	46331373	40461500	19419523	34362372	29096184
私营有限责任公司	131983475	77991905	55307393	21147211	70849609	65404176
与港澳台商合资经营	37104456	20211722	18981659	8621353	17235951	16484247
中外合资经营	147667020	69262238	112494359	47545656	74291354	57146764
其他有限责任公司	297630187	171435270	136086864	56003193	187318978	158021308
二、按轻重工业分组：						
轻工业	123992456	72820035	51451807	22055504	52049421	45333272
重工业	574162539	312412473	311879968	130681432	332008843	280819407
三、按企业规模分组：						
大型企业	360900501	193234111	193685921	82026937	205127445	167973229
中型企业	147930941	83352050	75219448	31635052	76080665	65347286
小微企业	189323553	108646347	94426406	39074947	102850154	92832164
四、按行业分组：						
采矿业	1048315	454008	468871	259014	646173	544682
煤炭开采和洗选业						
石油和天然气开采业						
黑色金属矿采选业	71254	28974			30214	
有色金属矿采选业	443495	200584	305053	166403	347129	302405
非金属矿采选业	533566	224450	163818	92611	268830	242277
开采辅助活动						
其他采矿业						
制造业	663224448	375725010	331891121	140973294	367191351	314339388
农副食品加工业	7359894	2898924	2537888	712651	4772717	2703417
食品制造业	11397504	3993518	4913040	1831069	3609535	3289545
酒、饮料和精制茶制造业	2466757	1200491	2397875	1306373	1260248	1248021
烟草制品业	22128050	17871524	3286974	2359746	2419962	2398526
纺织业	2219616	1219978	1426059	885214	1209005	1150307
纺织服装、服饰业	13807696	7745686	8088031	3690976	6194111	6022350
皮革、毛皮、羽毛及其制品和制鞋业	763467	368787	470876	163392	311189	300565
木材加工和木、竹、藤、棕、草制品业	431247	297039	221083	113108	294593	294279

表 7—5 规模以上有限责任公司工业企业主要经济指标（2016 年）（续表 3）

指 标	资产总计	流动资产	固定资产原价	累计折旧	负债	流动负债
家具制造业	1559742	892213	649579	145962	716342	647967
造纸和纸制品业	1513751	919178	721946	284689	924566	867399
印刷和记录媒介复制业	6216727	3253857	3603141	1744708	2881508	2800556
文教、工美、体育和娱乐用品制造业	3259935	1828180	1768067	636163	1442879	1379980
石油加工、炼焦和核燃料加工业	3626016	2104244	783501	400198	751398	687176
化学原料和化学制品制造业	87729816	39282983	75821542	40391303	46743379	40830237
医药制造业	16633266	10346276	5579205	2172458	6281615	5784578
化学纤维制造业	3075817	1418407	2955019	1412468	1897264	1887643
橡胶和塑料制品业	10832997	5570220	5374227	2355386	6017372	4783929
非金属矿物制品业	32858443	18591045	18429608	8252824	20911941	19202749
黑色金属冶炼和压延加工业	48036851	17736927	40166241	16542470	30860909	26491973
有色金属冶炼和压延加工业	7489866	4535206	2563085	1087253	3538238	3401487
金属制品业	15710581	8325146	9484211	3695497	7314460	6852716
通用设备制造业	45808448	32213405	16550668	8111355	23696880	21590361
专用设备制造业	24832414	16317990	7067855	2434595	13446716	12418125
汽车制造业	85390154	58629579	33404017	18598763	62510321	52833568
铁路、船舶、航空航天和其他运输设备制造业	28329250	16320341	9202768	4139165	19306902	18089860
电气机械和器材制造业	55888863	42489992	11852405	4597550	30434057	29216353
计算机、通信和其他电子设备制造业	113072804	52679494	57543251	10201620	61776044	41793419
仪器仪表制造业	9771228	6064080	4220125	2169236	5193484	4901851
其他制造业	183191	117775	12851	3918	125731	125637
废弃资源综合利用业	786442	463532	773845	525419	335398	332227
金属制品、机械和设备修理业	43615	28993	22138	7765	12587	12587
电力、燃气及水的生产和供应业	33882232	9053490	30971783	11504628	16220740	11268609
电力、热力生产和供应业	20291838	3468531	23134680	9592132	8386712	6133569
燃气生产和供应业	4427619	877780	3543558	948452	2292618	2216459
水的生产和供应业	9162775	4707179	4293545	964044	5541410	2918581

表 7—5 规模以上有限责任公司工业企业主要经济指标（2016 年）（续表 4）

指 标	主营业务收 入	主营业务税金及附加	利 税总 额	盈亏相抵后利润总额	从业人员平均人数（人）
总 计	742906065	19335651	111037415	63529267	475592
一、按经济类型分组：					
国有独资公司	50266438	12313835	20116501	4414208	34172
私营有限责任公司	196867508	1062624	25247930	16542927	188875
与港澳台商合资经营	38781056	237423	6959362	4500180	27703
中外合资经营	198647774	3846268	32003405	21009968	63849
其他有限责任公司	258343289	1875501	26710217	17061984	160993
二、按轻重工业分组：					
轻工业	181385408	12938424	36207342	14418986	152239
重工业	561520657	6397227	74830073	49110281	323353
三、按企业规模分组：					
大型企业	276344812	14875561	45392790	19976253	135221
中型企业	188052500	813070	23561112	15895170	143258
小微企业	278508753	3647020	42083513	27657844	197113
四、按行业分组：					
采矿业	2164332	21178	204636	97007	2684
煤炭开采和洗选业					
石油和天然气开采业					
黑色金属矿采选业	194857	1912	33634	25410	48
有色金属矿采选业	228238	8535	13409	-14961	836
非金属矿采选业	1741237	10731	157593	86558	1800
开采辅助活动					
其他采矿业					
制造业	723138949	19185020	107147280	60676131	466603
农副食品加工业	8761460	43758	1167683	773173	6474
食品制造业	12263955	56872	1980601	1338061	13207
酒、饮料和精制茶制造业	4211806	29786	657831	399669	3985
烟草制品业	19911993	12194503	17982726	3182384	1541
纺织业	4274526	23928	536024	332114	6963
纺织服装、服饰业	30232937	130924	2998627	1688167	43235
皮革、毛皮、羽毛及其制品和制鞋业	2675158	18703	358203	230637	4213
木材加工和木、竹、藤、棕、草制品业	1271231	4653	133854	74361	925

表7—5 规模以上有限责任公司工业企业主要经济指标（2016年）（续表5）

指　标	主营业务收　入	主营业务税金及附加	利 税总 额	盈亏相抵后利润总额	从业人员平均人数（人）
家具制造业	1789457	11071	204681	130388	2920
造纸和纸制品业	2447489	8754	283412	182749	2576
印刷和记录媒介复制业	5010663	24888	478409	282851	8663
文教、工美、体育和娱乐用品制造业	8588915	62139	984828	590831	13063
石油加工、炼焦和核燃料加工业	4383781	17120	468164	343489	1434
化学原料和化学制品制造业	82665812	365749	9646698	6533396	43841
医药制造业	14138739	168867	4304143	2743365	14145
化学纤维制造业	3082278	17935	217273	122795	3254
橡胶和塑料制品业	13300418	69027	1040186	592658	13550
非金属矿物制品业	29286560	138134	2541299	1430885	23005
黑色金属冶炼和压延加工业	41663229	209811	2852663	1527847	16854
有色金属冶炼和压延加工业	23486295	50696	1895920	1303055	5514
金属制品业	27726252	157442	3592977	2372441	20887
通用设备制造业	34192422	218840	5250996	3652146	32043
专用设备制造业	20303310	105433	2564213	1747981	22589
汽车制造业	137260300	4434807	27032575	16727374	50448
铁路、船舶、航空航天和其他运输设备制造业	28369064	135399	2946934	1953845	24703
电气机械和器材制造业	49454247	252144	7488422	5368081	30595
计算机、通信和其他电子设备制造业	98390321	147308	5599580	3747315	43585
仪器仪表制造业	11848205	76583	1702406	1163160	10147
其他制造业	109247	266	-12038	-12831	205
废弃资源综合利用业	1997454	9094	240013	149372	1965
金属制品、机械和设备修理业	41425	386	7977	4372	74
电力、燃气及水的生产和供应业	17602784	129453	3685499	2756129	6305
电力、热力生产和供应业	12058374	101715	2984035	2242465	2850
燃气生产和供应业	4670341	20434	530273	385039	2412
水的生产和供应业	874069	7304	171191	128625	1043

表 7—6 规模以上股份有限公司工业企业主要经济指标（2016 年）

计量单位：千元

指 标	企业单位数（个）	#亏损企业	工业总产值
总 计	227	28	228648838
一、按经济类型分组：			
股份有限公司	131	19	195509655
私营股份有限公司	88	7	31721948
港澳台商投资股份有限公司	5	1	1211036
外商投资股份有限公司	3	1	206199
二、按轻重工业分组：			
轻工业	53	8	19415530
重工业	174	20	209233308
三、按企业规模分组：			
大型企业	16		169432814
中型企业	52	5	37094055
小微企业	159	23	22121969
四、按行业分组：			
采矿业			
煤炭开采和洗选业			
石油和天然气开采业			
黑色金属矿采选业			
有色金属矿采选业			
非金属矿采选业			
开采辅助活动			
其他采矿业			
制造业	222	28	225081016
农副食品加工业	2		477850
食品制造业	2	1	126987
酒、饮料和精制茶制造业			
烟草制品业			
纺织业	2		220171
纺织服装、服饰业	5		1437442
皮革、毛皮、羽毛及其制品和制鞋业	1	1	286868
木材加工和木、竹、藤、棕、草制品业			

表7—6　规模以上股份有限公司工业企业主要经济指标（2016年）（续表1）

指　标	企业单位数（个）	#亏损企业	工业总产值
家具制造业	3	1	1946932
造纸和纸制品业	2		151537
印刷和记录媒介复制业	3	2	250328
文教、工美、体育和娱乐用品制造业	3	1	908823
石油加工、炼焦和核燃料加工业	1		59664170
化学原料和化学制品制造业	24	1	66183108
医药制造业	9		6293916
化学纤维制造业	1		1697180
橡胶和塑料制品业	6	1	939209
非金属矿物制品业	16	1	4429990
黑色金属冶炼和压延加工业	2		17671747
有色金属冶炼和压延加工业	4	1	4628659
金属制品业	18	2	11075477
通用设备制造业	20	2	5182630
专用设备制造业	23	4	4586745
汽车制造业	4		1666673
铁路、船舶、航空航天和其他运输设备制造业	4	1	1634591
电气机械和器材制造业	37	6	15209094
计算机、通信和其他电子设备制造业	15	1	4721888
仪器仪表制造业	14	2	13042259
其他制造业			
废弃资源综合利用业			
金属制品、机械和设备修理业	1		646742
电力、燃气及水的生产和供应业	5		3567822
电力、热力生产和供应业	3		3090142
燃气生产和供应业	1		37600
水的生产和供应业	1		440080

表 7—6 规模以上股份有限公司工业企业主要经济指标（2016 年）（续表 2）

指 标	资产总计	流动资产	固定资产原价	累计折旧	负债	流动负债
总 计	237344541	106565956	167500517	73655194	117866114	98545336
一、按经济类型分组：						
股份有限公司	209414434	90807870	154123279	68056034	103494009	84792695
私营股份有限公司	26212363	14970968	12029897	5039510	13545833	12942599
港澳台商投资股份有限公司	1465424	681827	1123808	481815	809879	803649
外商投资股份有限公司	252320	105291	223533	77835	16393	6393
二、按轻重工业分组：						
轻工业	20646667	11112095	10484465	4191806	7422894	6087401
重工业	216697874	95453861	157016052	69463388	110443220	92457935
三、按企业规模分组：						
大型企业	163503995	63869940	134731372	60625120	85708590	70620202
中型企业	47331640	27425743	21650169	9536568	21389541	18684549
小微企业	26508906	15270273	11118976	3493506	10767983	9240585
四、按行业分组：						
采矿业						
煤炭开采和洗选业						
石油和天然气开采业						
黑色金属矿采选业						
有色金属矿采选业						
非金属矿采选业						
开采辅助活动						
其他采矿业						
制造业	231423785	104690548	160020974	69728955	114836832	97022665
农副食品加工业	201669	118838	86356	13850	109160	76698
食品制造业	303643	169912	108071	28211	219744	219744
酒、饮料和精制茶制造业						
烟草制品业						
纺织业	83753	76162	15380	8176	14587	14587
纺织服装、服饰业	2769363	1752363	868606	133069	924400	596706
皮革、毛皮、羽毛及其制品和制鞋业	300435	115188	64044	40879	345460	226168
木材加工和木、竹、藤、棕、草制品业						

表7—6 规模以上股份有限公司工业企业主要经济指标（2016年）（续表3）

指 标	资产总计	流动资产	固定资产原价	累计折旧	负债	流动负债
家具制造业	1001837	113459	1888874	1258237	33746	33746
造纸和纸制品业	184592	109350	91603	29685	159560	92613
印刷和记录媒介复制业	694693	309538	548742	259158	276460	261701
文教、工美、体育和娱乐用品制造业	324345	227428	165884	119088	274742	268889
石油加工、炼焦和核燃料加工业	18784973	5464195	21663466	12361144	11394893	10337036
化学原料和化学制品制造业	42819783	16174381	44609870	27267364	14452105	11708330
医药制造业	7617563	4113237	3218132	1130413	1713325	1649443
化学纤维制造业	2269070	780100	1790060	667800	774130	590530
橡胶和塑料制品业	431110	252328	282334	140188	276267	255300
非金属矿物制品业	4957004	2851096	2237964	1131142	2576347	2407183
黑色金属冶炼和压延加工业	31033567	7768731	36196747	17720459	21078826	20842583
有色金属冶炼和压延加工业	4516366	2482228	2334453	978075	2585616	2420057
金属制品业	8814028	5147319	5020832	1909101	5786080	5530502
通用设备制造业	4693969	3253336	1374560	645464	2154415	1992573
专用设备制造业	7832534	5336496	1791810	599778	3653880	3468951
汽车制造业	566885	419991	159392	70067	362767	361872
铁路、船舶、航空航天和其他运输设备制造业	2552723	1859695	527962	160695	1391101	1358340
电气机械和器材制造业	24485450	17765284	4347578	1311890	15840211	14802291
计算机、通信和其他电子设备制造业	38781838	8026112	26945780	973021	18495649	7891712
仪器仪表制造业	25232738	19964513	3515482	735595	9873146	9544895
其他制造业						
废弃资源综合利用业						
金属制品、机械和设备修理业	169854	39268	166992	36406	70215	70215
电力、燃气及水的生产和供应业	5920756	1875408	7479543	3926239	3029282	1522671
电力、热力生产和供应业	4189766	701280	6917088	3739337	2216195	1039578
燃气生产和供应业	263698	98566	14811	6431	2148	2148
水的生产和供应业	1467292	1075562	547644	180471	810939	480945

表 7—6　规模以上股份有限公司工业企业主要经济指标（2016 年）（续表 4）

指　标	主营业务收　入	主营业务税金及附加	利 税总 额	盈亏相抵后利润总额	从业人员平均人数（人）
总　计	232304880	24403888	55713002	19764044	95501
一、按经济类型分组：					
股份有限公司	199736169	24245141	51925509	17224026	70964
私营股份有限公司	31135383	149720	3636677	2444651	22510
港澳台商投资股份有限公司	1225639	7507	137709	92338	1573
外商投资股份有限公司	207689	1520	13107	3029	454
二、按轻重工业分组：					
轻工业	19626998	102048	2691439	1928063	21987
重工业	212677882	24301840	53021563	17835981	73514
三、按企业规模分组：					
大型企业	175576938	24052533	47577241	14042671	46884
中型企业	34839884	205293	4867585	3334042	28132
小微企业	21888058	146062	3268176	2387331	20485
四、按行业分组：					
采矿业					
煤炭开采和洗选业					
石油和天然气开采业					
黑色金属矿采选业					
有色金属矿采选业					
非金属矿采选业					
开采辅助活动					
其他采矿业					
制造业	228763696	24367171	54942200	19193465	94324
农副食品加工业	487615	1092	50430	39960	241
食品制造业	115004	457	-72	-2097	178
酒、饮料和精制茶制造业					
烟草制品业					
纺织业	217457	1210	26884	16670	446
纺织服装、服饰业	1500028	5958	141432	89240	1367
皮革、毛皮、羽毛及其制品和制鞋业	219125	1321	-42499	-50294	664
木材加工和木、竹、藤、棕、草制品业					

表7—6 规模以上股份有限公司工业企业主要经济指标（2016年）（续表5）

指 标	主营业务收入	主营业务税金及附加	利税总额	盈亏相抵后利润总额	从业人员平均人数（人）
家具制造业	1856409	15445	110147	14958	642
造纸和纸制品业	118624	151	4840	4663	127
印刷和记录媒介复制业	247559	915	2616	-4276	601
文教、工美、体育和娱乐用品制造业	877298	3841	91650	52314	728
石油加工、炼焦和核燃料加工业	60036011	15156445	24135791	4414756	4495
化学原料和化学制品制造业	68237606	8673863	18808987	6800011	12851
医药制造业	7551779	38486	1271550	977419	8065
化学纤维制造业	1503450	6090	158880	104520	2859
橡胶和塑料制品业	911272	3860	83785	49581	1022
非金属矿物制品业	4007736	19995	456127	267563	6044
黑色金属冶炼和压延加工业	17052220	75333	976268	407243	4403
有色金属冶炼和压延加工业	4753000	24218	220303	46890	2695
金属制品业	11025250	53919	1401324	1058385	5564
通用设备制造业	4952761	27733	642525	439642	6849
专用设备制造业	4544425	42739	939770	698820	4788
汽车制造业	1675827	4449	89516	50102	1079
铁路、船舶、航空航天和其他运输设备制造业	1540616	10477	132690	50537	2213
电气机械和器材制造业	16296438	92528	1954240	1249946	12454
计算机、通信和其他电子设备制造业	5119089	24680	630933	454822	6826
仪器仪表制造业	13285852	75651	2570237	1899180	6824
其他制造业					
废弃资源综合利用业					
金属制品、机械和设备修理业	631245	6315	83846	62910	299
电力、燃气及水的生产和供应业	3541184	36717	770802	570579	1177
电力、热力生产和供应业	3057156	27082	514797	344982	867
燃气生产和供应业	37601	68	5452	4817	18
水的生产和供应业	446427	9567	250553	220780	292

表 7—7　规模以上“三资”工业企业主要经济指标（2016 年）

计量单位：千元

指　标	企业单位数（个）	#亏损企业	工业总产值
总　计	591	135	539077624
一、按轻重工业分组：			
轻工业	198	45	154231718
重工业	393	90	384845906
二、按企业规模分组：			
大型企业	45	5	228566818
中型企业	135	20	134972200
小微企业	411	110	175538606
三、按行业分组：			
采矿业			
煤炭开采和洗选业			
石油和天然气开采业			
黑色金属矿采选业			
有色金属矿采选业			
非金属矿采选业			
开采辅助活动			
其他采矿业			
制造业	579	135	528654626
农副食品加工业	10	4	4419141
食品制造业	15	5	4566725
酒、饮料和精制茶制造业	12	2	5529499
烟草制品业			
纺织业	11	1	4534980
纺织服装、服饰业	41	8	11144806
皮革、毛皮、羽毛及其制品和制鞋业	8	3	5104746
木材加工和木、竹、藤、棕、草制品业	1		538222

表 7—7 规模以上“三资”工业企业主要经济指标（2016 年）（续表 1）

指　标	企业单位数（个）	#亏损企业	工业总产值
家具制造业	5	2	883833
造纸和纸制品业	6	2	2247158
印刷和记录媒介复制业	7	3	1148407
文教、工美、体育和娱乐用品制造业	18	2	3001361
石油加工、炼焦和核燃料加工业	1		44304
化学原料和化学制品制造业	67	20	57610182
医药制造业	14	2	13710542
化学纤维制造业	2		2745615
橡胶和塑料制品业	22	5	3989714
非金属矿物制品业	19	8	3325177
黑色金属冶炼和压延加工业	7		1481598
有色金属冶炼和压延加工业	8		15923148
金属制品业	17	4	2339258
通用设备制造业	57	10	14898061
专用设备制造业	32	5	5404493
汽车制造业	57	13	131109530
铁路、船舶、航空航天和其他运输设备制造业	12	1	7106196
电气机械和器材制造业	49	11	35347037
计算机、通信和其他电子设备制造业	64	22	183463597
仪器仪表制造业	16	2	6984491
其他制造业			
废弃资源综合利用业	1		52805
金属制品、机械和设备修理业			
电力、燃气及水的生产和供应业	12		10422998
电力、热力生产和供应业	4		4833985
燃气生产和供应业	6		5408395
水的生产和供应业	2		180618

表 7—7 规模以上“三资”工业企业主要经济指标（2016 年）（续表 2）

指 标	资产总计	流动资产	固定资产原价	累计折旧	负债	流动负债
总 计	343830569	171435066	228169867	96269681	175480454	143748083
一、按轻重工业分组：						
轻工业	76461928	43333963	43569657	19788441	35394174	32313405
重工业	267368641	128101103	184600210	76481240	140086280	111434678
二、按企业规模分组：						
大型企业	171895726	82130416	115132153	47896400	86082651	68022538
中型企业	86256796	44235978	54501784	21870859	46067620	39313275
小微企业	85678047	45068672	58535930	26502422	43330183	36412270
三、按行业分组：						
采矿业						
煤炭开采和洗选业						
石油和天然气开采业						
黑色金属矿采选业						
有色金属矿采选业						
非金属矿采选业						
开采辅助活动						
其他采矿业						
制造业	330895274	169282876	215078418	92147361	169059862	138329044
农副食品加工业	2855713	1551468	1605925	434552	1504916	1282583
食品制造业	7310230	1934538	3237720	1537548	1385592	1282060
酒、饮料和精制茶制造业	4637385	1768570	4122644	1876628	1606774	1580878
烟草制品业						
纺织业	4780679	2966574	3150595	1624489	2018506	1380259
纺织服装、服饰业	4109159	1926649	4187488	2895247	1321698	1293188
皮革、毛皮、羽毛及其制品和制鞋业	1280929	683455	690537	390218	361388	361116
木材加工和木、竹、藤、棕、草制品业	304860	234641	63596	3515	191247	191247

表7—7 规模以上“三资”工业企业主要经济指标（2016年）（续表3）

指标	资产总计	流动资产	固定资产原价	累计折旧	负债	流动负债
家具制造业	691490	348096	308448	82519	293106	288896
造纸和纸制品业	2896704	1493760	1807147	448987	1312966	792416
印刷和记录媒介复制业	1469400	800985	1079923	513874	782442	754937
文教、工美、体育和娱乐用品制造业	1338956	668664	885920	304047	430933	404059
石油加工、炼焦和核燃料加工业	48252	29606	32094	16697	26519	8795
化学原料和化学制品制造业	56236958	20367182	63575917	32813849	25764095	17073859
医药制造业	11300845	6390417	5956635	1798439	3641465	2976813
化学纤维制造业	2776538	1302177	2645933	1255469	1665896	1664456
橡胶和塑料制品业	4805844	1825060	3162772	1450000	2893848	1701706
非金属矿物制品业	6268516	2556135	4382249	2104142	2885373	2514933
黑色金属冶炼和压延加工业	1086616	711223	504396	240109	391176	391176
有色金属冶炼和压延加工业	2747253	2006189	1055401	564321	861738	845708
金属制品业	1890918	1433310	945740	559824	1014757	958033
通用设备制造业	20506030	12609580	9817058	3978394	11170477	10002978
专用设备制造业	5717278	4014760	1916532	776445	2421782	2338207
汽车制造业	48841074	31140999	27070671	13145850	30317865	28363513
铁路、船舶、航空航天和其他运输设备制造业	5581548	4628521	1566201	798802	4100549	4050864
电气机械和器材制造业	27965582	18204983	10921783	4978251	17869016	17104861
计算机、通信和其他电子设备制造业	97261603	43570631	57871672	16286766	49338746	35289427
仪器仪表制造业	6076303	4113826	2414384	1259681	3470877	3415961
其他制造业						
废弃资源综合利用业	108611	877	99037	8698	16115	16115
金属制品、机械和设备修理业						
电力、燃气及水的生产和供应业	12935295	2152190	13091449	4122320	6420592	5419039
电力、热力生产和供应业	7774377	1060980	8794227	2920037	3946474	3023018
燃气生产和供应业	4691179	1016756	3832289	1055984	2322055	2278958
水的生产和供应业	469739	74454	464933	146299	152063	117063

表 7—7　规模以上“三资”工业企业主要经济指标（2016 年）（续表 4）

指　标	主营业务收　入	主营业务税金及附加	利 税总 额	盈亏相抵后利润总额	从业人员平均人数（人）
总　计	472157077	4724150	53785727	35723646	242622
一、按轻重工业分组：					
轻工业	151814363	541082	14917182	9862746	76941
重工业	320342714	4183068	38868545	25860900	165681
二、按企业规模分组：					
大型企业	208840170	1458018	18317208	12549255	115871
中型企业	132522894	529143	12628565	8117163	70298
小微企业	130794013	2736989	22839954	15057228	56453
三、按行业分组：					
采矿业					
煤炭开采和洗选业					
石油和天然气开采业					
黑色金属矿采选业					
有色金属矿采选业					
非金属矿采选业					
开采辅助活动					
其他采矿业					
制造业	462329612	4675558	51862599	34271440	238537
农副食品加工业	3395371	5637	190307	121183	1304
食品制造业	4869885	22767	958073	664017	5946
酒、饮料和精制茶制造业	5156945	119818	905861	477376	5276
烟草制品业					
纺织业	4527705	25622	590090	471465	5599
纺织服装、服饰业	11142982	46964	906929	467109	15042
皮革、毛皮、羽毛及其制品和制鞋业	5100126	6101	650793	355324	2512
木材加工和木、竹、藤、棕、草制品业	442100	750	58055	37928	200

表7—7　规模以上"三资"工业企业主要经济指标（2016年）（续表5）

指　标	主营业务收　入	主营业务税金及附加	利税总额	盈亏相抵后利润总额	从业人员平均人数（人）
家具制造业	875695	6561	128198	77183	1415
造纸和纸制品业	2250758	914	275919	208134	968
印刷和记录媒介复制业	1256227	3181	70473	32461	1635
文教、工美、体育和娱乐用品制造业	2795324	18292	383562	243852	5429
石油加工、炼焦和核燃料加工业	42429	256	4479	2874	26
化学原料和化学制品制造业	55383324	281913	5759033	3745447	12675
医药制造业	13040047	122316	3696490	2354734	5598
化学纤维制造业	2549790	14443	153282	83585	2749
橡胶和塑料制品业	3900983	17746	16329	-31994	4103
非金属矿物制品业	3284448	19957	171757	44831	3856
黑色金属冶炼和压延加工业	1538194	9827	162574	126361	809
有色金属冶炼和压延加工业	15889413	6954	844044	594516	1101
金属制品业	2453639	11928	198840	132628	3491
通用设备制造业	15000328	86196	1197645	634494	16657
专用设备制造业	5123022	35749	881715	717642	5827
汽车制造业	92845356	3522958	23103429	15274232	28719
铁路、船舶、航空航天和其他运输设备制造业	7653679	24212	649019	418095	5129
电气机械和器材制造业	32506608	130873	4025905	2682726	18518
计算机、通信和其他电子设备制造业	162501525	87948	4910839	3528778	75191
仪器仪表制造业	6750904	44987	954360	791935	8698
其他制造业					
废弃资源综合利用业	52805	688	14599	14524	64
金属制品、机械和设备修理业					
电力、燃气及水的生产和供应业	9827465	48592	1923128	1452206	4085
电力、热力生产和供应业	4701570	31356	1271193	979517	1307
燃气生产和供应业	4945277	14972	583097	424981	2648
水的生产和供应业	180618	2264	68838	47708	130

表 7—8　规模以上大中型工业企业主要经济指标（2016 年）

计量单位：千元

指　标	企业单位数（个）	#亏损企业	工业总产值
总　计	510	56	882461961
一、按登记注册类型分组			
内资企业	330	31	518922943
国有企业	8	1	16901116
集体企业	3		1560139
股份合作企业	1	1	75500
联营企业	1		181460
有限责任公司	123	18	226724248
股份有限公司	46	3	182522995
私营企业	148	8	90957485
其他企业			
港、澳、台商投资企业	59	7	74704370
外商投资企业	121	18	288834648
二、按轻重工业分组：			
轻工业	195	16	219312403
重工业	315	40	663149558
三、按企业规模分组：			
大型企业	94	9	593303605
中型企业	416	47	289158356
四、按行业分祖：			
采矿业	1		184461
煤炭开采和洗选业			
石油和天然气开采业			
黑色金属矿采选业			
有色金属矿采选业	1		184461
非金属矿采选业			
开采辅助活动			
其他采矿业			
制造业	496	55	862480269
农副食品加工业	4	1	3819453
食品制造业	8	1	7005867
酒、饮料和精制茶制造业	5		4355470
烟草制品业	1		20258932

表 7—8　规模以上大中型工业企业主要经济指标（2016 年）（续表 1）

指　标	企业单位数（个）	#亏损企业	工业总产值
纺织业	16	2	6484492
纺织服装、服饰业	60	4	26420401
皮革、毛皮、羽毛及其制品和制鞋业	9	2	2377766
木材加工和木、竹、藤、棕、草制品业			
家具制造业	5	2	2777621
造纸和纸制品业	2		1741172
印刷和记录媒介复制业	5	1	1960980
文教、工美、体育和娱乐用品制造业	21		7776861
石油加工、炼焦和核燃料加工业	3		62048192
化学原料和化学制品制造业	39	4	134609029
医药制造业	23	1	24107381
化学纤维制造业	3		4442795
橡胶和塑料制品业	13	2	6710984
非金属矿物制品业	15	2	13362080
黑色金属冶炼和压延加工业	6	2	47763181
有色金属冶炼和压延加工业	3	1	4576743
金属制品业	20	2	19949540
通用设备制造业	40	8	25557374
专用设备制造业	28	1	12426585
汽车制造业	41	7	85701735
铁路、船舶、航空航天和其他运输设备制造业	16	2	23562116
电气机械和器材制造业	38	2	63705083
计算机、通信和其他电子设备制造业	52	8	217889222
仪器仪表制造业	18		29493607
其他制造业			
废弃资源综合利用业	2		1595607
金属制品、机械和设备修理业			
电力、燃气及水的生产和供应业	13	1	19797231
电力、热力生产和供应业	7		14311670
燃气生产和供应业	4		4056008
水的生产和供应业	2	1	1429553

表 7—8　规模以上大中型工业企业主要经济指标（2016 年）（续表 2）

指　标	资产总计	流动资产	固定资产原价	累计折旧	负债	流动负债
总　计	870098336	445310447	505544528	216061605	472002745	392224476
一、按登记注册类型分组						
内资企业	611945814	318944053	335910591	146294346	339852474	284888663
国有企业	37871402	17803030	15307304	4851436	22581999	16699679
集体企业	455328	328001	198600	124714	183819	183763
股份合作企业	342373	333567	63822	58492	96599	96599
联营企业	100911	59521	56257	32512	80700	80700
有限责任公司	316071953	179933968	147339229	64524471	184927038	155459959
股份有限公司	190532030	80044017	146010398	65550966	96293064	78881424
私营企业	66571817	40441949	26934981	11151755	35689255	33486539
其他企业						
港、澳、台商投资企业	55708491	29128580	31031614	12525906	25918230	23548027
外商投资企业	202444031	97237814	138602323	57241353	106232041	83787786
二、按轻重工业分组：						
轻工业	145728108	84647884	65508121	27045730	58223596	49605366
重工业	724370228	360662563	440036407	189015875	413779149	342619110
三、按企业规模分组：						
大型企业	620282725	308488934	373395883	161865891	342024000	283210877
中型企业	249815611	136821513	132148645	54195714	129978745	109013599
四、按行业分祖：						
采矿业	360421	175417	230010	147767	214093	169369
煤炭开采和洗选业						
石油和天然气开采业						
黑色金属矿采选业						
有色金属矿采选业	360421	175417	230010	147767	214093	169369
非金属矿采选业						
开采辅助活动						
其他采矿业						
制造业	823258046	434862685	461247449	200194169	448074183	378145493
农副食品加工业	3356989	714018	1508215	354900	1732652	1038421
食品制造业	7842751	2256835	3061746	1384194	2205137	2055743
酒、饮料和精制茶制造业	2416095	1213079	2245156	1220197	1020590	1030578
烟草制品业	22128050	17871524	3286974	2359746	2419962	2398526

表 7—8 规模以上大中型工业企业主要经济指标（2016 年）（续表 3）

指 标	资产总计	流动资产	固定资产原价	累计折旧	负债	流动负债
纺织业	5402891	3323581	3543658	1856714	2581116	1930862
纺织服装、服饰业	13924353	8510517	7560266	3534134	5678487	5215553
皮革、毛皮、羽毛及其制品和制鞋业	1113773	577653	445147	168242	560781	441489
木材加工和木、竹、藤、棕、草制品业						
家具制造业	1742250	402596	2292490	1337646	325578	272823
造纸和纸制品业	1932049	890682	1225569	189108	972361	465241
印刷和记录媒介复制业	2557793	1411185	1155581	646849	1040763	1033512
文教、工美、体育和娱乐用品制造业	2937717	1747760	1585621	579392	1078165	1053834
石油加工、炼焦和核燃料加工业	21297120	6708998	22047127	12507962	12016131	10958274
化学原料和化学制品制造业	116825334	46485568	115198025	64475566	54060303	45076889
医药制造业	23602549	13447641	10350472	3759177	7677023	6783445
化学纤维制造业	5045608	2082277	4435993	1923269	2440026	2254986
橡胶和塑料制品业	6424309	2855575	3676035	1563616	3680633	2507739
非金属矿物制品业	17986896	11271826	7764400	4019206	12515353	11490293
黑色金属冶炼和压延加工业	73941710	22349570	74172733	33313645	49942849	45459238
有色金属冶炼和压延加工业	3967273	2124445	2331235	976128	2298625	2134538
金属制品业	13140927	8214173	7711015	3473741	7735476	7501434
通用设备制造业	42252920	29649227	14455367	6714229	22551783	20394481
专用设备制造业	17884831	12345312	4776176	1940775	9445138	8814774
汽车制造业	78546257	53142925	28417229	14964230	59108790	48827874
铁路、船舶、航空航天和其他运输设备制造业	32973073	20825797	9796372	4727444	21561344	20397209
电气机械和器材制造业	75109200	55741622	16821415	6292444	44436507	42481418
计算机、通信和其他电子设备制造业	184423886	76989476	105269160	22752814	95667784	64619988
仪器仪表制造业	44179013	31508910	5569364	2679911	23253154	21438659
其他制造业						
废弃资源综合利用业	302429	199913	544908	478890	67672	67672
金属制品、机械和设备修理业						
电力、燃气及水的生产和供应业	46479869	10272345	44067069	15719669	23714469	13909614
电力、热力生产和供应业	25494111	4177330	30578481	13043019	13375362	7748693
燃气生产和供应业	4238845	707406	3721315	1010600	2165598	2122501
水的生产和供应业	16746913	5387609	9767273	1666050	8173509	4038420

表7—8 规模以上大中型工业企业主要经济指标（2016年）（续表4）

指 标	主营业务收入	主营业务税金及附加	利税总额	盈亏相抵后利润总额	从业人员平均人数（人）
总 计	883277255	40468745	134557269	62850524	483790
一、按登记注册类型分组					
内资企业	541914191	38481584	103611496	42184106	297621
国有企业	16509226	56378	1634852	1265697	10166
集体企业	4450373	15879	117566	59432	1255
股份合作企业	81668	379	-22984	-26484	373
联营企业	181400	813	24354	14513	480
有限责任公司	243320335	13814305	39931541	17167662	141223
股份有限公司	186916040	24146696	49830235	15631369	60460
私营企业	90455149	447134	12095932	8071917	83664
其他企业					
港、澳、台商投资企业	73691001	310661	10017632	7040121	45655
外商投资企业	267672063	1676500	20928141	13626297	140514
二、按轻重工业分组：					
轻工业	218661070	13028382	39471644	17333445	144629
重工业	664616185	27440363	95085625	45517079	339161
三、按企业规模分组：					
大型企业	596622626	39137317	99434752	39068927	267694
中型企业	286654629	1331428	35122517	23781597	216096
四、按行业分祖：					
采矿业	181520	8475	32619	4235	702
煤炭开采和洗选业					
石油和天然气开采业					
黑色金属矿采选业					
有色金属矿采选业	181520	8475	32619	4235	702
非金属矿采选业					
开采辅助活动					
其他采矿业					
制造业	863523644	40317220	130026957	59532509	473218
农副食品加工业	3813996	22809	561326	390541	2024
食品制造业	7235092	29034	1214385	843621	8440
酒、饮料和精制茶制造业	4159071	112794	687561	325108	3930
烟草制品业	19911993	12194503	17982726	3182384	1541

表7—8 规模以上大中型工业企业主要经济指标（2016年）（续表5）

指　标	主营业务收　入	主营业务税金及附加	利　税总　额	盈亏相抵后利润总额	从业人员平均人数（人）
纺织业	6407243	33195	785733	573089	8901
纺织服装、服饰业	26349457	106527	2627300	1475844	37993
皮革、毛皮、羽毛及其制品和制鞋业	2268745	19114	248387	144218	4308
木材加工和木、竹、藤、棕、草制品业					
家具制造业	2694231	21566	232196	88828	2403
造纸和纸制品业	1741295	50	281635	222889	600
印刷和记录媒介复制业	1627507	8285	150289	98177	3311
文教、工美、体育和娱乐用品制造业	10339596	56401	904961	517528	11585
石油加工、炼焦和核燃料加工业	63500958	15171917	24519691	4696521	5609
化学原料和化学制品制造业	137347322	8965494	26868586	12356647	43986
医药制造业	24024598	206586	5879871	3864637	19166
化学纤维制造业	4053240	20533	312162	188105	5608
橡胶和塑料制品业	6553518	29907	348488	196440	7254
非金属矿物制品业	13246995	53325	1106315	647628	11437
黑色金属冶炼和压延加工业	50343478	192855	2725772	1151300	16881
有色金属冶炼和压延加工业	4512522	24948	217826	38232	3035
金属制品业	20013968	71499	2592898	1904527	12535
通用设备制造业	25444766	150263	3476317	2512281	28248
专用设备制造业	12190758	80683	1903550	1428599	13927
汽车制造业	96470806	2004204	10140694	5212536	47439
铁路、船舶、航空航天和其他运输设备制造业	25424263	113200	2229504	1494251	22521
电气机械和器材制造业	61303634	308966	9735488	6800962	33240
计算机、通信和其他电子设备制造业	201752916	162391	7937156	5944911	98719
仪器仪表制造业	29263167	149271	4164423	3117698	16903
其他制造业					
废弃资源综合利用业	1528509	6900	191717	115007	1674
金属制品、机械和设备修理业					
电力、燃气及水的生产和供应业	19572091	143050	4497693	3313780	9870
电力、热力生产和供应业	14551475	120953	3980176	2996014	4036
燃气生产和供应业	3592900	13082	511881	370010	2463
水的生产和供应业	1427716	9015	5636	-52244	3371

表 7—9　规模以上工业企业能源购进、消费及库存（2016 年）

项　目	购进量 实物量	消费量合计	#工业生产 消　费	年末库存
原煤（吨）	27931476	27859054	27847880	1131947
洗精煤（吨）	5905852	5853334	5853334	116891
其他洗煤（吨）	1356	1351	1351	17
焦炭（吨）	2598845	6556289	6556289	109515
焦炉煤气（万立方米）	6	105350	105350	
高炉煤气（万立方米）	12625	2048762	2048762	
转炉煤气（万立方米）		142682	142682	
发生炉煤气（万立方米）				
天然气（气态）（万立方米）	236433	236540	236271	
原油（吨）	29258743	29186789	29186789	958634
汽油（吨）	26870	27186	15906	103
煤油（吨）	246	248	248	15
柴油（吨）	77447	72969	62925	1175
燃料油（吨）	5789	6527	5245	352
液化石油气（吨）	67850	366100	366004	579
炼厂干气（吨）	61516	916752	916752	
石脑油（吨）	2541336	2599542	2599542	52055
润滑油（吨）	1754	1746	1561	58
石蜡（吨）	12	12	12	
溶剂油（吨）	2332	2323	2323	13
其他石油制品（吨）	4944644	12128828	12128828	28678
热力（百万千焦）	44058594	95201693	95067370	
电力（万千瓦时）	2311522	3126235	3092573	

注：本表口径为年主营业务收入在2000万元及以上的工业企业。

表 7—10　规模以上工业企业能源产品生产销售与库存（2016 年）

产品名称	年初库存	本年生产	本年销售	年末库存
原油加工量（吨）		29186789		
汽油（吨）	53864	6461795	6455398	60180
煤油（吨）	51738	4321170	4318407	54489
柴油（吨）	121430	6711684	6753885	79073
燃料油（吨）	565	17568	16950	565
石脑油（吨）		3627607	3594091	33516
溶剂油（吨）	886	16492	16817	561
液化石油气（吨）	6480	1635330	1341095	2332
石油焦（吨）	12587	1689173	1685035	7061
石油沥青（吨）		1013120	1009798	3322
焦炭（吨）		4030138		
发电量（万千瓦时）		5145562.77	4268374.14	
其中：火力发电量（万千瓦时）		5145562.77	4268374.14	
燃煤发电量		4236431.33	3834436.55	
燃气发电量		637445.87	377563.15	
余热、余压、余气发电量		235007.41	23759.07	
垃圾焚烧发电量		36678.16	32615.37	
煤气生产量（万立方米）		2361820	77707	

注：本表口径为年主营业务收入在2000万元及以上的工业企业。

表 7—11　主要能源品种按工业行业分组消费量（2016 年）

行业分类	原煤（吨）	洗精煤（吨）	其他洗煤（吨）
总　计	27859054	5853334	1351
黑色金属矿采选业			
有色金属矿采选业			
非金属矿采选业			
农副食品加工业	1348		
食品制造业	2533		
酒、饮料和精制茶制造业			
烟草制品业			
纺织业			
纺织服装、服饰业	1807		
皮革、毛皮、羽毛及其制品和制鞋业			
木材加工及木、竹、藤、棕、草制品业			
家具制造业			
造纸及纸制品业			
印刷业和记录媒介复制业			
文教、工美、体育和娱乐用品制造业			
石油加工、炼焦及核燃料加工业	1728028		
化学原料及化学制品制造业	3568459		
医药制造业	1		
化学纤维制造业	183286		
橡胶和塑料制品业	2268		
非金属矿物制品业	1245674		1351
黑色金属冶炼及压延加工业	2398213	5853334	
有色金属冶炼及压延加工业	862		
金属制品业	5592		
通用设备制造业	30		
专用设备制造业			
汽车制造业	14339		
铁路、船舶、航空航天和其他运输设备制造业			
电气机械及器材制造业	466		
计算机、通信和其他电子设备制造业			
仪器仪表制造业			
其他制造业			
废弃资源综合利用业			
金属制品、机械和设备修理业			
电力、热力的生产和供应业	18706151		
燃气生产和供应业			
水的生产和供应业			

注：本表口径为年主营业务收入在2000万元及以上的工业企业。

表 7—11　主要能源品种按工业行业分组消费量（2016 年）（续表 1）

行业分类	焦炭（吨）	焦炉煤气（万立方米）	高炉煤气（万立方米）
总　计	6556289	105350	2048762
黑色金属矿采选业			
有色金属矿采选业			
非金属矿采选业			
农副食品加工业	164		
食品制造业			
酒、饮料和精制茶制造业			
烟草制品业			
纺织业			
纺织服装、服饰业	439		
皮革、毛皮、羽毛及其制品和制鞋业			
木材加工及木、竹、藤、棕、草制品业			
家具制造业			
造纸及纸制品业			
印刷业和记录媒介复制业			
文教、工美、体育和娱乐用品制造业			
石油加工、炼焦及核燃料加工业			
化学原料及化学制品制造业	221		
医药制造业			
化学纤维制造业			
橡胶和塑料制品业			
非金属矿物制品业	275	6	12625
黑色金属冶炼及压延加工业	6551158	105294	2036137
有色金属冶炼及压延加工业	567		
金属制品业	3464		
通用设备制造业			
专用设备制造业			
汽车制造业		50	
铁路、船舶、航空航天和其他运输设备制造业			
电气机械及器材制造业			
计算机、通信和其他电子设备制造业			
仪器仪表制造业			
其他制造业			
废弃资源综合利用业			
金属制品、机械和设备修理业			
电力、热力的生产和供应业			
燃气生产和供应业			
水的生产和供应业			

注：本表口径为年主营业务收入在2000万元及以上的工业企业。

表 7—11　主要能源品种按工业行业分组消费量（2016 年）（续表 2）

行业分类	转炉煤气（万立方米）	天然气（气态）（万立方米）	液化天然气（液态）（吨）
总　计	142682	236540	986
黑色金属矿采选业			
有色金属矿采选业			
非金属矿采选业			
农副食品加工业		266	2
食品制造业		718	1
酒、饮料和精制茶制造业			
烟草制品业		394	
纺织业		744	
纺织服装、服饰业		221	
皮革、毛皮、羽毛及其制品和制鞋业			
木材加工及木、竹、藤、棕、草制品业			
家具制造业		17	
造纸及纸制品业		121	
印刷业和记录媒介复制业		104	
文教、工美、体育和娱乐用品制造业		37	
石油加工、炼焦及核燃料加工业		9573	
化学原料及化学制品制造业		131132	198
医药制造业		263	
化学纤维制造业		1551	
橡胶和塑料制品业		1015	
非金属矿物制品业		3881	
黑色金属冶炼及压延加工业	142682	564	
有色金属冶炼及压延加工业		2401	
金属制品业		99	
通用设备制造业		520	342
专用设备制造业		376	
汽车制造业		3358	255
铁路、船舶、航空航天和其他运输设备制造业		171	141
电气机械及器材制造业		932	48
计算机、通信和其他电子设备制造业		1345	
仪器仪表制造业		36	
其他制造业			
废弃资源综合利用业			
金属制品、机械和设备修理业			
电力、热力的生产和供应业		76700	
燃气生产和供应业			
水的生产和供应业			

注：本表口径为年主营业务收入在2000万元及以上的工业企业。

表7—11 主要能源品种按工业行业分组消费量（2016年）（续表3）

行业分类	原油（吨）	汽油（吨）	煤油（吨）
总　计	29186789	27186	248
黑色金属矿采选业			
有色金属矿采选业			
非金属矿采选业			
农副食品加工业		208	
食品制造业		218	
酒、饮料和精制茶制造业		4	
烟草制品业			
纺织业		148	
纺织服装、服饰业		243	
皮革、毛皮、羽毛及其制品和制鞋业		75	
木材加工及木、竹、藤、棕、草制品业		60	
家具制造业		45	
造纸及纸制品业		138	
印刷业和记录媒介复制业		240	
文教、工美、体育和娱乐用品制造业		212	
石油加工、炼焦及核燃料加工业	17142071	65	
化学原料及化学制品制造业	12044718	6476	20
医药制造业		441	
化学纤维制造业		26	
橡胶和塑料制品业		433	
非金属矿物制品业		1452	62
黑色金属冶炼及压延加工业		940	30
有色金属冶炼及压延加工业		166	
金属制品业		625	4
通用设备制造业		4625	30
专用设备制造业		1019	3
汽车制造业		3517	1
铁路、船舶、航空航天和其他运输设备制造业		347	1
电气机械及器材制造业		3481	96
计算机、通信和其他电子设备制造业		972	
仪器仪表制造业		530	
其他制造业			
废弃资源综合利用业		2	
金属制品、机械和设备修理业		2	
电力、热力的生产和供应业		24	
燃气生产和供应业		175	
水的生产和供应业		275	

注：本表口径为年主营业务收入在2000万元及以上的工业企业。

表 7—11　主要能源品种按工业行业分组消费量（2016 年）（续表 4）

行业分类	柴油（吨）	燃料油（吨）	液化石油气（吨）	炼厂干气（吨）
总　计	72969	6527	366100	916752
黑色金属矿采选业				
有色金属矿采选业				
非金属矿采选业	336			
农副食品加工业	598		700	
食品制造业	1055		127	
酒、饮料和精制茶制造业	130			
烟草制品业	156			
纺织业	865			
纺织服装、服饰业	448		6	
皮革、毛皮、羽毛及其制品和制鞋业	18		569	
木材加工及木、竹、藤、棕、草制品业	84			
家具制造业	7			
造纸及纸制品业	542			
印刷业和记录媒介复制业	70			
文教、工美、体育和娱乐用品制造业	346			
石油加工、炼焦及核燃料加工业	443	618	10118	607209
化学原料及化学制品制造业	4334	1232	349076	308009
医药制造业	1726			
化学纤维制造业	756		120	
橡胶和塑料制品业	452			
非金属矿物制品业	41310	2834	741	1534
黑色金属冶炼及压延加工业	5168	9	2987	
有色金属冶炼及压延加工业	295	476	101	
金属制品业	2026		57	
通用设备制造业	1637		467	
专用设备制造业	776	42	1	
汽车制造业	1966		248	
铁路、船舶、航空航天和其他运输设备制造业	2886	1306	462	
电气机械及器材制造业	545		266	
计算机、通信和其他电子设备制造业	578		10	
仪器仪表制造业	185		37	
其他制造业				
废弃资源综合利用业	1481			
金属制品、机械和设备修理业	3			
电力、热力的生产和供应业	1300	11		
燃气生产和供应业	386			
水的生产和供应业	64			

注：本表口径为年主营业务收入在2000万元及以上的工业企业。

表 7—11 主要能源品种按工业行业分组消费量（2016 年）（续表 5）

行业分类	石脑油（吨）	润滑油（吨）	石蜡（吨）	溶剂油（吨）
总 计	2599542	1746	12	2323
黑色金属矿采选业				
有色金属矿采选业				
非金属矿采选业				
农副食品加工业				
食品制造业				
酒、饮料和精制茶制造业				
烟草制品业				
纺织业				
纺织服装、服饰业				
皮革、毛皮、羽毛及其制品和制鞋业				
木材加工及木、竹、藤、棕、草制品业				
家具制造业				
造纸及纸制品业				342
印刷业和记录媒介复制业				
文教、工美、体育和娱乐用品制造业				
石油加工、炼焦及核燃料加工业				
化学原料及化学制品制造业	2599542	9		1976
医药制造业				
化学纤维制造业				
橡胶和塑料制品业				
非金属矿物制品业		37		
黑色金属冶炼及压延加工业		320	12	
有色金属冶炼及压延加工业				
金属制品业		26		
通用设备制造业		1130		4
专用设备制造业		52		
汽车制造业		137		
铁路、船舶、航空航天和其他运输设备制造业		28		
电气机械及器材制造业		7		
计算机、通信和其他电子设备制造业				
仪器仪表制造业				
其他制造业				
废弃资源综合利用业				
金属制品、机械和设备修理业				
电力、热力的生产和供应业				
燃气生产和供应业				
水的生产和供应业				

注：本表口径为年主营业务收入在2000万元及以上的工业企业。

表 7—11　主要能源品种按工业行业分组消费量（2016 年）（续表 6）

行业分类	其它石油制品（吨）	热力（百万千焦）	电力（万千瓦时）
总　计	12128828	95201693	3126235
黑色金属矿采选业			1342
有色金属矿采选业			2704
非金属矿采选业			2344
农副食品加工业		340812	12733
食品制造业		883123	16225
酒、饮料和精制茶制造业		504665	12030
烟草制品业			3390
纺织业		555248	27422
纺织服装、服饰业		67058	23939
皮革、毛皮、羽毛及其制品和制鞋业			4203
木材加工及木、竹、藤、棕、草制品业			900
家具制造业			3484
造纸及纸制品业		36741	12252
印刷业和记录媒介复制业		36499	12538
文教、工美、体育和娱乐用品制造业			6426
石油加工、炼焦及核燃料加工业	6749883	7803827	176343
化学原料及化学制品制造业	5363469	48801222	949164
医药制造业		804295	21169
化学纤维制造业		2815788	25597
橡胶和塑料制品业		122941	36708
非金属矿物制品业	3	40281	109083
黑色金属冶炼及压延加工业	9800	29854978	709043
有色金属冶炼及压延加工业			22106
金属制品业		97751	41385
通用设备制造业	651	10032	81778
专用设备制造业	219	116552	28855
汽车制造业	59	594573	108405
铁路、船舶、航空航天和其他运输设备制造业		14705	32689
电气机械及器材制造业	1	45041	66934
计算机、通信和其他电子设备制造业		1117750	252444
仪器仪表制造业		13706	16208
其他制造业			28
废弃资源综合利用业			3541
金属制品、机械和设备修理业			139
电力、热力的生产和供应业	4744	524104	267025
燃气生产和供应业			1283
水的生产和供应业			34376

注：本表口径为年主营业务收入在2000万元及以上的工业企业。

表7—12 工业行业综合能耗（2016年）

行业分类	综合能源消费量（吨标准煤）	工业总产值（万元）	产值能耗（吨标准煤/万元）	增幅（%）		
				综合能源消费量	工业总产值	产值能耗
全部工业企业	38222105	130269000	0.293	3.95	0.96	2.96
黑色金属矿采选业	1026	19486	0.053	-74.39	-25.08	-65.82
有色金属矿采选业	3323	23118	0.144	-10.73	-7.51	-3.49
非金属矿采选业	3114	142267	0.022	-34.11	-27.29	-9.39
农副食品加工业	34115	1402270	0.024	-25.62	-10.71	-16.69
食品制造业	63438	1307717	0.049	2.85	-0.15	3
酒、饮料和精制茶制造业	39419	571842	0.069	4.51	-9.44	15.4
烟草制品业	8457	2025893	0.004	4.06	-1.49	5.63
纺织业	68504	846752	0.081	-3.88	-6.81	3.14
纺织服装、服饰业	37147	3921022	0.009	-0.34	-3.49	3.26
皮革、毛皮、羽毛及其制品和制鞋业	6035	811045	0.007	0.38	-1.6	2.01
木材加工及木、竹、藤、棕、草制品业	1268	180494	0.007	-17.79	7.91	-23.82
家具制造业	4375	374724	0.012	-6.07	11.87	-16.04
造纸及纸制品业	18249	536497	0.034	-30.06	11.48	-37.26
印刷业和记录媒介复制业	18999	453285	0.042	8.2	3.15	4.89
文教、工美、体育和娱乐用品制造业	10793	1211482	0.009	1.15	-1.18	2.36
石油加工、炼焦及核燃料加工业	2824255	6351597	0.445	-5.38	-14.68	10.9
化学原料及化学制品制造业	15469038	17430666	0.887	11.27	1.4	9.74
医药制造业	59722	2798116	0.021	-9.23	8.33	-16.21
化学纤维制造业	173265	496502	0.349	0.38	4.85	-4.26
橡胶和塑料制品业	64981	1818642	0.036	-7.22	-4.78	-2.57
非金属矿物制品业	1165780	3616564	0.322	-7.94	2.13	-9.86
黑色金属冶炼及压延加工业	9394719	5891070	1.595	-1.23	-1.97	0.76
有色金属冶炼及压延加工业	66162	2918294	0.023	9.33	-4.43	14.39
金属制品业	66043	4323865	0.015	-7.27	-1.95	-5.44
通用设备制造业	116646	4848114	0.024	0.91	2.09	-1.16
专用设备制造业	46224	2781049	0.017	8.33	6.2	2.01
汽车制造业	200493	19759242	0.010	1.8	10.05	-7.49
铁路、船舶、航空航天和其他运输设备制造业	46852	3494218	0.013	5.25	-8.34	14.83
电气机械及器材制造业	98423	9553752	0.010	14.85	4.48	9.93
计算机、通信和其他电子设备制造业	362609	23685011	0.015	17.36	0.63	16.63
仪器仪表制造业	20834	3747475	0.006	9.31	15.83	-5.63
其他制造业	34	4032	0.008	24.26	10.56	12.4
废弃资源综合利用业	6513	271861	0.024	18.45	-9.89	31.45
金属制品、机械和设备修理业	179	70770	0.003	-12.9	8.74	-19.91
电力、热力的生产和供应业	7677077	1732066	4.432	2.85	-6.76	10.31
燃气生产和供应业	1711	618008	0.003	-22.4	-7.32	-16.27
水的生产和供应业	42286	230191	0.184	8.06	10.22	-1.96

注：本表口径为年主营业务收入在2000万元及以上的工业企业。

表 7—13　规模以上工业企业主要单位产品能源消耗（2016 年）

指标名称	计量单位	本期	上年同期	比上年增减%
吨粘胶纤维综合能耗（长丝）	千克标准煤 / 吨	2950.90	2524.87	16.87
吨粘胶纤维用电量（长丝）	千瓦时 / 吨	6685.91	6307.17	6.00
炼焦工序单位能耗	千克标准煤 / 吨	101.81	86.90	17.16
原油加工单位耗电	千瓦时 / 吨	60.36	62.70	-3.74
原油加工单位综合能耗	千克标准油 / 吨	54.04	54.89	-1.55
单位烧碱生产综合能耗（离子膜法 30%）	千克标准煤 / 吨	338.74	348.67	-2.85
单位烧碱生产耗交流电（离子膜法 30%）	千瓦时 / 吨	2032.41	2025.60	0.34
单位乙烯生产综合能耗	千克标准煤 / 吨	790.88	803.37	-1.56
单位乙烯生产耗电	千瓦时 / 吨	117.48	113.34	3.65
单位合成氨生产综合能耗	千克标准煤 / 吨	1559.61	1466.08	6.38
单位合成氨耗电	千瓦时 / 吨	294.67	283.54	3.93
单位合成氨耗原料煤	千克标煤 / 吨	1102.02	1047.22	5.23
吨水泥熟料综合能耗	千克标准煤 / 吨	115.65	115.62	0.02
吨水泥熟料综合电耗	千瓦时 / 吨	59.25	59.85	-1.01
吨水泥熟料烧成标准煤耗	千克标准煤 / 吨	104.77	104.01	0.74
吨水泥综合能耗	千克标准煤 / 吨	96.97	92.49	4.84
吨水泥综合电耗	千瓦时 / 吨	69.52	68.84	0.99
吨水泥标准煤耗	千克标准煤 / 吨	88.28	81.71	8.04
吨钢综合能耗	千克标准煤 / 吨	615.56	601.33	2.37
吨钢耗电	千瓦时 / 吨	452.80	442.24	2.39
吨钢可比能耗	千克标准煤 / 吨	532.37	534.55	-0.41
炼铁工序单位能耗	千克标准煤 / 吨	393.84	393.96	-0.03
铁矿烧结工序单位能耗	千克标准煤 / 吨	50.19	48.91	2.61
转炉炼钢综合工序单位能耗	千克标准煤 / 吨	-14.54	-12.75	14.05
电炉炼钢综合工序单位能耗	千克标准煤 / 吨	56.48	58.24	-3.02
电炉炼钢综合电力消耗	千瓦时 / 吨	238.73	259.43	-7.98
轧钢工序单位能耗	千克标准煤 / 吨	57.79	58.51	-1.24
轧钢工序单位电力消耗	千瓦时 / 吨	104.43	107.61	-2.95
吨钢耗新水	吨 / 吨	3.05	3.15	-3.25
电厂火力发电标准煤耗	克标准煤 / 千瓦时	280.98	281.98	-0.35
电厂火力供电标准煤耗	克标准煤 / 千瓦时	294.17	294.93	-0.26
发电厂用电率	%	4.40	4.30	2.22

注：1、本表口径为年耗能万吨及以上工业企业。
　　2、本表中的本同期指标值为按国家目录统计的生产每单位产品的能源消耗量。

表 7—14　规模以上工业企业取水总量按行业分类（2016 年）

计量单位：万立方米

行业分类	工业取水总量				重复用水总量
	合 计	# 自 来 水	地 表 水	地 下 水	
总 计	154833.58	20806.89	132106.89	106.97	722268.70
黑色金属矿采选业	40.53	0.01	40.52		11.00
有色金属矿采选业	81.78	9.72		72.06	187.47
非金属矿采选业	3.25	1.42	1.83		1.00
农副食品加工业	153.33	153.23		0.07	0.65
食品制造业	472.74	472.06	0.68		1.76
酒、饮料和精制茶制造业	391.46	391.46			282.20
烟草制品业	40.81	36.48			582.79
纺织业	373.94	346.14	27.80		17.32
纺织服装、服饰业	241.03	236.67	4.01	0.35	1.60
皮革、毛皮、羽毛及其制品和制鞋业	37.49	37.49			
木材加工及木、竹、藤、棕、草制品业	5.24	5.23			
家具制造业	22.21	22.15		0.06	0.61
造纸及纸制品业	46.87	42.98	3.89		
印刷业和记录媒介复制业	72.28	71.76		0.52	12.92
文教、工美、体育和娱乐用品制造业	48.51	47.90	0.42	0.19	1.09
石油加工、炼焦及核燃料加工业	2334.75	110.97	2223.78		1400.32
化学原料及化学制品制造业	15974.84	9741.32	6153.05	0.17	409971.20
医药制造业	494.05	474.13		0.79	429.90
化学纤维制造业	1548.33	702.15	846.19		456.54
橡胶和塑料制品业	186.94	186.59		0.35	454.03
非金属矿物制品业	1500.31	679.40	789.84	22.80	1115.38
黑色金属冶炼及压延加工业	5503.87	92.99	5409.47	0.78	264855.64
有色金属冶炼及压延加工业	110.85	104.53		6.33	363.64
金属制品业	325.79	325.10	0.67	0.02	10.34
通用设备制造业	418.82	417.52	0.03	1.20	147.10
专用设备制造业	264.81	227.98	0.01	0.85	36.45
汽车制造业	1067.19	1063.74		0.30	893.42
铁路、船舶、航空航天和其他运输设备制造业	250.31	250.30			524.30
电气机械及器材制造业	506.88	506.75		0.13	118.81
计算机、通信和其他电子设备制造业	2571.15	2497.91	0.05		119.14
仪器仪表制造业	139.19	137.07	2.13		3.50
其他制造业	0.04	0.03	0.01		
废弃资源综合利用业	45.05	16.48	23.82		34.24
金属制品、机械和设备修理业	1.62	0.90			
电力、热力的生产和供应业	12310.65	257.76	10470.58		40234.36
燃气生产和供应业	38.01	38.01			
水的生产和供应业	107208.66	1100.56	106108.11		

注：本表口径为年主营业务收入在2000万元及以上的工业企业。

表 7—15　主要年份工业总产值

计量单位：万元

年 份	全部工业总产值（不变价）	#国有工业	全部工业总产值（现行价）	#国有工业
1949	4545	1407		
1952	28887	14678		
1957	84484	69886		
1962	120146	102393		
1965	221733	188043		
1970	420409	359978		
1975	604664	475537		
1978	845115	649434		
1979	942842	717360		
1980	1050111	747636		
1985	1773545	1187474		
1990	3089759	1990637		
1995	8798479	4137823	10381596	5307304
1997	12756605	4931719	13831951	5762074
1998	13147188	5996638	14112659	6437752
1999	13697772	5845505	15455462	6928660
2000	16869869	8317084	18430481	9036654
2004	—	—	34285905	12080749
2005	—	—	43828843	16767938
2007	—	—	63016700	21337481
2008	—	—	69858400	22088550
2009	—	—	71824500	23046627
2010	—	—	90198900	30524263
2011	—	—	109255852	35991523
2012	—	—	120592300	39576980
2013	—	—	131157281	43394322
2015	—	—	135986658	49463742
2016	—	—	136406948	49207983

注：1995年以后的产值数按新规定计算；1998年以后国有工业产值数为国有控股数。

表7—16 主要年份规模以上工业企业职工人数、主营业务收入和利税总额

年 份	职工人数（万人）	主营业务收入（万元）	利税总额（万元）
1978	—	479852	124043
1979	55.26	567621	136507
1980	58.66	616995	93441
1981	62.90	610863	85509
1982	65.58	668852	87733
1983	70.87	752944	127087
1984	71.41	876503	165675
1985	78.50	1120919	260540
1986	81.32	1151405	241801
1987	85.18	1508476	254047
1988	86.52	1845851	284969
1989	85.66	2202471	324272
1990	86.26	2477840	310481
1992	89.50	4081394	451528
1993	87.95	5642341	495640
1994	90.74	6608363	681163
1995	92.17	8645998	723396
1996	86.92	9197414	693749
1997	81.97	10077056	851273
1998	75.04	11624513	975555
1999	68.13	12534665	1200216
2000	62.04	15402200	1423719
2004	55.24	30914407	3442973
2005	56.27	40273019	3650834
2007	59.29	58189978	6172559
2008	70.96	66355400	4703237
2009	73.39	67309878	7388915
2010	80.59	86253519	10799554
2011	78.11	104723129	11925432
2012	79.71	112832558	13727842
2013	79.71	124252054	17891738
2014	80.64	130038382	17248720
2015	78.42	121806956	16958610
2016	74.44	124423598	18499969

表 7—17　2000 年以来规模以上工业总产值、出口交货值、利润总额

计量单位：亿元、%

	工业总产值		工业出口交货值		工业利润总额	
2000 年	1602.79	22.6	150.70	33.5	56.70	31.5
2001 年	1773.56	10.7	162.38	10.1	51.82	-8.6
2002 年	1973.25	11.3	176.45	9.5	70.78	36.6
2003 年	2509.38	27.2	293.77	63.6	112.51	59.0
2004 年	3153.43	25.7	469.41	59.3	199.30	77.1
2005 年	4063.48	28.9	867.44	61.8	196.83	-1.2
2006 年	4692.81	15.5	960.16	10.9	214.88	9.2
2007 年	5791.60	22.3	1155.73	20.1	369.45	71.9
2008 年	6635.74	11.8	1155.18	-0.1	125.51	-66.0
2009 年	6799.77	4.4	795.99	-31.1	354.18	182.2
2010 年	8609.50	27.4	983.85	23.6	467.97	32.1
2011 年	10354.65	20.3	1104.08	12.22	594.40	27.0
2012 年	11437.80	10.5	1301.55	17.9	604.44	1.7
2013 年	12563.09	9.8	1390.19	6.8	979.10	62.0
2014 年	13239.73	5.3	1831.36	6.7	879.39	-10.2
2015 年	12905.13	-2.5	1975.46	7.9	828.91	-5.7
2016 年	12945.02	0.3	1784.18	-9.7	959.35	15.7

注：工业相关指标增速为同口径增幅。“规模以上工业”从2006年开始，统计口径为由原来的“全部国有及年主营业务收入500万元及以上的非国有法人企业”，调整为“年主营业务收入1000万元及以上的法人工业企业”；2011年开始是指年主营业务收入在2000万元及以上的法人工业企业。

表 7—18　2000 年以来全社会用电量

计量单位：万千瓦时

	全社会用电量	第一产业用电量	第二产业用电量	第三产业用电量
2000 年	1377395	—	—	—
2001 年	1484439	—	—	—
2002 年	1620788	—	—	—
2003 年	1840333	—	—	—
2004 年	2072997	15625	1516541	280799
2005 年	2466661	14507	1772227	377701
2006 年	2705710	14117	1906213	435703
2007 年	2991293	14806	2104964	503645
2008 年	3107922	15350	2109267	567103
2009 年	3370545	16264	2274994	626941
2010 年	3736638	16871	2461481	728152
2011 年	3997431	18313	2605097	844872
2012 年	4249554	18853	2699199	930843
2013 年	4626718	19536	2920266	1011428
2014 年	4704973	20441	2946677	1130462
2015 年	4951753	23820	3069749	1204713
2016 年	5247863	30133	3167669	1285568

表 7—19　2000 年以来工业和城乡居民生活用电量

计量单位：万千瓦时

	工业用电量	城乡居民生活用电量
2000 年	983357	161776
2001 年	1050714	214813
2002 年	1160082	189578
2003 年	1297208	233660
2004 年	1476061	260031
2005 年	1735282	302226
2006 年	1870393	349677
2007 年	2071067	367878
2008 年	2077025	416202
2009 年	2237473	452346
2010 年	2426591	530134
2011 年	2568421	529149
2012 年	2656421	600659
2013 年	2867065	675488
2014 年	2890160	607393
2015 年	3005429	653471
2016 年	3108114	764493

表7—20　2016年大中型工业企业名单

企业名称	规模	企业名称	规模
中国石化股份有限公司金陵分公司	大型	南京南车浦镇城轨车辆有限责任公司	大型
中国石化扬子石油化工有限公司	大型	南京群志光电有限公司	大型
南京夏普电子有限公司	大型	中车南京浦镇车辆有限公司	大型
南京钢铁集团有限公司	大型	南京中电熊猫平板显示科技有限公司	大型
乐金显示（南京）有限公司	大型	南京红宝丽股份有限公司	大型
江苏中烟工业有限责任公司南京卷烟厂	大型	中国石化集团金陵石油化工有限责任公司	大型
吉宝通讯（南京）有限公司	大型	中国长江航运集团金陵船厂	大型
长安马自达汽车有限公司	大型	南京市比亚迪汽车有限公司	大型
扬子石化-巴斯夫有限责任公司	大型	南京奥特佳新能源科技有限公司	大型
上海梅山钢铁股份有限公司	大型	南京奥托立夫汽车安全系统有限公司	大型
南京汽车集团有限公司	大型	南京汽轮电机（集团）有限责任公司	大型
红太阳集团有限公司	大型	南京南瑞继保电气有限公司	大型
南京中电熊猫液晶显示科技有限公司	大型	南京港华燃气有限公司	大型
喜星电子（南京）有限公司	大型	南京德朔实业有限公司	大型
南京瀚宇彩欣科技有限责任公司	大型	南京正大天晴制药有限公司	大型
国电南瑞科技股份有限公司	大型	瑞仪光电（南京）有限公司	大型
南京爱立信熊猫通信有限公司	大型	江苏正屿船舶重工有限公司	大型
乐金化学（南京）信息电子材料有限公司	大型	南京卫岗乳业有限公司	大型
南京南瑞集团公司	大型	南京永华船业有限公司	大型
国睿集团有限公司	大型	南京化纤股份有限公司	大型
南京大吉铁塔制造有限公司	大型	南京天加空调设备有限公司	大型
南京高速齿轮制造有限公司	大型	南京喜之郎食品有限公司	大型
南京南瑞继保工程技术有限公司	大型	南京创维电器科技有限公司	大型
南京长安汽车有限公司	大型	南京顶益食品有限公司	大型
艾欧史密斯（中国）热水器有限公司	大型	江苏太古可口可乐饮料有限公司	大型
南京乐金熊猫电器有限公司	大型	南京康尼机电股份有限公司	大型
东华汽车实业有限公司	大型	艾欧史密斯（中国）水系统有限公司	大型
博西华电器（江苏）有限公司	大型	代傲电子控制（南京）有限公司	大型
南京金龙客车制造有限公司	大型	南京圣和药业有限公司	大型
国电南京自动化股份有限公司	大型	南京造币有限公司	大型
中国石化集团南京化学工业有限公司	大型	中材科技股份有限公司	大型
仕达利恩（南京）光电有限公司	大型	汉佰（南京）纺织品有限公司	大型
南京云海特种金属股份有限公司	大型	可隆（南京）特种纺织品有限公司	大型
南京中联混凝土有限公司	大型	英华达（南京）科技有限公司	大型
熊猫电子集团有限公司	大型	舍弗勒（南京）有限公司	大型
江苏奕淳武家嘴船舶重工有限公司	大型	南京金箔控股集团有限责任公司	大型
江苏华瑞国际实业集团有限公司	大型	南京锦湖轮胎有限公司	大型
长安福特马自达发动机有限公司	大型	南京中建化工设备制造有限公司	大型

表 7—20　2016 年大中型工业企业名单（续表 1）

企业名称	规模	企业名称	规模
南京多伦科技股份有限公司	大型	南京普天通信股份有限公司	中型
博世汽车部件（南京）有限公司	大型	中国石化集团资产经营管理有限公司扬子石化分公司	中型
南京华东电子信息科技股份有限公司	大型	兰精（南京）纤维有限公司	中型
南京水务集团有限公司	大型	南京国电南自电网自动化有限公司	中型
艾欧史密斯（南京）水处理产品有限公司	大型	南京沙塘庵粮油实业有限公司	中型
南京京滨化油器有限公司	大型	南京金榜麒麟床具有限公司	中型
江苏高淳陶瓷股份有限公司	大型	南京化学工业园热电有限公司	中型
南京劳伦斯制衣有限公司	大型	国电南瑞南京控制系统有限公司	中型
南京法伯耳纺织有限公司	大型	蓝星安迪苏南京有限公司	中型
金陵药业股份有限公司	大型	南京炼油厂有限责任公司	中型
溢泰（南京）环保科技有限公司	大型	南京兰叶建设集团有限公司	中型
南京昊天制衣有限公司	大型	南京中车浦镇海泰制动设备有限公司	中型
南京我乐家居股份有限公司	大型	南京江标集团有限责任公司	中型
弓箭玻璃器皿（南京）有限公司	大型	南京小洋人生物科技发展有限公司	中型
南京泉峰汽车精密技术有限公司	大型	江苏长龙汽车配件制造有限公司	中型
南京威孚金宁有限公司	大型	金佰利（南京）护理用品有限公司	中型
金城集团有限公司	大型	南京华信藤仓光通信有限公司	中型
南京苏美达动力产品有限公司	大型	江苏苏博特新材料股份有限公司	中型
南京 LG 新港新技术有限公司	中型	江苏南瑞帕威尔电气有限公司	中型
南京先声东元制药有限公司	中型	南京国轩电池有限公司	中型
南京立业电力变压器有限公司	中型	南京中脉科技发展有限公司	中型
东爵有机硅（南京）有限公司	中型	南京西普水泥工程集团有限公司	中型
南京福邦特东方化工有限公司	中型	中电电气（南京）光伏有限公司	中型
华能南京金陵发电有限公司	中型	西门子数控（南京）有限公司	中型
惠生（南京）清洁能源股份有限公司	中型	南京威迩德汽车零部件有限公司	中型
南京长江给排水管道有限责任公司	中型	精博电子（南京）有限公司	中型
南京邦奇自动变速箱有限公司	中型	午和（南京）塑业有限公司	中型
江苏辉伦太阳能科技有限公司	中型	南京绿叶制药有限公司	中型
南京健友生物化学制药有限公司	中型	南京老山药业股份有限公司	中型
江苏奥赛康药业股份有限公司	中型	南京金浦锦湖化工有限公司	中型
南京创维家用电器有限公司	中型	扬子江药业集团南京海陵药业有限公司	中型
南京天嘉服装有限公司	中型	南京协众汽车空调集团有限公司	中型
塞拉尼斯（南京）多元化工有限公司	中型	中铁十五局集团南京混凝土制品有限公司	中型
南京创维平面显示科技有限公司	中型	江苏华瑞服装有限公司	中型
德纳（南京）化工有限公司	中型	江苏钟山化工有限公司	中型
南京汇众汽车底盘系统有限公司	中型	江苏敖广日化集团股份有限公司	中型
江苏南热发电有限责任公司	中型	南京胜捷电机制造有限公司	中型
大唐南京发电厂	中型	江苏欧兰特新材料股份有限公司	中型

表 7—20　2016 年大中型工业企业名单（续表 2）

企业名称	规模	企业名称	规模
南京华润热电有限公司	中型	南京佳和日化有限公司	中型
南京龙源环保有限公司	中型	南京淳达科技发展有限公司	中型
南京聚隆科技股份有限公司	中型	江苏龙蟠科技股份有限公司	中型
南京阳江龙程船业有限公司	中型	南京中电熊猫照明有限公司	中型
南京景鹰制衣有限公司	中型	南京华脉科技有限公司	中型
江苏金陵机械制造总厂	中型	南京大全电气有限公司	中型
华能国际电力股份有限公司南京电厂	中型	江苏宏源电气有限责任公司	中型
法雷奥汽车自动传动系统（南京）有限公司	中型	南京飞瑞服装有限公司	中型
南京金腾橡塑有限公司	中型	南京帅丰饲料有限公司	中型
南京三兄羽绒服装有限公司	中型	南京莱斯康电子有限公司	中型
南京恩瑞特实业有限公司	中型	南京联塑科技实业有限公司	中型
南京红太阳生物化学有限责任公司	中型	南京航塔旅游用品股份有限公司	中型
南京菲时特实业有限公司	中型	江苏苏美达制衣有限公司	中型
南京三信防务装备股份有限公司	中型	南京承佑树脂有限公司	中型
赛莱默（南京）有限公司	中型	南京古都电工材料有限公司	中型
菲尼克斯亚太电气（南京）有限公司	中型	江苏中旗作物保护股份有限公司	中型
中国水泥厂有限公司	中型	江苏盛南服装有限公司	中型
江苏开元食品科技有限公司	中型	布雷博（南京）制动系统有限公司	中型
南京卓成电工材料有限公司	中型	南京嘉雅精细化工有限公司	中型
南京东润特种橡塑有限公司	中型	南京钛白化工有限责任公司	中型
南京金永泰电器有限公司	中型	南京汽轮电机长风新能源股份有限公司	中型
南京中燃城市燃气发展有限公司	中型	阿特拉斯科普柯（南京）建筑矿山设备有限公司	中型
南京远望富硒农产品有限公司	中型	南京惠宇农化有限公司	中型
高淳县东艺制衣有限公司	中型	艾默生过程控制流量技术有限公司	中型
南京乐康工艺品有限公司	中型	南京盛宇羽绒制品有限公司	中型
南京圣迪奥时装有限公司	中型	南京固柏橡塑制品有限公司	中型
南京尼玛克铸铝有限公司	中型	南京坚泰泡沫塑料包装有限公司	中型
南京汽车变速箱有限公司	中型	维格娜丝时装股份有限公司	中型
南京百事可乐饮料有限公司	中型	南京三业纺织服饰有限公司	中型
江苏双龙集团有限公司	中型	江苏无线电厂有限公司	中型
南京宝庆首饰总公司	中型	南京江宁水务集团有限公司	中型
南京消防器材股份有限公司	中型	南京冠盛汽配有限公司	中型
南京宇能仪表有限公司	中型	南京鑫鼎服装有限公司	中型
南京华润燃气有限公司	中型	南京乐金化学新能源电池有限公司	中型
南京高宁锻造法兰厂	中型	南京上马工艺品有限公司	中型
李尔长安（重庆）汽车系统有限责任公司南京公司	中型	南京市第一精细化工公司精细化工厂	中型
养志电子（南京）有限公司	中型	江苏金智科技股份有限公司	中型
南京星乔威泰克汽车零部件有限公司	中型	南京福斯特牧业科技有限公司	中型
南京金牛机械制造股份有限公司	中型	南京力聚精密锻造有限公司	中型

表 7—20　2016 年大中型工业企业名单（续表 3）

企业名称	规模	企业名称	规模
江苏隆达机械设备有限公司	中型	南京莱斯信息技术股份有限公司	中型
南京德维鑫服装有限公司	中型	南京永弘制衣有限公司	中型
南京控特电机有限公司	中型	南京科远自动化集团股份有限公司	中型
立丰家庭用品（南京）有限公司	中型	南京际华三五二一特种装备有限公司	中型
江苏苏美达家纺实业有限公司	中型	南京高乐玩具有限公司	中型
南京博臣农化有限公司	中型	赛科利（南京）汽车模具技术应用有限公司	中型
南京涵远服装有限公司	中型	南京音飞储存设备股份有限公司	中型
南京神柏远东化工有限公司	中型	高淳县第二机油泵制造有限公司	中型
南京恒翔保温材料制造有限公司	中型	高淳县正兴丝织厂	中型
中国能源建设集团南京线路器材有限公司	中型	上美塑胶（南京）有限公司	中型
江苏东大集成电路系统工程技术有限公司	中型	南京基蛋生物科技有限公司	中型
南京麒麟分析仪器有限公司	中型	南京斯凯福脚手架有限公司	中型
南京申迪焊接技术有限公司	中型	南京聪龙制衣有限公司	中型
南京忠信交通设施有限公司	中型	南京南微电机有限公司	中型
南京洛普股份有限公司	中型	南京七四二五橡塑有限责任公司	中型
南京港口机械厂	中型	南京超州机电制造有限公司	中型
南京尊龙化工有限公司	中型	南京乐盛玩具礼品有限公司	中型
南京中超新材料有限公司	中型	南京秦川汽车电器有限公司	中型
博世汽车转向系统（南京）有限公司	中型	南京全信传输科技股份有限公司	中型
南京中联水泥有限公司	中型	南京日立产机有限公司	中型
南京美华羽绒制品有限公司羽绒制品厂	中型	南京荣诚化工有限公司	中型
南京威尔化工有限公司	中型	南京禄秋制衣有限公司	中型
南京白敬宇制药有限责任公司	中型	南京天翔机电有限公司	中型
南京诺奥新材料有限公司	中型	金城化学（江苏）有限公司	中型
南京高捷轻工设备有限公司	中型	南京大桥机器有限公司	中型
霍尼韦尔传感控制（中国）有限公司	中型	南京电气科技有限公司	中型
美埃（中国）环境净化有限公司	中型	南京同仁堂药业有限责任公司	中型
南京奥特多旅游用品有限公司	中型	江苏中圣压力容器装备制造有限公司	中型
南京华晨玩具有限公司	中型	江苏长江涂料有限公司	中型
南京国电南自美卓控制系统有限公司	中型	南京佳力图机房环境技术股份有限公司	中型
南京高精齿轮集团有限公司	中型	南京埃斯顿自动化股份有限公司	中型
南京市扬子粮油食品机械有限公司	中型	南京永兴铁路配件有限公司	中型
南京胜利体育用品实业有限公司	中型	南京梦丽偲纺织品有限公司	中型
高淳县金港混凝土有限公司	中型	南京金峰汽车零部件制造有限公司	中型
南京新时利制衣有限公司	中型	南京拓马制衣有限公司	中型
南京金岛服装有限公司	中型	南京陈唱交通器材有限公司	中型
南京键特服饰有限公司	中型	南京恒发服饰有限公司	中型
南京锦源铸造有限公司	中型	南京爱德印刷有限公司	中型
南京光明乳品有限公司	中型	伟创力（南京）科技有限公司	中型

表 7—20 2016 年大中型工业企业名单（续表 4）

企业名称	规模	企业名称	规模
苏世博（南京）减振系统有限公司	中型	南京万里集团有限公司	中型
南京国泰消防设备制造集团有限公司	中型	大协西川开阳汽车部件（南京）有限公司	中型
南京搏峰电动工具有限公司	中型	南京海辰药业股份有限公司	中型
蓝深集团股份有限公司	中型	南京大全变压器有限公司	中型
南京大东玩具有限公司	中型	南京飞燕活塞环股份有限公司	中型
南京小红花礼品有限公司	中型	江苏雨润肉食品有限公司	中型
南京苏美达创元制衣有限公司	中型	南京电气（集团）有限责任公司	中型
中船重工鹏力（南京）塑造科技有限公司	中型	南京康尼新能源汽车零部件有限公司	中型
南京长安玉华机械有限公司	中型	南京一兄服饰有限公司	中型
江苏六维物流设备实业有限公司	中型	南京长城服装有限责任公司	中型
南京马波斯自动化设备有限公司	中型	南京吉利纸业有限公司	中型
南京振先轻工机械有限公司	中型	胡连电子（南京）有限公司	中型
南京双惠服饰有限公司	中型	江苏卡思迪莱服饰有限公司	中型
南京飞腾电子科技有限公司	中型	南京新一棉纺织印染有限公司	中型
南京际华三五0三服装有限公司	中型	艾志（南京）环保管接技术股份有限公司	中型
高淳县三联机械有限公司	中型	南京磐能电力科技股份有限公司	中型
华润雪花啤酒（南京）有限公司	中型	江苏正桥影像科技股份有限公司	中型
南京栖霞化工有限公司	中型	南京宇盛羽绒制品有限公司	中型
南京微创医学科技有限公司	中型	南京胜茂纺织品有限公司	中型
南京永卓无纺制品有限公司	中型	南京群力运动器材有限公司	中型
南京恩梯恩精密机电有限公司	中型	南京天之骄制衣有限公司	中型
南京迈瑞生物医疗电子有限公司	中型	南京金三力橡塑有限公司	中型
帕艾斯电子技术（南京）有限公司	中型	南京市罗奇泰克电子有限公司	中型
南京奥联汽车电子电器有限公司	中型	江苏康缘阳光药业有限公司	中型
南京创新机油泵制造有限公司	中型	南京际华五三零二服饰装具有限责任公司	中型
南京太极宠物用品有限公司	中型	南京臣功制药股份有限公司	中型
南京康正制衣有限责任公司	中型	江苏久吾高科技股份有限公司	中型
南京双京电器集团有限公司	中型	南京盛溪印刷包装有限公司	中型
南京德邦金属装备工程股份有限公司	中型	南京宝泰特种材料股份有限公司	中型
南京富士通计算机设备有限公司	中型	南京宝色股份公司	中型
南京天意公路材料有限公司	中型	南京东润带业有限公司	中型
博世汽车转向系统金城（南京）有限公司	中型	南京迪威尔高端制造股份有限公司	中型
南京六和普什机械有限公司	中型	南京新洲印刷有限公司	中型
南京辉恒服饰有限公司	中型	南京奥威服装有限公司	中型
南京深宁磁电有限公司	中型	南京六合金牛门窗有限公司	中型
南京泽蕾金属材料厂	中型	南京新百药业有限公司	中型
南京白象食品有限公司	中型	南京百江液化气有限公司	中型
南京奥特佳长恒铸造有限公司	中型	南京圣诺热管有限公司	中型
南京南方联成汽车零部件有限公司	中型	江苏奕淳门窗制造有限公司	中型

表 7—20　2016 年大中型工业企业名单（续表 5）

企业名称	规模	企业名称	规模
汉桑（南京）科技有限公司	中型	南京扬子动力工程有限责任公司	中型
南京足雅鞋业有限公司	中型	江苏舒逸纺织有限公司	中型
南京驰力汽车传动装置有限公司	中型	南京钰佳特针织服饰有限公司	中型
南京普爱射线影像设备有限公司	中型	南京克莉丝汀食品有限公司	中型
江苏惠浦机械集团有限公司	中型	南京润秋服装有限公司	中型
南京华睿川电子科技有限公司	中型	南京森鼎帐篷有限公司	中型
南京万德游乐设备有限公司	中型	南京元泰服装有限公司	中型
丸仁电子（南京）有限公司	中型	江苏东航食品有限公司	中型
南京高精船用设备有限公司	中型	南京尼康江南光学仪器有限公司	中型
南京昊天君临制衣有限公司	中型	南京海尔曼斯集团服装有限公司	中型
江苏苏美达创星纺织品有限公司	中型	南京桃园制衣有限公司	中型
百威英博（南京）啤酒有限公司	中型	江苏艾思飞精密零部件有限公司	中型
南京爱沁缘服饰有限公司	中型	南京捷森城机电有限公司	中型
南京舒服特服饰鞋业有限公司	中型	南京冠佳科技有限公司	中型
南京东亚纺织印染有限公司	中型	南京通孚玩具有限责任公司	中型
南京润超铁路配件有限公司	中型	南京扬子检维修有限责任公司	中型
南京扬子塑料化工有限责任公司	中型	南京嘉浩科技有限公司	中型
南京银茂铅锌矿业有限公司	中型	南京吉姆服饰有限公司	中型
南京华脉光纤技术有限公司	中型	南京鑫业电动工具制造有限公司	中型
南京紫江有线电视器件厂	中型	泰艺电子（南京）有限公司	中型
南京扬子检修安装有限责任公司	中型	南京巨鲨显示科技有限公司	中型
中船重工鹏力（南京）智能装备系统有限公司	中型	南京康尼精密机械有限公司	中型
南京五洲制冷集团有限公司	中型	光一科技股份有限公司	中型
江苏新蓝天钢结构有限公司	中型	南京美洁轻工机械有限公司	中型
南京腾亚精工科技有限公司	中型	中国药科大学制药有限公司	中型
中国人民解放军第三三 0 四工厂	中型	南京市海太家具有限公司	中型
南京旭建新型建材股份有限公司	中型	南京江南永新光学有限公司	中型
南京沪江复合材料股份有限公司	中型	南京制药厂有限公司	中型
南京联璧制衣有限公司	中型	南京特种电机厂有限公司	中型
瑞元殷特（南京）电子有限公司	中型	南京京晶光电科技有限公司	中型
南京奥特佳祥云冷机有限公司	中型	南京海尔曼斯集团有限公司	中型
南京创盛服饰有限公司	中型	南京哈恩达斯体育用品有限公司	中型
蒂森克虏伯发动机零部件（中国）有限公司	中型	南京世和基因生物技术有限公司	中型
东佳精密光电（南京）有限公司	中型	立维腾电子（南京）有限公司	中型
南京氟源化工管道设备有限公司	中型	南京梅山工程技术新产业开发有限公司	中型
南京塔塔汽车零部件系统有限公司	中型	南京海欣丽宁长毛绒有限公司	中型
南京佳盛机电器材制造有限公司	中型	南京圣可尼服饰实业有限公司	中型
南京东陶有限公司	中型	江苏英诺华医疗技术有限公司	中型
南京市溧水中山铸造有限公司	中型	南京工艺装备制造有限公司	中型

表7—20 2016年大中型工业企业名单（续表6）

企业名称	规模	企业名称	规模
南京天上龙服饰公司	中型	南京永兴服饰有限公司	中型
南京大地水刀有限公司	中型	南京弘景时装实业有限公司	中型
南京东翔制衣有限公司	中型	南京瑞祥服装有限公司	中型
江苏龙瑞服饰有限公司	中型	南京天邦生物科技有限公司	中型
南化集团研究院	中型	南京昌德成电器有限公司	中型
奇业游乐设备（南京）有限公司	中型	南京康奇乐服装有限公司	中型
江苏庞源机械工程有限公司	中型	南京达盈新型材料有限公司	中型
南京润京乳胶制品有限公司	中型	南京双峰油泵油嘴有限公司	中型
美钻石油钻采系统（南京）有限公司	中型	南京诺尔曼生物技术有限公司	中型
江苏凤凰新华印务有限公司	中型	格满林（南京）新型建材科技有限公司	中型
南京亚狮龙体育用品有限公司	中型	南京景轩制衣有限公司	中型
南京金斯服装有限公司	中型	江苏花山集团有限公司	中型
江苏金丝服装有限公司	中型	南京奥能锅炉有限公司	中型
南京中盛铁路车辆配件有限公司	中型	南京轻机包装机械有限公司	中型
南京秣陵铸造总厂有限公司	中型	南京华舜轮毂有限公司	中型
南京第一机床厂有限公司	中型	南京钢铁集团江苏冶金机械有限公司	中型
南京鸿祺服饰有限公司	中型	南京同方制衣有限责任公司	中型
江苏苏美达创为针织服饰有限公司	中型	江苏紫金电子集团有限公司	中型
南京禾诚石化装备工程有限公司	中型	南京迪菲诺制衣有限公司	中型
南京二机齿轮机床有限公司	中型	南京钢铁集团盛达实业有限公司	中型
南京云泰化工总厂	中型	南京新仑服装有限公司	中型
德昌电机（南京）有限公司	中型	南京群业五金制品有限公司	中型
侨伟运动器材（南京）有限公司	中型	南京国泰盛扬服饰有限公司	中型

主要统计指标解释

工业 指从事自然资源的开采，对采掘品和农产品进行加工和再加工的物质生产部门。具体包括：（1）对自然资源的开采，如采矿、晒盐、森林采伐等（但不包括禽兽捕猎和水产捕捞）；（2）对农副产品的加工、再加工，如粮油加工、食品加工、轧花、缫丝、纺织、制革等；（3）对采掘品的加工、再加工，如炼铁、炼钢、化工生产、石油加工、机器制造、木材加工等，以及电力、自来水、煤气的生产和供应等；（4）对工业品的修理、翻新，如机器设备的修理、交通运输工具（包括小卧车）的修理等。

1984 年以前农村的村及村以下办工业归属农业，1984 年以后划归工业。

国有及国有控股企业 指国有企业加上国有控股企业。国有企业是指企业全部资产归国家所有，并按《中华人民共和国企业法人登记管理条例》规定登记注册的非公司制的经济组织。1957 年以前的公私合营和私营工业，后均改造为国营工业，1992 年改为国有工业，这部分工业的资料不单独分列时，均包括在国有企业内。国有控股企业是对混合所有制经济的企业进行的“国有控股”分类。它是指这些企业的全部资产中国有资产（股份）相对其他所有者中的任何一个所有者占资（股）最多的企业。该分组反映了国有经济控股情况。

集体企业 指企业资产归集体所有，并按《中华人民共和国企业法人登记管理条例》规定登记注册的经济组织。是社会主义公有制经济的组成部分。包括城乡所有使用集体投资举办的企业，以及部分个人通过集资自愿放弃所有权并依法经工商行政管理机关认定为集体所有制的企业。

股份合作企业 指以合作制为基础，由企业职工共同出资入股，吸收一定比例的社会资产投资组建，实行自主经营，自负盈亏，共同劳动，民主管理，按劳分配与按股分红相结合的一种集体经济组织。

联营企业 指两个及两个以上相同或不同所有制性质的企业法人或事业单位法人，按自愿、平等、互利的原则，共同投资组成的经济组织。联营企业包括：国有联营企业指国有企业与国有企业间的联营；集体联营企业指集体企业与集体企业间的联营；国有与集体联营企业指国有企业与集体企业间的联营。

有限责任公司 指根据《中华人民共和国公司登记管理条例》规定登记注册，由两个以上，五十个以下的股东共同出资，每个股东以其所认缴的出资额对公司承担有限责任，公司以其全部资产对其债务承担责任的经济组织。

有限责任公司包括国有独资公司以及其他有限责任公司。

股份有限公司 指根据《中华人民共和国企业法人登记管理条例》规定登记注册，其全部注册资本由等额股份构成并通过发行股票筹集资本，股东以其认购的股份对公司承担有限责任，公司以其全部资产对其债务承担责任的经济组织。

私营企业 指由自然人投资设立或由自然人控股，以雇佣劳动为基础的营利性经济组织。包括按照《公司法》、《合伙企业法》、《私营企业暂行条例》规定登记注册的私营有限责任公司、私营股份有限公司、私营合伙企业和私营独资企业。

港、澳、台商投资企业 指企业注册登记类型中的港、澳、台资合资、合作、独资经营企业和股份有限公司之和。

外商投资企业 指企业注册登记类型中的中外合资、合作经营企业、外资企业和外商投资股份有限公司之和。

“三资”企业 系指港、澳、台商投资企业和外资企业的简称。

轻工业 指主要提供生活消费品和制作手工工具的工业。按其所使用的原料不同，可分为两大类：(1)以农产品为原料的轻工业，是指直接或间接以农产品为基本原料的轻工业。主要包括食品制造、饮料制造、烟草加工、纺织、缝纫、皮革和毛皮制作、造纸以及印刷等工业；(2)以非农产品为原料的轻工业，是指以工业品为原料的轻工业。主要包括文教体育用品、化学药品制造、合成纤维制造、日用化学制品、日用玻璃制品、日用金属制品、手工工具制造、医疗器械制造、文化和办公用机械制造等工业。

重工业 是指为国民经济各部门提供物质技术基础的主要生产资料的工业。按其生产性质和产品用途，可以分为下列三类：(1)采掘（伐）工业，是指对自然资源的开采，包括石油开采、煤炭开采、金属矿开采、非金属矿开采和木材采伐等工业；(2)原材料工业，指向国民经济各部门提供基本材料、动力和燃料的工业。包括金属冶炼及加工、炼焦及焦炭、化学、化工原料、水泥、人造板以及电力、石油和煤炭加工等工业；(3)加工工业，是指对工业原材料进行再加工制造的工业。包括装备国民经济各部门的机械设备制造工业、金属结构、水泥制品等工业，以及为农业提供的生产资料如化肥、农药等工业。

根据上述划分原则，修理业中以重工业产品为修理作业对象的划为重工业，反之划为轻工业。

工业总产值 是以货币表现的工业企业在一定时期内生产的已出售或可供出售工业产品总量，它反映一定时间内工业生产的总规模和总水平。它包括：在本企业内不再进行加工，经检验、包装入库（规定不需包装的产品除外）的成品价值，对外加工费收入，自制半成品、在产品期末初差额价值。工业总产值采用“工厂法”计算，即以工业企业作为一个整体，按企业工业生产活动的最终成果来计算，企业内部不允许重复计算，不能把企业内部各个车间（分厂）生产的成果相加。但在企业之间、行业之间、地区之间存在着重复计算。

轻重工业总产值的划分 是按“工厂法”计算的，即一个工业企业生产的主要产品性质属于轻工业，则该企业的全部总产值作为轻工业总产值；如它的主要产品性质属于重工业，则该企业的全部总产值作为重工业总产值。

实收资本 指企业实际收到的投资人投入的资本。按投资主体可分为国家资本、集体资本、法人资本、个人资本、港澳台资本和外商资本等。

资产合计 指企业拥有或控制的能以货币计量的经济资源。包括各种财产、债权和其他权利。资产按其流动性划分为流动资产、长期投资、固定资产、无形及递延资产和其他资产。

（1）流动资产　指企业可以在一年内或者超过一年的一个生产周期内变现或耗用的资产合计。包括现金及各种存款、短期投资、应收及预付款项、存货等。

（2）固定资产　指企业固定资产净值、固定资产清理、在建工程、待处理固定资产损失所占用的资金合计。

（3）无形资产　指企业长期使用而没有实物形态的资产。包括专利权、非专利技术、商标权、著作权、土地使用权、商誉等。

负债合计　指企业承担的能以货币计量，将以资产或劳务偿付的债务。负债一般按偿还期长短分为流动负债和长期负债、递延税项等。

（1）流动负债　指企业在一年内或者超过一年的一个营业周期内需要偿还的债务合计，其中包括短期借款、应付及预收款项、应付工资、应交税金和应交利润等。

（2）长期负债　指企业在一年以上或者超过一年的一个营业周期以上需要偿还的债务合计，其中包括长期借款、应付债务、长期应付款项等。

所有者权益　指企业投资人对企业净资产的所有权。企业净资产等于企业全部资产减去全部负债后的余额，其中包括投资者对企业的最初投入，以及资本公积金、盈余公积金和未分配利润，对股份制企业即为股东权益。

固定资产原价　指企业在建造、购置、安装、改建、扩建、技术改造某项固定资产时所支出的全部货币总额。它一般包括买价、包装费、运杂费和安装费等。

固定资产净值　是指固定资产原价减去历年已提折旧额后的净额。

流动资产　是指可以在一年或者超过一年的一个营业周期内变现或者耗用的资产，包括现金及各种存款、短期投资、应收及预付货款、存货等。

主营业务收入　指企业销售产品和提供劳务等主要经营业务取得的收入总额。

主营业务成本　指企业销售产品和提供劳务等主要经营业务的实际成本。

主营业务税金及附加　指企业销售产品和提供工业性劳务等主要经营业务应负担的城市维护建设税、消费税、资源税和教育费附加。

主营业务利润　指企业销售产品和提供工业性劳务等主要经营业务收入扣除其成本、费用、税金后的利润。

利润总额　指企业实现的利润。

应交增值税　指企业在报告期内应交纳的增值税额。

能源购进量　根据企业生产、经营性质划分，购进量分两种情况，一种是能源经销企业（批发、零售企业）用于销售的能源购进数量，另一种是能源使用企业用于消费的能源购进数量，分别在不同表式中统计。

能源经销企业能源购进量，指能源经销企业在报告期内购入的、用于销售的各种一次能源和二次能源。能源经销企业能源购进量由能源经销企业（批发、零售企业）填报。

能源使用企业能源购进量，指能源使用单位在报告期内外购的、用于企业消费的各种一次能源和二次能源。能源使用企业能源购进量由能源使用企业填报。

购进量金额 指本单位在报告期实际购进的、已办理验收入库手续的各种一次能源和二次能源的金额。其金额以购货发票上的总金额（含增值税）计算，统计原则、范围与购进量相同。

能源消费量 指能源使用单位在报告期内实际消费的一次能源或二次能源的数量。

能源消费量统计的原则是：

（1）谁消费、谁统计。

（2）何时投入使用，何时计算消费量。

（3）消费量只能计算一次。

（4）耗能工质（如水、氧气、压缩空气等），不论是外购的还是自产自用的，均不统计在能源消费量中（计算单位产品能耗时除外）。

（5）企业自产的能源，凡作为企业生产另一种产品的原材料、燃料，又分别计算产量的，消费量要统计，

工业企业能源消费量 工业企业能源消费包括工业企业在生产过程中作为燃料、动力、原料、辅助材料使用的能源以及工艺用能、非生产用能；作为能源加工转换企业，还要包括能源加工转换的投入量.

工业生产能源消费 指工业企业为进行工业生产活动所使用的能源。

车辆用油 指在厂区内、外进行交通运输活动的车辆所消费的成品油。但是如果工业企业所属的车队是独立核算的企业，其消费的成品油既不能包括在“工业企业能源消费”中，亦不能包括在“车辆用油”中，它的消费应为交通运输业企业消费。

能源加工、转换消费 能源加工、转换是指为了特定的用途，将一种能源（一般为一次能源），经过一定的工艺，加工或转换成另外一种能源（二次能源）。

能源加工转换产出量 指各种能源经过加工转换后产出的各种二次能源产品（包括不作能源使用的其他副产品和联产品），比如火力发电产出的电力，热电联产同时产出的电力、蒸汽、热水，洗煤产出的洗精煤、洗中煤、煤泥等；炼焦产出的焦炭、焦炉煤气和其他焦化产品；炼油产出的汽油、煤油、柴油、燃料油、液化石油气、炼厂干气和其他石油制品（石脑油、各种原料油、溶剂油、石蜡、润滑油、石油沥青等）；制气产出的是焦炉煤气、其他煤气、焦炭和其他焦化产品（煤焦油、粗苯等）。

能源加工转换损失量 指在能源加工、转换过程中产生的各种损失量，即能源加工、转换过程中投入的能源数量和产出的能源数量之差。

能源用作原材料 指能源产品不作能源使用，即不作燃料、动力使用，而作为生产另外一种产品（非

能源产品）的原料或作为辅助材料使用，作原料使用时通常构成这种产品的实体。

综合能源消费量 指报告期内企业实际消费的各种能源的总和。计算综合能源消费量时，需要先将使用的各种能源折算成标准燃料后再进行计算。

能源库存量 本制度中所涉及的能源库存量是指企业能源库存量，它是企业在报告期的某时间点所拥有的各种能源数量。根据企业的生产经营活动性质，企业库存量分为生产企业产成品库存、经销企业（批发、零售企业）用于经营销售的库存、使用企业用于消费的库存。

库存量的核算原则：（1）时点性原则；（2）实际数量原则。

工业取水总量 指工业企业从各种水源提取的，并用于工业生产活动的水量总和，包括自来水、地下水、地表水、海水、苦咸水、经城市污水处理厂处理后回用于工业的水量，以及企业从市场购得的其他水或水的产品（如纯净水、矿泉水、蒸汽、热水、地热水等）。工业取水总量包括主要工业生产用水、辅助生产（包括机修、运输、空压站等）用水和附属生产（包括厂内绿化、职工食堂、非营业的浴室及保健站、厕所等）用水；不包括非工业生产单位的用水，如厂内居民家庭用水和企业附属幼儿园、学校、对外营业的浴室、游泳池等的用水量。

2017南京统计年鉴
NANJING STATISTICAL YEARBOOK

（八）交通运输和邮电通讯业

CHAPTER 8 TRANSPORTATION, POST AND TELECOMMUNICATION SERVICES

表 8—1　铁路运输基本情况（南京市辖范围）

指　标	2016年	2015年
车站（个）	23	23
货物发送量（万吨）	517.10	498.89
旅客发送量（万人次）	5347.15	4482.68

表 8—2　航空运输情况

指　标	2016年	2015年
民用航空里程（公里）	191004	132422
# 国际航线（公里）	14987	11522
民用机场数（个）	1	1
飞机架数（架）	53	47
旅客吞吐量（万人）	2235.8	1916.38
# 旅客发出量	1181.7	1022.18
货邮吞吐量（吨）	341267.1	326027
# 货邮发出量	188715.4	176627
年末职工人数（人）	9048	8386

注：货邮吞吐量中不含行李重量；民用航空里程按不重复距离计算。

表8—3 全社会客货运输（吞吐）量（2016年）

指 标	客运量（万人）	旅客周转量（万人公里）	货运量（万吨）	货物周转量（万吨公里）	货物吞吐量（万吨）	集装箱（万标箱）
全社会	16300.86	4374861.48	31558.16	24914558.33	22802.12	308.39
公路运输	10694	1264667	13341	1917038		
# 个体及联户			3660	318097		
水上运输	20.64	38.93	13812	21853856		
内河	20.64	38.93	3734	1772958		
沿海			6947	8706057		
远洋			3131	11374841		
港口					22768	308.39
铁路运输	4561.29	1742182.87	1299.38	688962.5		
民航运输	1024.93	1367972.68	7.61	10947.28	34.12	
管道运输			3098.17	443754.55		

注：本表数据不含城市公共交通，管道运输包括输油管道运输和天然气管道运输；全社会货运量和货物周转量包含管道运输。2014年公路客运及货运统计口径根据2013年交通部和国家统计局相关规定进行了调整。

表 8—4　公路基本情况

计量单位：公里

指　标	2016年	2015年
公路总里程	11211	11303
按等级分		
高速	614	613
一级	991	1026
二级	1470	1446
三级	1247	1222
四级	6669	6220
按行政等级分		
国道	827	682
省道	621	752
县道	1808	1844
乡道	4974	5001
村道	2979	3021
按路面标准分		
高级	10934	10179
次高级	45	50
其他	232	1073

表 8—5　独立核算内河（沿海）港主要设备及吞吐量

指　标	2016年	2015年
码头长度（米）	32464	34988
泊位个数（个）	289	341
#万吨级	61	58
仓库总面积（平方米）	289067	286998
容量（吨）	595600	483300
堆场总面积（平方米）	2315354	2315354
容量（吨）	10187558	10187558
货物吞吐量（千吨）	227680	214543
出口量	88120	84899
#外贸	11371	11417
进口量（千吨）	139560	129644
#外贸	12322	11094
箱数（标箱）	3083883	2940106
#40 英尺	1062513	621311
重量（千吨）	26562	26800

表 8—6　全市民用车辆拥有量（2016 年）

计量单位：辆

指　标	总 计	# 私 人
一、汽车	2216847	1927113
1、载客汽车	2104187	1882199
# 大型	22650	159
轿车	1530720	1409022
2、载货汽车	102101	41519
# 重型	41737	9755
中型	6659	2669
# 普通载货	37882	21555
3、其他汽车	10559	3395
二、摩托车	145753	143751
1、普通	132201	130219
2、轻便	13552	13532
三、拖拉机	26283	26283
1、大型	5202	5202
2、小型	21081	21081
四、挂车	9794	9794
五、其他类型车		

表8—7 民用运输船舶拥有量（2016年）

指 标	总 计	#交通部门	#私 人
一、机动船（艘）	1713	1710	3
载客量（客位）	1632	1632	
净载重量（吨位）	11847987	11846727	1260
总功率（千瓦）	2610989	2610454	535
（一）客船（艘）	36	36	
载客量（客位）	1632	1632	
（二）货船（艘）	1643	1640	3
净载重量（吨位）	11845552	11844292	1260
（三）拖船（艘）	34	34	
功率（千瓦）	72297	72297	
二、驳船（艘）	63	63	
净载重量（吨位）	237998	237998	

表 8—8　邮政电信基本情况（2016 年）

指　标	2016年	2015年
一、局所及通信网络		
营业网点（所）	1648	1000
# 邮政	181	180
信筒信箱（个）	826	675
邮运汽车（辆）	489	421
邮路总长度（公里）	24000	24016
# 邮路	24000	24016
铁路邮路	—	—
农村投递线路总长度（公里）	13500	14380
二、通信业务		
邮电业务总量（亿元）	306.42	268.08
# 邮政业务总量	102.89	102.54
邮电业务收入（亿元）	203.16	185.68
# 邮政业务收入	78.79	77.14
函件（万件）	6777.45	7658.05
# 国际函件	2797.63	1358.88
包裹（万件）	32.09	33.86
# 国际包裹	0.94	0.76
快递（万份）	47299.59	50251.90
# 国际快递	607.06	686.10
订销报纸累计份数（万份）	15492.94	15486.18

注：邮电业务总量为2010年不变价计算，2013年市邮政管理局成立，2014年邮政业务总量、邮政业务收入等指标口径进行了调整，2015年邮政业务总量、邮政业务收入由基本邮政业务调整为含快递业务。

表 8—8 邮政电信基本情况（2016 年）（续表）

指 标	2016年	2015年
订销杂志累计份数（万份）	945.28	1055.45
邮政储蓄平均余额（亿元）	395.76	351.34
集邮业务（万枚）	2329.02	1744.84
固定电话年末用户（万户）	250.25	271.15
#城市电话用户	197.08	212.81
住宅电话年末用户（万户）	105.50	127.50
#农村住宅电话用户	20.34	21.96
公用电话（万户）	27.26	38.71
互联网接入用户（万户）	339.18	313.04
#宽带用户	339.18	313.04
移动电话用户（万户）	1107.21	1034.87
三、电信主要通信能力		
城乡电话交换机总容量（万门）	64.47	215.46
移动电话交换机容量（万户）	2690.2	2386.20

注：邮路总长度不含航空速递公司数据。

表8—9 城市公共交通情况

指 标	2016年	2015年
一、公共汽电车		
1、运营车数（辆）	9208	8395
# 天然气燃料车 CNG	2994	3039
2、标准运营车数（标台）	11465	10281
3、运营线路网长度（公里）	10245	9654
4、公交专用车道长度（公里）	151.5	137
5、客运总量（万人次）	94447	102360
二、出租汽车		
1、运营车辆（辆）	14297	14239
2、客运总量（万人次）	22799	31147
三、轨道交通		
1、运营车数（辆）	1194	1120
# 地铁	1154	1090
2、标准运营车数（标台）	2913	2746
3、运营线路长度（公里）	231.8	231.8
（1）地铁	224	224
（2）轻轨		
（3）有轨电车	7.8	7.8
4、客运总量（万人次）	83153	71712
四、客运轮渡		
1、运营船数（艘）	15	15
2、客运总量（万人次）	419	486

表8—10 主要年份旅客和货物运输量、邮电业务总量

年 份	旅客运输量（万人）	#公路	货物运输量（万吨）	#公路	#水运	邮电业务总量（万元）
1987	5230	3693	10455	4718	3366	5021
1988	5360	3680	10475	4253	3761	6521
1989	4943	3618	9552	3472	3733	7410
1990	4595	3211	9304	3756	3337	9339/19628
1991	4512	3099	9043	3406	3538	26633
1992	4625	3100	9555	3773	3696	37882
1993	4343	2823	9142	3366	3749	57924
1994	7918	6427	10365	4103	4287	89371
1995	10068	8765	12168	5666	4600	117843
1996	11098	9926	13632	7094	4644	155441
1997	13051	11795	12612	7249	3531	206193
1998	13784	12523	11941	6368	3703	271030
1999	14218	12838	12389	6285	4037	355474
2000	15294	13869	14102	7590	4275	515111
2001	16197	14778	15749	9156	4123	682007/307959
2004	19394	17641	16942	9741	6206	523906
2005	20537	18660	18083	10530	6483	717821
2007	24810	22212	19861	12686	6077	937675
2008	26641	23720	24118	13650	9485	1045995
2009	36071	32895	26014	14983	9561	1217155
2010	39104	36004	34225	17683	11292	1390704
2011	42289	39080	35737	19820	14090	1209088/1514472
2012	46255	42519	41999	22020	15090	1348100
2013	49407	45070	44052	23738	15556	1822877
2014	15269	10596	31798	12143	15056	2111700
2015	15929	10892	29824	12365	13322	2509169
2016	16301	10694	31558	13341	13812	3064151

注：邮电业务总量1990年以前为1980年不变价，1990年以后为1990年不变价；1990年当年有两个价格计算的数字。 2000年以前为1990年不变价，2001年当年有1990年不变价和2000年不变价两个价格计算的数字，其中：682007万元为按1990年不变价计算，307959万元为2000年不变价计算。2011年为2010年不变价计算。根据2013年交通部和国家统计局开展交通运输经济专项调查的规定，2014年对公路客运及货运的统计口径进行了调整。

表 8—11　2000 年以来全社会客运周转量

计量单位：万人公里

年　份	全社会客运周转量	公　路	铁　路	水　路	航　空
2000	1708277	1235741	327987		144549
2001	1868871	1351498	338104		179269
2002	2024977	1451052	366843		207082
2003	1979303	1426279	363175		189849
2004	2324234	1596661	459780		267794
2005	2435204	1674203	476469		284532
2006	2715291	1799917	552846		362498
2007	3088785	1991148	649972		447665
2008	3306345	2152212	697200		456933
2009	2909046	1656178	725433		527435
2010	3297808	1810054	878250		609477
2011	3673170	1968500	995167	27.30	709475
2012	4143190	2143697	1163900	42.00	835551
2013	4533225	2274460	1318675	43.80	940046
2014	3772538	1238040	1474074	37.00	1060387
2015	4034210	1288416	1593946	38.14	1151810
2016	4374861	1264667	1742183	38.93	1367973

表 8—12　2000 年以来全社会货物周转量

计量单位：万吨公里

年　份	全社会货运周转量	公　路	铁　路	水　路	航　空
2000	5258412	463779	922413	3804805	2982
2001	5397793	537437	899439	3883129	3000
2002	7049878	546284	990282	5018222	3398
2003	8367689	546818	1106145	6701584	4128
2004	14289395	575793	1331024	12377615	4963
2005	14553118	624339	1291702	12631259	5818
2006	17065636	668974	1243540	15146475	6647
2007	17864460	752036	1050194	16054830	7400
2008	18510144	812953	945000	16745513	6678
2009	28203704	1130715	890320	26176233	6436
2010	34671721	1323342	842150	32220780	7759
2011	39473702	1522170	996431	36661051	8422
2012	46247288	1681131	978800	43296700	9057
2013	50804593	1865320	932925	47684350	9519
2014	54527587	1778491	86217	52367755	10324
2015	29400713	1821582	751322	26468374	9918
2016	24914558	1917038	688963	21853856	10947

表 8—13　2000 年以来城市公共交通发展情况

计量单位：辆、公里、万人次

年　份	运营车辆	#地铁	运营线路网长度	#地铁	公交客运总量	#地铁
2000	3538		1061		134705	
2001	4362		1196		104029	
2002	4360		1446		105696	
2003	4439		1323		91818	
2004	4796		2277		96590	
2005	5158	84	2656	22	96920	357
2006	5246	120	2575	22	100827	5798
2007	5709	120	3080	22	106481	8016
2008	5911	120	3194	22	112712	10379
2009	6201	120	3141	22	125200	11535
2010	6662	366	3549	82	126887	21460
2011	7023	450	3905	82	139986	34370
2012	7049	480	7670	82	149571	40060
2013	7426	480	8225	82	151650	45216
2014	9091	746	9336	187	156542	50317
2015	9515	1120	9885	232	174072	71712
2016	10402	1194	10477	232	177600	83153

主要统计指标解释

（一）铁路运输

铁路运输 指有固定的运行轨道，以铁路机车、客、货车辆为运输工具，承担旅客、货物运送任务的一种运输方式。具有全天候、大批量、长距离、成本低、高效率的现代化运输特点，是我国综合运输体系中，起骨干力量的重要运输方式。我国铁路运输是由国家铁路、地方铁路、合资铁路和铁路专用线及专用铁道组成，主要承担大宗货物中长距离运输和中长途旅客运输。

铁路旅客周转量 指一定时期内使用铁路客车运送的旅客人数与运输距离的乘积之和。计算公式为：

旅客周转量（人公里）=∑（实际运送的每一乘客 × 该旅客出发站与到达站间距离）

= 实际运送的旅客人数 × 旅客平均运程

铁路货物周转量 指一定时期内使用铁路货车完成的货物运量与运送距离的乘积之和。计算公式为：

货物周转量（吨公里）=∑（每批货物重量 × 该批货物的运送距离）

= 实际运送货物吨数 × 货物平均运程

铁路运输总收入 指铁路运输企业在完成客货运输工作中，按照国家批准的运费标准收取的货币收入。包括货运收入，客运收入，行李、包裹收入，邮运收入，车站和列车补收的旅客客票收入，到站补收的货物和行包运费、货物行包变更手续费等。

（二）公路运输

公路运输 指以汽车为主在公路上运送旅客和货物的一种运输方式。具有线路网密度大、分布广、运输中转环节少等特点，适合承担短途旅客、货物运输及铁路、公路、航空港（站）的集散和接运任务。

公路里程 指在一定时期内实际达到《公路工程技术标准 JTG B01-2003》规定的技术等级的公路，并经公路主管部门正式验收交付使用的公路里程数。包括大、中城市的郊区公路，以及公路通过小城镇（指县城、集镇）街道的公路里程和公路桥梁长度、隧道长度、渡口的宽度以及分期修建的公路已验收交付使用的里程，不包括大中城市的街道、厂矿、林区生产用道和农业生产用道的里程。两条或多条公路共同经由同一路段，只计算一次，不得重复计算里程长度。按公路技术等级分为等级公路和等外公路，其中等级公路分为高速公路、一级公路、二级公路、三级公路和四级公路。

民用汽车拥有量 指报告期末，在公安交通管理部门按照《机动车注册登记工作规范》，已注册登记领有民用车辆牌照的全部汽车数量。汽车拥有量统计的主要分类：根据汽车结构分为载客汽车、载货汽车、其他汽车；根据汽车所有者不同分为个人（私人）汽车、单位汽车；根据汽车的使用性质分为营运汽车、非营运汽车；根据汽车大小规格不同，载客汽车分为大型、中型、小型和微型，载货汽车分为重型、中型、轻型和微型。

其他类型车 指除民用汽车、摩托车及拖拉机以外的其他民用机动车辆，如简易机动车、电瓶车等。

载货挂车 指自身没有动力，需依靠机动牵引车拖带的公路载货用挂车。

机动车驾驶员 指持有正式驾驶执照的各类机动车驾驶人员。

公路运输汽车 指在公路运输管理部门注册登记的从事公路运输的营业性及非营业性运输工具。

公路营运汽车拥有量 指报告期末公路运输管理部门注册登记的未办理报废、销、转出手续从事公路运输的营业性客货汽车数量。不包括出租汽车、公共汽车。

普通载货汽车 指具有一般构造的栏板式、平板式及厢式货运汽车，包括自卸车、半挂车、厢式车等。

专用载货汽车 指具有特殊构造及附属设备从事专门用途的货运汽车，包括集装箱车、大件运输车、商品汽车运输车、冷藏保温车、罐车和其他货车。

公路货运量 指一定时期内由各种公路运输工具实际运送到目的地并卸完的货物数量。反映公路货运量的指标有发送货物吨数、到达货物吨数和运送货物吨数。

公路货物周转量 指一定时期内由各种公路运输工具实际完成的货物运量与相应的运送距离的乘积之和。计算公式为：

货物周转量（吨公里）= ∑（每批货物重量 × 该批货物的运送距离）

公路客运量 指公路运输企业及由其组织的其他单位在一定时期内实际运送的旅客人数。公路客运量的计算方法：不论乘车路程远近和票价的多少，以客票为依据，“人”为计量单位；不足购票年龄的免票儿童不计算客运量。

公路旅客周转量 指一定时期内由各种公路运输工具实际运送的旅客人数与相应的运送距离的乘积之和。计算公式为：

旅客周转量（人公里）= ∑（实际运送的每一旅客 × 该旅客出发站与到达站间距离）

（三）水路运输

水路运输 指利用船舶、排筏和其他浮运工具，在江、河、湖泊、水库、人工水道和海上运送旅客和货物的一种运输方式。在水运运输中，远洋及江海水运干线具有成本低、运量大的特点，适合于大宗货物的运送；支流小河运输线星罗密布，深入小港小巷，沟通城乡货物运输和人员出入。

内河航道通航里程 指在一定时期内，能通航运输船舶及排筏的天然河流、湖泊水库、运河及通航渠道的长度。包括全年季节性通航累计三个月以上的航道，不包括仅供零散流放竹、木排的河道。两省以河为界的航道里程，双方均按一半计算，以免重复。该指标可以反映内河水运网的规模、水平和发展情况。

民用运输船舶拥有量 指报告期末在水路运输管理部门注册登记的从事水上客、货运输活动的我国企业或私人拥有的营业性运输船舶（含我国企业或私人拥有的悬挂外国旗的船舶）数量。不包括非运输船舶及农业、渔业生产船舶。

机动船 又称自航船，指装有各种发动机推进装置，以机械动力行驶的船舶。

驳船 指本身无动力装置，或只设简易动力装置，依靠拖船或推船带动的平底船。

拖船 指专门拖带其他船舶、船队、木排的船舶。

船舶净载重量 指报告期末所拥有船舶的总载重量减去燃（物）料、淡水、粮食及供应品、人员及其行李等的重量及船舶常数后，能够装载货物的实际重量。

水路货运量 指在一定时期内由各种水运工具实际运送的货物数量，包括内河、江海、远洋货运量。

水路货物周转量 指一定时期内由各种水路运输工具实际完成的货物运量与相应的运送距离的乘积之和。

水路客运量 指水运企业及由其组织的其他单位在一定时期内实际运送的旅客人数。

水路旅客周转量 指水运企业和由其组织的其他单位在一定时期内实际运送的旅客人数与相应的运送距离的乘积之和。

自有和租用船舶数量 指该企业自己所有的和租用外单位的从事营业性水路运输的船舶数量，包括悬挂外国旗的船舶，不包括非运输船舶、驳船及农业、渔业生产船舶。

挂靠船舶数量 指挂靠到该企业的从事营业性水路运输的船舶数量，不包括非运输船舶、驳船及农业、渔业生产船舶。

柴油消费量 指该企业从事生产运输和行政管理等全部的柴油消费总量，包括企业租用和挂靠到该企业的从事营业性水路运输的船舶的柴油消费量。

（四）港口

港口 指位于江河湖海或水库沿岸，具有一定的设施和条件（如装卸机械、仓库堆场、码头泊位、客运设备等），供船舶停靠、旅客上下、货物装卸、生活物料供应或其他专门业务的地方。包括港内水域及紧接水域的陆地。按港口所处的水域分为海港、河港、湖港等；按港口是否对外国船舶开放分为对外开放港口和不对外开放港口。

港口码头长度 指报告期末港口用于靠泊船舶，进行装卸货物和上下旅客地段的实际长度，包括固定的、浮动的各种形式码头的长度。固定式码头，指顺水域自码头的一端至另一端的全部长度。浮动式码头，只计算其本身可靠泊船舶的正面长度，不包括浮动码头两端及其靠岸边的内档长度。

港口码头泊位个数 指设有系靠船舶装置、同时可供靠泊船舶的泊位数量，包括码头泊位、浮筒泊位以及供船舶锚泊的锚地泊位、水路过驳的平台泊位等。供停泊一艘船舶所备的位置，称为一个泊位。按泊位的使用性质可分为生产用泊位和非生产用泊位，按靠泊能力可分为万吨级泊位。

港口货物吞吐量 指经由水路进、出港区范围，并经过装卸的货物数量。按货物流向分为进港吞吐量和出港吞吐量，按货物的贸易性质分为内贸和外贸吞吐量。按货物的类别分，可根据现行的交通行业标准《运输货物分类和代码》分类。

港口旅客吞吐量 指由水路乘船进、出港区范围的旅客人数，不包括免票儿童、船舶船员人数、轮渡和港区内短途客运的旅客人数。按旅客流向分为旅客发送量和旅客到达量。

柴油消费量 指该港口从事装卸生产、辅助生产和行政管理等全部的柴油消费总量。

（五）民用航空运输

民用航空运输 指利用飞机和空中航线运送旅客和货邮的一种运输方式，具有速度快和不受地形限制的特点。航空运输成本高、运量小，适合对时间要求高的运输事务。

航线条数 指定期航班营运的航线条数。按国内航线（其中：港澳航线）、国际航线分类统计。

国际航线 指航线中任一航段的起讫点（技术经停点除外）在外国领土上的航线。

国内航线 指航线中各航段的起讫点（技术经停点除外）都在国内的航线。

地区航线 指航线中任一航段的起讫点在香港、澳门或台湾的航线（经香港、澳门、台湾飞往外国的航线统计为国际航线）。

定期航班航线长度 指定期航班营运里程的总长度，以万公里为计算单位。航线里程的统计分为按重复距离计算和按不重复距离计算两种形式。“按重复距离计算”是指不同航线的相同航段距离可以重复累加；“按不重复距离计算”则不同航线相同航段只统计一次。

定期航班通航机场 指有定期航班执飞的机场。

民用飞机期末架数 指报告期末实有的、持有有效适航证书的飞机数量。

运输飞机 指从事公共航空运输的民用飞机。分为大中型飞机和小型飞机，大中型飞机指 100 座及以上的运输飞机，小型飞机指 100 座以下的运输飞机。

民用航空飞机平均在册架数 指报告期平均每天在册的飞机架数。计算公式为：

民用航空飞机平均在册架数 = 报告期在册飞机总架 / 报告期日历天数

民用航空飞机班次 指飞机自始发到终点航站的一次飞行，去回程各按一个班次统计。专、包机飞行，按任务和架次统计。一项任务和一项包机，是由一架飞机完成的，按一架次统计；由两架飞机或由一架飞机两次完成的，按两架次统计。

民用航空客运量 指公共航空运输飞行所载运的旅客人数。成人和儿童各按一人计算，婴儿不计人数。每一特定航班的每一旅客只计算一次。唯一例外的是，乘坐定期航班既经过国内航段又经过国际航段的旅客，同时计算一个国内旅客和一个国际旅客。不定期航班运送的旅客每一特定航班（同一航班）只计算一次。

民用航空旅客周转量 反映旅客在空中实现位移的综合性生产指标，体现航空运输企业所完成的旅客运输工作量。计算单位为人公里（或称“客公里”）。计算公式为：

旅客周转量（人公里）= ∑（航段旅客运输量 × 航段距离）

民用航空货邮运量　指公共航空运输飞行所载运的货物、邮件重量。每一特定航班的货邮只计算一次。唯一例外的是，定期航班既经过国内航段又经过国际航段运输的货邮，同时各计算一次国内货邮和一次国际货邮。不定期航班运输的货物每一特定航班（同一航班）只计算一次。

民用航空货邮周转量　指一定时期内，公共航空运输单位实际运送的货物、邮件的重量与相应的货邮运输距离乘积之和。计算公式为：

货邮周转量（吨公里）= ∑（每批货邮重量 × 该批货邮运送距离）

民用航空总周转量　指反映旅客、货邮在空中运载工具的作用下发生位移的综合性指标，体现航空运输过程的生产效果。计算公式为：

民用航空总周转量 = 旅客周转量 + 邮件周转量 + 货物周转量

旅客的重量换算：成人90公斤，儿童45公斤，婴儿9公斤。

通用航空　指用民用航空器从事公共航空运输以外的民用航空活动，包括从事工业、农业、林业、渔业和建筑业的作业飞行以及医疗卫生、抢险救灾、气象探测、海洋监测、科学实验、教育训练、文化体育等方面的飞行活动。

飞行小时　指从飞机滑动前撤除轮档起至飞机着陆停稳后安放轮档止的全部时间。为方便操作，可以计为飞机靠自身动力开始滑行起至飞行航段结束至停机位置的全部时间，即飞机地面滑行时间和空中飞行时间之和。

（六）管道运输

管道运输　指以管道输送的方式将原油、天然气、成品油、其他气体等输送到用户的一种运输形式。包括油气田企业直接通向炼油厂、化工厂、电站等用户及装车站、油码头的管道，炼油厂通向用户（包括商业石油公司油库）的成品油、气管道，管道运输企业通向用户及装车（站）栈桥、油码头的管道；不包括油气田、炼油厂内的集输管线和工艺管线，油气井口输送到集气站或经集气站到净化处理装置的管线。

输油（气）能力　指在油气产量及设备正常的条件下，在年度有效工作时间内，最大可能的输油（气）量。一般按设计能力填报，当实际条件发生很大变化时，则按上级批准的查定能力计算。在计算输油气管道的输送能力时，对于一条输油气管道的输送能力只能根据干线的输送能力来确定，可以不考虑干线与支线的能力平衡。在几条输油气管线连网时，该管网的输油气能力则应根据各输油气管网的运行情况由有关部门综合确定，而不是把各条管道的能力简单相加。

输油（气）量　指输油气管道实际输送的油气数量。计算一条管线的管输量指首站和各进油点的输出量之和。一个单位管几条输油气管线，在计算输油气量时，应分别列出每条管线的输油气量。天然气按一千立方米折一吨原油计算。

输油（气）周转量　指在一定时期内输油气管道输送油气数量与输送距离的乘积。计算公式为：

输油气周转量 = 输油气量 × 输油气里程 - 自用量 × 输油气里程

（七）城市公共交通

城市公共交通 指城市中供公众乘用的、经济方便的各种交通方式的总称。包括公共汽车、电车、轨道交通（地铁、轻轨、有轨电车、索道、缆车）、出租汽车、公共轮渡等客运交通设施。

运营线路总长度 指全部运营线路长度之和。计算公式为：

运营线路长度 = ∑各条运营线路长度

= ∑〔1/2（上行起点至终点里程 + 下行起点至终点里程 + 上下行终点掉头里程〕

单向行驶的环行线路长度等于起点至终点里程与终点下客站至起点里程之和的一半，不包括折返、试车、联络线等非运营线路。

公交专用车道 指为了调整公共交通车辆与其他社会车辆的路权使用分配关系，提高公共交通车辆运营速度和道路资源利用率，而科学、合理设置的公共交通优先车道、专用车道（路）、路口专用线（道）、专用街道、单向优先专用线（道）等。

运营车数 指城市中用于公共交通运营业务的全部车辆数。地铁和轻轨在统计时一自然节为一辆。出租汽车指已经领取出租汽车专用牌照的运营车辆，包括技术完好的、在修的、长期行驶的以及拟报废尚未经上级机关批准的车辆。

轮渡运营船数 指用于城市客渡运营业务的全部船舶数。不含旅游客轮（长途旅游，市内供游人游览江、河、湖泊的船只）。

城市公共交通客运总量 指报告期内城市公共交通各种运输方式运送乘客的总人次。

（八）邮电通信

邮路 指各邮政局所、代办所之间及邮政局所、代办所与车站、码头、机场、转运站、报刊社之间，由自编或委代办人员按固定班期规定路线交换邮件、报刊的路线。包括农村地区运邮为主兼投递邮件、报刊的路线。不包括城市、农村地区纯投递（邮件报刊所走的）路线。邮路按级别分为：国际及港澳邮路、一级邮路、二级邮路、市内邮路、农村邮路；按运输工具分为：航空邮路、铁道邮路、汽车邮路、水运邮路、其他邮路。

农村投递线路 指农村邮政支局所自编或委办人员按固定班期、规定路线至农村乡（镇）、行政村等收件单位投递邮件、报刊所走的路线。

通信设备 指通信企业为社会提供传递信息或其他邮电服务的设备。包括本地电话、长途电信、移动电话、卫星通信、数据通信等主要设备。

邮电业务总量（又称通信业务总量） 指以价值量形式表现的邮电通信企业为社会提供各类邮电通信服务的总数量。邮电业务量按专业分类包括函件、包件、汇票、报刊发行、邮政快件、特快专递、邮政储蓄、集邮、传真、长途电话、出租电路、移动电话、分组交换数据通信、出租代维等。计算方法为各类产品乘以相应的平均单价（不变价）之和，再加上出租电路和设备、代用户维护电话交换机和线路等的服务收入。该指标综合反映了一定时期邮电业务发展的总成果，是研究邮电业务量构成和发展趋势的重要指标。计算公式为：

邮电业务总量 = ∑（各类邮电业务量 × 不变单价）+ 出租代维及其他业务收入

= 邮政业务总量 + 电信业务总量

移动短信业务量　指移动电话用户通过移动通信网络短信平台使用短信业务的通信量。

移动电话用户　指通过移动电话交换机进入移动电话网、占用移动电话号码的电话用户。用户数量以报告期末在移动电话营业部门实际办理登记手续进入移动电话网的户数进行计算，一部移动电话统计为一户。

固定电话用户　指在电信运营企业营业网点办理开户登记手续并已接入固定电话网上的全部电话用户。包括普通电话用户、公用电话用户、窄带综合业务数字网（N—ISDN）用户、智能网专用接入终端用户等。按行政区划分为城市电话用户和农村电话用户。1997 年以前，“市内电话用户”是指接入县城及县以上城市电话网的电话用户；“农村电话用户”是指接入县邮电局农话台及县以下农村电话交换点,以县城为中心（除市话用户外）联通县、乡（镇）、行政村、村民小组的用户。从 1997 年起，电话用户数分组调整为以用户所在区域划分为“城市电话用户”和“乡村电话用户”，与过去的按市内电话和农村电话划分方法不同。而电话用户总数、电话机总部数统计范围不变。

城市电话用户　指直辖市、省辖市、地级市、县级市的市区、市郊区及县城（包括县人民政府所在地的县城关区或行政建制相当于县人民政府所在地的镇）范围内接入局用交换机的电话用户数，包括分布在农村地区的独立工矿区、林区、驻军等接入局用交换机的电话用户数。

农村电话用户　指县城关区以下的集镇和农村接入局用交换机的电话用户数。

住宅电话用户　指安装在居民住宅或农民家里并按照住宅电话用户登记注册和收费的电话用户。包括私人付费、单位付费和按规定免费安装的住宅电话用户。

局用交换机容量　指安装在本地电信运营商内用于接续本地固定电话的电话交换机容量，有倍增设备按倍增后的数量计数。包括现用和备用的人工或自动交换机的全部容量。计量单位：门。

移动电话交换机容量　指移动电话交换机根据一定话务模型和交换机处理能力计算出来的最大同时服务用户的数量。

互联网宽带接入端口　指用于接入互联网用户的各类实际安装运行的宽带接入端口的数量，包括 xDSL 用户接入端口、LAN 接入端口以及其他类型的宽带用户接入端口等，不包括窄带拨号接入端口。

营业网点服务面积　指报告期行政区域平均每一营业网点服务的面积。计算公式：

$$每一营业网点服务面积=\frac{行政区域土地面积（平方公里）}{营业网点总数（处）}$$

营业网点服务人口　指报告期行政区域平均每一营业网点服务的人口数。计算公式：

$$每一营业网点服务人口=\frac{行政区域总人口数（万人）}{营业网点总数（处）}$$

电话普及率　指报告期行政区域总人口中，平均每百人拥有的话机数。计算公式：

$$电话普及率=\frac{电话机总数（部）}{行政区域总人口数（人）}\times 100$$

（九）
固定资产投资和建筑业

CHAPTER 9
INVESTMENT IN FIXED ASSETS AND CONSTRUCTION

表 9—1　全社会固定资产投资

计量单位：亿元

指　标	2016年	2015年	2016年为上年%
全市投资总额	5533.56	5484.47	102.0
按产业分			
第一产业	40.78	36.95	110.4
第二产业	1784.22	2093.35	85.8
# 工业	1761.65	2071.66	85.6
第三产业	3708.57	3354.49	112.0
# 房地产开发投资	1845.60	1429.02	129.2
按经济类型分			
国有经济	2009.50	1962.24	104.9
非国有经济	3524.06	3522.23	100.4
# 外资	603.61	442.05	137.5
私营、个体经济	1470.81	1447.36	101.7
本年新增固定资产	3019.53	3987.94	76.7

表 9—2　全社会房屋建筑面积（2016 年）

计量单位：万平方米

指　标	施工面积	# 住 宅	竣工面积	# 住 宅
全　　市	10813.20	983.62	1960.41	1018.04
一、城乡投资	3121.79	458.84	719.08	106.41
二、房地产开发投资	7691.41	524.78	1241.33	911.63

表9—3　项目固定资产投资（2016年）

计量单位：万元

指　标	施工项目个数（个）	#本年新开工	本年投产项目个数（个）	计划总投资	#本年新开工	累计完成投资
总 计	5543	4634	4272	98637264		61749766
一、按登记注册类型						
内资	5242	4393	4068	88942097		56490178
国有	1477	1125	1044	27295535		17329428
集体	271	254	258	1062726		1015465
股份合作	6	5	5	54210		52740
联营企业	7	5	6	75209		71609
国有联营						
集体联营						
国有与集体联营						
其他联营	7	5	6	75209		71609
有限责任公司	1181	945	866	39586108		23409161
国有独资公司	81	46	49	14281297		7198216
其他有限责任公司	1100	899	817	25304811		16210945
股份有限公司	121	82	48	4501462		2637285
私营	2161	1972	1832	14970596		11210184
其他	18	5	9	1396251		764306
港澳台商投资	85	64	46	5152271		1914311
合资经营	31	22	21	587477		431774
合作经营						
独资	50	39	22	4471782		1394508
股份有限	4	3	3	93012		88029
其他港澳台商投资企业						
外商投资	204	165	146	4426879		3229259
合资经营	78	60	48	2161141		1631817
合作经营	2	1	1	275950		93540
独资	115	95	89	1952158		1466404
股份有限	7	7	6	31080		30948
其他外商投资企业	2	2	2	6550		6550
个体经营	12	12	12	116017		116018
个体户	11	11	11	111387		111387
个人合伙	1	1	1	4630		4631
二、按国民经济行业						
农、林、牧、渔业	143	131	136	758142		682576
采矿业	3	3	2	6990		6943

表 9—3　项目固定资产投资（2016 年）（续表 1）

指　标	施工项目个数（个）	#本年新开工	本年投产项目个数（个）	计 划总投资	#本年新开工	累计完成投　资
制造业	2761	2459	2310	30679579		20670222
电力、燃气及水的生产和供应业	105	87	51	1050888		873348
建筑业	53	49	31	314240		245967
批发和零售业	173	159	157	2344375		1736300
交通运输、仓储和邮政业	216	161	142	16214567		8910628
住宿和餐饮业	45	39	31	811249		587572
信息传输、计算机服务和软件业	125	94	80	2058063		1591954
金融业	9	4	2	1319121		1117164
房地产业	95	44	41	6628728		4025096
租赁和商务服务业	196	136	127	6830724		4149617
科学研究、技术服务和地质勘查业	186	147	132	6061066		2827271
水利、环境和公共设施管理业	1067	860	779	15652501		8954989
居民服务和其他服务业	51	44	44	232723		207713
教育	159	106	111	2280311		1348448
卫生、社会保障和社会福利业	38	19	18	1562262		1048960
文化、体育和娱乐业	93	73	59	3480680		2567235
公共管理和社会组织	25	19	19	351055		197763
国际组织						
三、按隶属关系						
中央	204	135	112	6343849		3021193
省	86	47	51	3388542		2257131
市	358	189	118	26247837		14679720
区	796	582	562	18794973		11930523
其他	4099	3681	3429	43862063		29861199
四、按建设性质						
新建	2273	1725	1532	71412956		40218745
扩建	1578	1376	1307	13224005		10402232
改建	1588	1443	1351	11173489		9280148

表 9—3 项目固定资产投资（2016 年）（续表 2）

指 标	施工项目个数（个）	#本年新开工	本年投产项目个数（个）	计 划总投资	#本年新开工	累计完成投 资
单纯建造生活设施	36	30	33	147716		128301
迁建	43	35	27	1719460		768720
恢复	25	25	22	95961		94354
单纯购置				863677		857266
五、按控股情况						
国有控股	1835	1319	1196	58887222		35416837
集体控股	313	288	288	1889693		1655108
私人控股	3016	2744	2553	23905113		18236672
港澳台商控股	72	55	38	4964802		1634077
外商控股	179	151	137	3179085		2227809
六、按期末项目建设状态						
在建	1251	804		70000094		33930864
全部投产	4272	3820	4272	27665927		27594956
全部停缓建	20	10		971243		223946
七、按投资规模						
100 万元以下	2	2	2	148		148
100-500 万元	13	11	13	6457		6572
500-1000 万元	156	137	132	126972		123768
1000-3000 万元	1879	1687	1685	5145830		5135589
3000-5000 万元	2432	2308	2105	10513111		10253252
5000-1 亿元	178	107	81	1406201		1130887
1 亿元 -5 亿元	551	276	199	15462430		10620449
5 亿元 -10 亿元	153	60	32	11645221		6936900
10 亿元以上	179	46	23	54330894		27542201

表 9—3 项目固定资产投资（2016 年）（续表 3）

指 标	本 年 完成投资	#本年新开工	#住 宅	本年新增 固定资产
总 计	36879639		527914	23337276
一、按登记注册类型				
内资	32817229		527914	21564274
国有	8987402		489475	5797990
集体	876930		278	860111
股份合作	22790			51450
联营企业	71609			24209
国有联营				
集体联营				
国有与集体联营				
其他联营	71609			24209
有限责任公司	11362412		25201	6344946
国有独资公司	2467380		3005	795588
其他有限责任公司	8895032		22196	5549358
股份有限公司	1292918			420200
私营	9841700		6690	7971366
其他	361468		6270	94002
港澳台商投资	1381022			433783
合资经营	258126			288098
合作经营				
独资	1037291			138312
股份有限	85605			7373
其他港澳台商投资企业				
外商投资	2565370			1223551
合资经营	1314646			515164
合作经营	53540			3100
独资	1163786			675927
股份有限	26848			22810
其他外商投资企业	6550			6550
个体经营	116018			115668
个体户	111387			111037
个体合伙	4631			4631
二、按国民经济行业				
农、林、牧、渔业	551421			400842
采矿业	6943			5850

表9—3　项目固定资产投资（2016年）（续表4）

指　标	本年完成投资			本年新增固定资产
		#本年新开工	#住　宅	
制造业	16906904		3190	11849673
电力、燃气及水的生产和供应业	704791		4846	284420
建筑业	225687			158950
批发和零售业	804793			662082
交通运输、仓储和邮政业	3459029			1405556
住宿和餐饮业	413516		5000	166336
信息传输、计算机服务和软件业	863781			868988
金融业	250868			7580
房地产业	1702312		494349	706862
租赁和商务服务业	1520458		6440	1126677
科学研究、技术服务和地质勘查业	1320715			734628
水利、环境和公共设施管理业	5624457		2569	3382029
居民服务和其他服务业	179820			132009
教育	840401		11520	644484
卫生、社会保障和社会福利业	585337			163739
文化、体育和娱乐业	792628			554337
公共管理和社会组织	125778			82234
国际组织				
三、按隶属关系				
中央	1502824			681212
省	974659		8770	823305
市	4986880		106775	858253
区	6138897		202903	3301710
其他	23276379		209466	17672796
四、按建设性质				
新建	21292433		282704	11071779
扩建	6607735		244950	5287217
改建	7302561		260	5825068

表 9—3 项目固定资产投资（2016 年）（续表 5）

指 标	本 年 完成投资	#本年新开工	#住 宅	本年新增 固定资产
单纯建造生活设施	97985			107742
迁建	658505			146403
恢复	94354			87497
单纯购置	826066			811570
五、按控股情况				
国有控股	15698398		497480	8472429
集体控股	1310475		278	1069132
私人控股	15564863		19776	12208074
港澳台商控股	1257891			203058
外商控股	1793716			928775
六、按期末项目建设状态				
在建	15767965		465374	421525
全部投产	21062383		62540	22913975
全部停缓建	49291			1776
七、按投资规模				
100 万元以下	148			120
100-500 万元	5526			6215
500-1000 万元	116218			108180
1000-3000 万元	4902375		6111	4643913
3000-5000 万元	9969419		6734	9175309
5000-1 亿元	812267		5300	593589
1 亿元 -5 亿元	7155874		38656	4900214
5 亿元 -10 亿元	4029153		68260	1544457
10 亿元以上	9888659		402853	2365279

表9—3 项目固定资产投资（2016年）（续表6）

指 标	资金来源						
	合 计	上年末结余资金	本年资金来源				
			小 计	国家预算内资金	国内贷款	利用外资	#外商直接投资
总 计	37760082	1972272	35787810	865142	3443373	110289	89389
一、按登记注册类型							
内资	33757571	1778161	31979410	865142	3366730		
国有	8757072	530256	8226816	173486	968241		
集体	890843	13303	877540	700	73365		
股份合作	25330		25330				
联营企业	71609	1050	70559				
国有联营							
集体联营							
国有与集体联营							
其他联营	71609	1050	70559				
有限责任公司	12470838	1016499	11454339	681441	1760191		
国有独资公司	2741213	266398	2474815	651141	462697		
其他有限责任公司	9729625	750101	8979524	30300	1297494		
股份有限公司	1343265	22936	1320329		254686		
私营	9937280	166334	9770946	330	308357		
其他	261334	27783	233551	9185	1890		
港澳台商投资	1363425	98454	1264971		16660	37500	33000
合资经营	270825	18000	252825		1500		
合作经营							
独资	1006927	80454	926473		13160	37500	33000
股份有限	85673		85673		2000		
其他港澳台商投资							
外商投资	2523068	95657	2427411		59983	72789	56389
合资经营	1267717	47718	1219999		50828	8156	8156
合作经营	53550		53550				
独资	1167131	47939	1119192		9155	64633	48233
股份有限	28120		28120				
其他外商投资企业	6550		6550				
个体经营	116018		116018				
个体户	111387		111387				
个人合伙	4631		4631				
二、按国民经济行业							
农、林、牧、渔业	551534	1050	550484	4306	5380		
采矿业	6991		6991				

表9—3　项目固定资产投资（2016年）（续表7）

指　标	资金来源						
	合计	上年末结余资金	本年资金来源				
			小计	国家预算内资金	国内贷款	利用外资	#外商直接投资
制造业	16892984	336454	16556530		308133	88989	82489
电力、燃气及水的生产和供应业	709304	9620	699684		129071		
建筑业	223404	500	222904		5763		
批发和零售业	830358	4771	825587		102724		
交通运输、仓储和邮政业	3499618	253973	3245645	686831	578875	6900	6900
住宿和餐饮业	417686	12706	404980		47378		
信息传输、计算机服务和软件业	920523	28111	892412		232168		
金融业	298306	13918	284388				
房地产业	1832590	84168	1748422	2000	244655		
租赁和商务服务业	1688374	55579	1632795		492872	14400	
科学研究、技术服务和地质勘查业	1483795	73951	1409844	8051	205203		
水利、环境和公共设施管理业	5789243	631112	5158131	98443	614745		
居民服务和其他服务业	177238	2416	174822		31461		
教育	887708	28084	859624	49085	64019		
卫生、社会保障和社会福利业	594197	191963	402234	11350	50996		
文化、体育和娱乐业	831408	233437	597971		311820		
公共管理和社会组织	124821	10459	114362	5076	18110		
国际组织							
三、按隶属关系							
中央	1469576	13875	1455701	16500	129307		
省	1128854	423665	705189	34708	48587		
市	4913118	337446	4575672	710160	868672	13011	13011
区	6687317	777172	5910145	85859	974375	3600	3600
其他	23561217	420114	23141103	17915	1422432	93678	72778
四、按建设性质							
新建	21694813	1144772	20550041	783197	2389294	80650	70750
扩建	6979452	650274	6329178	42392	574412	15750	7750
改建	7377584	57916	7319668	10553	442245	11000	8000

表 9—3 项目固定资产投资（2016 年）（续表 8）

指 标	资金来源						
	合 计	上年末结余资金	本年资金来源				
			小 计	国家预算内资金	国内贷款	利用外资	#外商直接投资
单纯建造生活设施	93772	1028	92744		7000		
迁建	709172	83081	626091	700	13147		
恢复	98873	2821	96052				
单纯购置	806416	32380	774036	28300	17275	2889	2889
五、按控股情况							
国有控股	16340303	1413057	14927246	853927	2213669		
集体控股	1337676	13303	1324373	2700	226365		
私人控股	15855012	277112	15577900	330	880756		
港澳台商控股	1231040	83454	1147586		16660	38756	34256
外商控股	1790917	86470	1704447		16483	71533	55133
六、按期末项目建设状态							
在建	16661218	1561261	15099957	758025	2283217	63395	63395
全部投产	21022125	409211	20612914	107117	1141956	46894	25994
全部停缓建	76739	1800	74939		18200		
七、按投资规模							
100 万元以下	150		150				
100-500 万元	5575		5575				
500-1000 万元	119536	70	119466	2050	140		
1000-3000 万元	4891732	53153	4838579	19584	98426	8883	5883
3000-5000 万元	10044839	15058	10029781	22282	949997	22700	14700
5000-1 亿元	816790	60873	755917	20184	58519	400	400
1 亿元 -5 亿元	7927172	780708	7146464	88451	402543	35406	35406
5 亿元 -10 亿元	4270965	203663	4067302	61450	564763	9900	
10 亿元以上	9683323	858747	8824576	651141	1368985	33000	33000

表 9—3　项目固定资产投资（2016 年）（续表 9）

指　标	本年资金来源		
	自筹资金		其　他 资金来源
	小　计	#企事业单位 自　筹	
总　计	30462393	14540318	906613
一、按登记注册类型			
内资	26961914	13119906	785624
国有	6910683	2813191	174406
集体	797595	584926	5880
股份合作	25330	17570	
联营企业	70559		
国有联营			
集体联营			
国有与集体联营			
其他联营	70559		
有限责任公司	8462272	3202804	550435
国有独资公司	1092777	292573	268200
其他有限责任公司	7369495	2910231	282235
股份有限公司	1061791	551022	3852
私营	9421977	5845265	40282
其他	211707	105128	10769
港澳台商投资	1206934	738693	3877
合资经营	251325	122831	
合作经营			
独资	871936	534519	3877
股份有限	83673	81343	
其他港澳台商投资企业			
外商投资	2177527	618372	117112
合资经营	1107541	303941	53474
合作经营	53550	3550	
独资	981766	276861	63638
股份有限	28120	28120	
其他外商投资企业	6550	5900	
个体经营	116018	63347	
个体户	111387	60397	
个人合伙	4631	2950	
二、按国民经济行业			
农、林、牧、渔业	535607	250024	5191
采矿业	6991	3500	

表9—3 项目固定资产投资（2016年）（续表10）

指 标	本年资金来源		
	自筹资金		其他资金来源
	小 计	#企事业单位自筹	
制造业	16020956	8542669	138452
电力、燃气及水的生产和供应业	560813	231223	9800
建筑业	216141	159246	1000
批发和零售业	722763	442703	100
交通运输、仓储和邮政业	1671417	837885	301622
住宿和餐饮业	357602	175339	
信息传输、计算机服务和软件业	658747	413320	1497
金融业	284388	229388	
房地产业	1496767	576869	5000
租赁和商务服务业	1054235	375472	71288
科学研究、技术服务和地质勘查业	1194090	480958	2500
水利、环境和公共设施管理业	4262078	999316	182865
居民服务和其他服务业	141631	59378	1730
教育	669571	352022	76949
卫生、社会保障和社会福利业	265424	188862	74464
文化、体育和娱乐业	251996	168193	34155
公共管理和社会组织	91176	53951	
国际组织			
三、按隶属关系			
中央	1309794	637157	100
省	548297	429140	73597
市	2712973	748681	270856
区	4460603	1738625	385708
其他	21430726	10986715	176352
四、按建设性质			
新建	16634768	5964208	662132
扩建	5588411	3728042	108213
改建	6776828	3791996	79042

表 9—3　项目固定资产投资（2016 年）（续表 11）

指　标	本　年　资　金　来　源		
	自 筹 资 金		其　他 资金来源
	小 计	#企事业单位 自　筹	
单纯建造生活设施	85744	32413	
迁建	558770	357915	53474
恢复	92300	43636	3752
单纯购置	725572	622108	
五、按控股情况			
国有控股	11178656	4218568	680994
集体控股	1089428	687628	5880
私人控股	14634665	8111230	62149
港澳台商控股	1088293	721422	3877
外商控股	1499319	464996	117112
六、按期末项目建设状态			
在建	11352771	5566751	642549
全部投产	19052883	8933298	264064
全部停缓建	56739	40269	
七、按投资规模			
100 万元以下	150	150	
100-500 万元	5575	4117	
500-1000 万元	114755	55937	2521
1000-3000 万元	4699720	3103498	11966
3000-5000 万元	9005454	5244869	29348
5000-1 亿元	658584	338329	18230
1 亿元 -5 亿元	6408070	1923674	211994
5 亿元 -10 亿元	3179271	1622132	251918
10 亿元以上	6390814	2247612	380636

表 9—4　全社会工业投资（2016 年）

计量单位：万元

指　标	施工项目个数（个）	#本年新开工	本年投产项目个数（个）	计　划总投资	#本年新开工	累计完成投　资
总　计	2867	2547	2362	31735267		21548370
一、按登记注册类型						
内资	2602	2328	2175	23710403		17407343
国有	159	120	91	3023682		1618153
集体	29	28	29	93270		93860
股份合作	6	5	5	54210		52740
联营企业						
国有联营						
集体联营						
国有与集体联营						
其他联营						
有限责任公司	674	592	574	8617890		6532080
国有独资公司	38	32	35	581937		568121
其他有限责任公司	636	560	539	8035953		5963959
股份有限公司	82	61	41	1895211		1102556
私营	1650	1521	1434	9974140		7973340
其他	2	1	1	52000		34614
港澳台商投资	68	53	37	4024881		1245643
合资经营	26	20	17	374918		228125
合作经营						
独资	39	31	18	3557951		930489
股份有限	3	2	2	92012		87029
其他港澳台商投资						
外商投资	189	158	142	3966473		2861874
合资经营	70	57	48	1922986		1430855
合作经营	2	1	1	275950		93540
独资	110	93	87	1735317		1305391
股份有限	5	5	4	25670		25538
其他外商投资企业	2	2	2	6550		6550
个体经营	8	8	8	33510		33510
个体户	8	8	8	33510		33510
个人合伙						

表9—4 全社会工业投资（2016年）（续表1）

指 标	施工项目个数（个）	#本年新开工	本年投产项目个数（个）	计 划总投资	#本年新开工	累计完成投 资
二、按国民经济行业						
采矿业	2	2	2	6400		6400
煤炭开采和洗选业	1	1	1	2900		2900
石油和天然气开采业						
黑色金属矿采选业						
有色金属矿采选业						
非金属矿采选业	1	1	1	3500		3500
开采辅助活动						
其他采矿业						
制造业	2760	2458	2309	30677979		20668622
农副食品加工业	47	46	46	235158		202447
食品制造业	57	53	51	528783		466467
饮料制造业	19	18	18	74011		73571
烟草制品业	2	1	1	187947		256741
纺织业	30	30	27	132909		113692
纺织服装、鞋、帽制造业	146	137	135	566568		539460
皮革、毛皮、羽毛（绒）及其制品业	17	15	17	47879		47904
木材加工及木、竹、藤、棕、草制品业	21	20	20	67132		65698
家具制造业	29	25	21	182990		143130
造纸及纸制品业	38	35	34	139575		116637
印刷业和记录媒介的复制业	33	32	32	152445		153751
文教体育用品制造业	47	45	40	161551		154116
石油加工、炼焦及核燃料加工业	11	11	9	54108		47931
化学原料及化学制品制造业	271	249	244	3003699		2131913
医药制造业	89	74	75	1925411		1144638
化学纤维制造业	4	4	4	12791		12791
橡胶和塑料制品业	101	87	80	797541		549121

表9—4 全社会工业投资（2016年）（续表2）

指 标	施工项目个数（个）	#本年新开工	本年投产项目个数（个）	计 划总投资	#本年新开工	累计完成投 资
非金属矿物制品业	151	141	136	931582		902385
黑色金属冶炼及压延加工业	55	39	33	224376		187977
有色金属冶炼及压延加工业	20	19	15	97978		87412
金属制品业	216	195	187	1194884		877991
通用设备制造业	294	258	239	2241537		1716458
专用设备制造业	304	266	249	3127564		2478230
汽车制造业	138	119	104	2728538		1729994
铁路船舶航空航天制造业	60	51	49	1412543		719290
电气机械及器材制造业	242	216	197	4288435		2661733
通信设备、计算机及其他电子设备制造业	192	161	152	5086569		2426691
仪器仪表及文化、办公用机械制造业	84	73	60	666989		478219
工艺品及其他制造业	24	21	21	213772		103810
废弃资源和废旧材料回收加工业	18	17	13	192714		78424
金属制品、机械和设备修理业						
电力、燃气及水的生产和供应业	105	87	51	1050888		873348
电力、热力的生产和供应业	74	63	32	852659		709404
燃气生产和供应业	3	2	2	46377		37758
水的生产和供应业	28	22	17	151852		126186
三、按隶属关系						
中央	116	82	55	2394158		1288884
省	11	4	4	350627		360178
市	59	36	21	1230849		796868
区	49	33	27	2478062		1499368
其他	2632	2392	2255	25281571		17603072
四、按建设性质						
新建	782	631	541	18132526		9710150
扩建	774	727	675	4319666		3941413
改建	1286	1167	1131	8327959		7205464

表 9—4　全社会工业投资（2016 年）（续表 3）

指　标	施工项目个数（个）	#本年新开工	本年投产项目个数（个）	计　划总投资	#本年新开工	累计完成投　资
单纯建造生活设施	9	9	9	8510		10215
迁建	15	12	5	733893		456640
恢复	1	1	1	5000		5862
单纯购置				207713		218626
五、按控股情况						
国有控股	263	192	151	6883998		4704895
集体控股	46	41	40	325138		237579
私人控股	2275	2085	1977	15901902		12835080
港澳台商控股	61	47	34	4050971		1170058
外商控股	170	147	133	2912834		2031545
六、按期末项目建设状态						
在建	502	381		17689688		7306983
全部投产	2362	2165	2362	13783302		14163566
全部停缓建	3	1		262277		77821
七、按投资规模						
100 万元以下	2	2	2	148		148
100-500 万元	2	2	2	557		557
500-1000 万元	25	23	21	20349		19212
1000-3000 万元	1110	1006	1017	3106587		3139657
3000-5000 万元	1345	1291	1179	5773832		5668486
5000-1 亿元	78	59	37	619579		476015
1 亿元 -5 亿元	206	115	87	6023463		4674059
5 亿元 -10 亿元	48	30	7	3807111		1997394
10 亿元以上	51	19	10	12383641		5572842

表9—4 全社会工业投资（2016年）（续表4）

指 标	本年完成投资	#本年新开工	#住 宅	本年新增固定资产
总 计	17616495		8036	12138343
一、按登记注册类型				
内资	14061215		8036	10794122
国有	911676		4846	467237
集体	91190			89990
股份合作	22790			51450
联营企业				
国有联营				
集体联营				
国有与集体联营				
其他联营				
有限责任公司	4753341		2500	3559239
国有独资公司	324433			260012
其他有限责任公司	4428908		2500	3299227
股份有限公司	815769			370069
私营	7433415		690	6255137
其他	33034			1000
港澳台商投资	1156080			200562
合资经营	216065			104500
合作经营				
独资	855410			89689
股份有限	84605			6373
其他港澳台商投资企业				
外商投资	2365690			1110149
合资经营	1234421			515164
合作经营	53540			3100
独资	1049741			567935
股份有限	21438			17400
其他外商投资企业	6550			6550
个体经营	33510			33510
个体户	33510			33510
个人合伙				

表 9—4　全社会工业投资（2016 年）（续表 5）

指　标	本年完成投　资	#本年新开工	#住 宅	本年新增固定资产
二、按国民经济行业				
采矿业	6400			5850
煤炭开采和洗选业	2900			2900
石油和天然气开采业				
黑色金属矿采选业				
有色金属矿采选业				
非金属矿采选业	3500			2950
开采辅助活动				
其他采矿业				
制造业	16905304		3190	11848073
农副食品加工业	199383			179080
食品制造业	324278			252663
饮料制造业	71316			65902
烟草制品业	23604			4930
纺织业	113692			96758
纺织服装、鞋、帽制造业	525355			504706
皮革、毛皮、羽毛（绒）及其制品业	42529			45464
木材加工及木、竹、藤、棕、草制品业	63652			62096
家具制造业	140219			119175
造纸及纸制品业	114347			107191
印刷业和记录媒介的复制业	152481			150321
文教体育用品制造业	151566			135873
石油加工、炼焦及核燃料加工业	47931			42271
化学原料及化学制品制造业	1459094			1262072
医药制造业	1029390			827434
化学纤维制造业	12791			12791
橡胶塑料制品业	518769			266082

表9—4 全社会工业投资（2016年）（续表6）

指 标	本年完成投 资	#本年新开工	#住 宅	本年新增固定资产
非金属矿物制品业	881332		400	728578
黑色金属冶炼及压延加工业	167498			90339
有色金属冶炼及压延加工业	81258			76648
金属制品业	850487		260	668350
通用设备制造业	1490566		10	1006479
专用设备制造业	1845993		10	1235907
汽车制造业	1491142		2500	658135
铁路船舶航空航天制造业	596282			385071
电气机械及器材制造业	1890160		10	1167854
通信设备、计算机及其他电子设备 制造业	2020829			1213604
仪器仪表及文化、办公用机械制造业	422173			355402
工艺品及其他制造业	98869			72263
废弃资源和废旧材料回收加工业	78318			54634
金属制品、机械和设备修理业				
电力、燃气及水的生产和供应业	704791		4846	284420
电力、热力的生产和供应业	570861			220324
燃气生产和供应业	35334			6912
水的生产和供应业	98596		4846	57184
三、按隶属关系				
中央	857437			380063
省	86232		2500	65967
市	519743			142670
区	901545		4846	135509
其他	15251538		690	11414134
四、按建设性质				
新建	8011712		2900	4307860
扩建	3024856		4876	2614619
改建	5926251		260	4959372

表9—4　全社会工业投资（2016年）（续表7）

指　标	本年完成投　资	#本年新开工	#住　宅	本年新增固定资产
单纯建造生活设施	10215			9900
迁建	450173			62721
恢复	5862			3865
单纯购置	187426			180006
五、按控股情况				
国有控股	2515922		4846	1431704
集体控股	193259			163062
私人控股	11698150		3190	9399947
港澳台商控股	1076010			154435
外商控股	1654509			815373
六、按期末项目建设状态				
在建	5544517		2900	184263
全部投产	12070157		5136	11954080
全部停缓建	1821			
七、按投资规模				
100万元以下	148			120
100-500万元	557			537
500-1000万元	18533			17350
1000-3000万元	3002420		270	2860948
3000-5000万元	5515837		4866	5066293
5000-1亿元	422045			305703
1亿元-5亿元	3813723		2900	2689909
5亿元-10亿元	1664637			284617
10亿元以上	3178595			912866

表9—4 全社会工业投资（2016年）（续表8）

指标名称	资金来源合计	上年末结余资金	本年资金来源合计				
			小计	国家预算内资金	国内贷款	利用外资	#外商直接投资
总　计	17607089	346074	17261015		437204	88989	82489
一、按登记注册类型							
内资	14108435	168924	13939511		406389		
国有	908843	9038	899805		133360		
集体	91270		91270				
股份合作	25330		25330				
联营企业							
国有联营							
集体联营							
国有与集体联营							
其他联营							
有限责任公司	4838005	72025	4765980		100018		
国有独资公司	337014		337014		9000		
其他有限责任公司	4500991	72025	4428966		91018		
股份有限公司	818881	4921	813960		10486		
私营	7395209	82940	7312269		162525		
其他	30897		30897				
港澳台商投资	1141385	93247	1048138		5160	33000	33000
合资经营	217355	18000	199355		1500		
合作经营							
独资	839357	75247	764110		1660	33000	33000
股份有限	84673		84673		2000		
其他港澳台商企业							
外商投资	2323759	83903	2239856		25655	55989	49489
合资经营	1185868	44964	1140904		16500	1256	1256
合作经营	53550		53550				
独资	1055081	38939	1016142		9155	54733	48233
股份有限	22710		22710				
其他外商投资企业	6550		6550				
个体经营	33510		33510				
个体户	33510		33510				
个人合伙							

表 9—4 全社会工业投资（2016 年）（续表 9）

指标名称	资金来源合计	上年末结余资金	本年资金来源合计				
			小计	国家预算内资金	国内贷款	利用外资	#外商直接投资
二、按国民经济行业							
采矿业	6401		6401				
煤炭开采和洗选业	2901		2901				
石油和天然气开采业							
黑色金属矿采选业							
有色金属矿采选业							
非金属矿采选业	3500		3500				
开采辅助活动							
其他采矿业							
制造业	16891384	336454	16554930		308133	88989	82489
农副食品加工业	182746	100	182646		5400		
食品制造业	324614	7014	317600		2800		
饮料制造业	72423		72423				
烟草制品业	23930	968	22962				
纺织业	112936		112936		1300		
纺织服装、鞋、帽制造业	530519	4060	526459		11900	3500	
皮革、毛皮、羽毛（绒）及其制品业	45404		45404				
木材加工及木、竹、藤、棕、草制品业	62452		62452		2600		
家具制造业	135117	5632	129485		2700		
造纸及纸制品业	116711		116711		6200		
印刷业和记录媒介的复制业	151089		151089		4100		
文教体育用品制造业	151566		151566		4400		
石油加工、炼焦及核燃料加工业	48105		48105				
化学原料及化学制品制造业	1472324		1472324		29149	6164	6164
医药制造业	1073465		1073465		6900		
化学纤维制造业	12791		12791				
橡胶和塑料制品业	510153	1430	508723		22820		

表9—4　全社会工业投资（2016年）（续表10）

指标名称	资金来源合计	上年末结余资金	本年资金来源合计				
			小计	国家预算内资金	国内贷款	利用外资	#外商直接投资
非金属矿物制品业	866810	17050	849760		11624	25805	22805
黑色金属冶炼及压延加工业	182167	875	181292		800		
有色金属冶炼及压延加工业	74413		74413				
金属制品业	840195	14922	825273		11515	1275	1275
通用设备制造业	1462113	99110	1363003		25800	14389	14389
专用设备制造业	1861093	31218	1829875		41438	400	400
汽车制造业	1425255	15492	1409763		6500	3200	3200
铁路、船舶航空航天制造业	601272	12000	589272		10625	1256	1256
电气机械及器材制造业	1850445	77407	1773038		45062		
通信设备、计算机及其他电子设备制品业	2087449	36050	2051399		17000	33000	33000
仪器仪表及文化、办公用机械制造业	439715	3126	436589		4200		
工艺品及其他制造业	93822	5000	88822		32300		
废弃资源和废旧材料回收加工业	80290	5000	75290		1000		
金属制造品、机械和设备修理业							
电力、燃气及水的生产和供应业	709304	9620	699684		129071		
电力、热力的生产和供应业	574995	9620	565375		117479		
燃气生产和供应业	35335		35335				
水的生产和供应业	98974		98974		11592		
三、按隶属关系							
中央	825921	9038	816883		124479		
省	69182	5993	63189		700		
市	571589	32238	539351		10614	13011	13011
区	897420	58418	839002		978	3600	3600
其他	15242977	240387	15002590		300433	72378	65878
四、按建设性质							
新建	8019727	252513	7767214		214712	63850	63850
扩建	2975778	11952	2963826		44236	11250	7750
改建	5935414	25608	5909806		165256	11000	8000

表 9—4　全社会工业投资（2016 年）（续表 11）

指标名称	资金来源合计	上年末结余资金	本年资金来源 小计	国家预算内资金	国内贷款	利用外资	#外商直接投资
单纯建造生活设施	10273		10273				
迁建	464562	33600	430962		13000		
恢复	11181	2821	8360				
单纯购置	190154	19580	170574			2889	2889
五、按控股情况							
国有控股	2564609	15806	2548803		142360		
集体控股	188860		188860		15000		
私人控股	11670356	124609	11545747		255029		
港澳台商控股	1063470	78247	985223		5160	34256	34256
外商控股	1652237	77132	1575105		10655	54733	48233
六、按期末项目建设状态							
在建	5585262	218475	5366787		204917	56495	56495
全部投产	12019977	127599	11892378		232287	32494	25994
全部停缓建	1850		1850				
七、按投资规模							
100 万元以下	150		150				
100-500 万元	600		600				
500-1000 万元	19276	70	19206		10		
1000-3000 万元	2985231	40755	2944476		71403	8883	5883
3000-5000 万元	5544526	3984	5540542		283381	18200	14700
5000-1 亿元	415983	17739	398244		6346	400	400
1 亿元 -5 亿元	3863115	186514	3676601		29564	28506	28506
5 亿元 -10 亿元	1654478	15700	1638778		33500		
10 亿元以上	3123730	81312	3042418		13000	33000	33000

表 9—4 全社会工业投资（2016 年）（续表 12）

指标	本年资金来源		
	自筹资金		其他资金来源
	小计	#企事业单位自筹	
总计	16586570	8775792	148252
一、按登记注册类型			
内资	13505859	7500199	27263
国有	766445	541337	
集体	91270	87820	
股份合作	25330	17570	
联营企业			
国有联营			
集体联营			
国有与集体联营			
其他联营			
有限责任公司	4662962	2154906	3000
国有独资公司	328014	132630	
其他有限责任公司	4334948	2022276	3000
股份有限公司	799722	394043	3752
私营	7129233	4294047	20511
其他	30897	10476	
港澳台商投资	1006101	654879	3877
合资经营	197855	114371	
合作经营			
独资	725573	460165	3877
股份有限	82673	80343	
其他港澳台商投资企业			
外商投资	2041100	587204	117112
合资经营	1069674	278183	53474
合作经营	53550	3550	
独资	888616	276861	63638
股份有限	22710	22710	
其他外商投资企业	6550	5900	
个体经营	33510	33510	
个体户	33510	33510	
个人合伙			

表 9—4 全社会工业投资（2016 年）（续表 13）

指 标	本年资金来源		
	自筹资金		其他资金来源
	小计	#企事业单位自筹	
二、按国民经济行业			
采矿业	6401	3500	
煤炭开采和洗选业	2901		
石油和天然气开采业			
黑色金属矿采选业			
有色金属矿采选业			
非金属矿采选业	3500	3500	
开采辅助活动			
其他采矿业			
制造业	16019356	8541069	138452
农副食品加工业	177246	139580	
食品制造业	314800	139249	
饮料制造业	72423	57536	
烟草制品业	22962	22962	
纺织业	111636	81984	
纺织服装、鞋、帽制造业	511059	329870	
皮革、毛皮、羽毛（绒）及其制品业	45404	37349	
木材加工及木、竹、藤、棕、草制品业	59852	51072	
家具制造业	126785	77769	
造纸及纸制品业	110511	96501	
印刷业和记录媒介的复制业	146989	80565	
文教体育用品制造业	147166	90817	
石油加工、炼焦及核燃料加工业	48105	2660	
化学原料及化学制品制造业	1437011	427557	
医药制造业	1066565	550033	
化学纤维制造业	12791	12791	
橡胶和塑料制品业	436533	360740	49370

表9—4 全社会工业投资（2016年）（续表14）

指 标	本年资金来源		
	自筹资金		其他资金来源
	小计	#企事业单位自筹	
非金属矿物制品业	812331	433301	
黑色金属冶炼及压延加工业	180492	64731	
有色金属冶炼及压延加工业	74413	47582	
金属制品业	812483	483829	
通用设备制造业	1322355	788338	459
专用设备制造业	1786527	1096223	1510
汽车制造业	1398063	545981	2000
船舶航空航天制造业	577391	329372	
电气机械及器材制造业	1720244	1047476	7732
通信设备、计算机及其他电子设备	1932717	839424	68682
仪器仪表及文化、办公用机械制造业	423690	240384	8699
工艺品及其他制造业	56522	27753	
废弃资源和废旧材料回收加工业	74290	37640	
金属制品、机械和设备修理业			
电力、燃气及水的生产和供应业	560813	231223	9800
电力、热力的生产和供应业	438096	212421	9800
燃气生产和供应业	35335	6912	
水的生产和供应业	87382	11890	
三、按隶属关系			
中央	692404	450252	
省	60489	30309	2000
市	515726	162848	
区	776198	385678	58226
其他	14541753	7746705	88026
四、按建设性质			
新建	7467549	3153412	21103
扩建	2908340	1905199	
改建	5663627	3262872	69923

表 9—4 全社会工业投资（2016 年）（续表 15）

指 标	本年资金来源		
	自筹资金		其他资金来源
	小计	#企事业单位自筹	
单纯建造生活设施	10273	10273	
迁建	364488	301761	53474
恢复	4608	4608	3752
单纯购置	167685	137667	
五、按控股情况			
国有控股	2406443	1116654	
集体控股	173860	128650	
私人控股	11270740	6281404	19978
港澳台商控股	941930	647068	3877
外商控股	1392605	453541	117112
六、按期末项目建设状态			
在建	5034413	3012672	70962
全部投产	11550307	5763120	77290
全部停缓建	1850		
七、按投资规模			
100 万元以下	150	150	
100-500 万元	600	150	
500-1000 万元	19196	12328	
1000-3000 万元	2864090	2066046	100
3000-5000 万元	5235209	3317328	3752
5000-1 亿元	391498	224281	
1 亿元 -5 亿元	3537769	1124329	80762
5 亿元 -10 亿元	1541640	930773	63638
10 亿元以上	2996418	1100407	

表 9—5 房地产开发投资、资金和土地情况（2016 年）

计量单位：万元

项 目	合计	内资				
		内资小计	国有	集体	股份合作	国有联营
计划总投资	104424294	88710005	8152927			
累计完成投资	66128986	55668212	6753284			
本年完成投资额	18456004	16366329	872542			
建筑工程	9847651	8688774	630270			
安装工程	730045	650286	41315			
设备工器具购置	342562	323959	20819			
其它费用	7535746	6703310	180138			
# 土地购置费	6455216	5728118	123218			
住宅	13927627	12396886	730907			
其中：90 平方米及以下	7169953	6698942	481875			
144 平方米以上	2306632	1923573	21376			
别墅、高档公寓	638306	596106				
办公楼	966820	808650	10680			
商业营业用房	1950465	1712936	43121			
其他	1611092	1447857	87834			
本年新增固定资产	6857992	6067838	121112			

表 9—5　房地产开发投资、资金和土地情况（2016 年）（续表 1）

项　目	内　资					
	国有与集体联营企业	其他联营企业	有限责任公司	国有独资公司	其他有限责任公司	股份有限公司
计划总投资				3625104	48143091	2601220
累计完成投资				1480672	30389621	1452951
本年完成投资额				935200	9313910	494313
建筑工程				480971	4792251	269882
安装工程				35496	427950	26864
设备工器具购置				50435	138422	32233
其它费用				368298	3955287	165334
# 土地购置费				335722	3404149	154100
住宅				728514	6919664	430841
其中：90 平方米及以下				539521	3608444	303283
144 平方米以上				23063	1160071	12010
别墅、高档公寓					407758	44
办公楼				10301	580638	
商业营业用房				71980	1018080	59323
其他				124405	795528	4149
本年新增固定资产				66010	3696858	87965

表9—5　房地产开发投资、资金和土地情况（2016年）（续表2）

项　目	内　资					
	私营企业小计	私营独资	私营合伙	私营有限责任公司	私营股份有限公司	其他企业
计划总投资	26187663	224000		25431579	532084	
累计完成投资	15591684	51138		15392799	147747	
本年完成投资额	4750364	51138		4622524	76702	
建筑工程	2515400	40938		2440394	34068	
安装工程	118661			117856	805	
设备工器具购置	82050			79440	2610	
其它费用	2034253	10200		1984834	39219	
# 土地购置费	1710929	10000		1664678	36251	
住宅	3586960	49638		3481076	56246	
其中：90平方米及以下	1765819	33142		1700073	32604	
144平方米以上	707053			706336	717	
别墅、高档公寓	188304			188304		
办公楼	207031			195385	11646	
商业营业用房	520432	1500		514855	4077	
其他	435941			431208	4733	
本年新增固定资产	2095893			2062410	33483	

表 9—5 房地产开发投资、资金和土地情况（2016 年）（续表 3）

项 目	小计	港澳台商投资		
		与港澳台商合资经营	港澳台商独资	港澳台商股份
计划总投资	9682731	2319865	7314158	48708
累计完成投资	6445664	1706196	4696951	42517
本年完成投资额	1388906	302573	1073816	12517
建筑工程	732317	214718	505082	12517
安装工程	56793	257	56536	
设备工器具购置	16085	300	15785	
其它费用	583711	87298	496413	
# 土地购置费	539078	77628	461450	
住宅	893832	117629	776203	
其中：90 平方米及以下	310917	27561	283356	
144 平方米以上	162819	33673	129146	
别墅、高档公寓	30000	4184	25816	
办公楼	145636	58835	82855	3946
商业营业用房	220033	64163	147509	8361
其他	129405	61946	67249	210
本年新增固定资产	590980	31849	559131	

表9—5 房地产开发投资、资金和土地情况（2016年）（续表4）

项 目	小 计	外商投资			
		中外合资经营	中外合作经营	外资企业	外商投资股份有限公司
计划总投资	6031558	2219413	209000	3603145	
累计完成投资	4015110	1142026	145391	2727693	
本年完成投资额	700769	219537	43373	437859	
建筑工程	426560	115977	38500	272083	
安装工程	22966	2586		20380	
设备工器具购置	2518	2518			
其它费用	248725	98456	4873	145396	
#土地购置费	188020	89573		98447	
住宅	636909	204453	35000	397456	
其中：90平方米及以下	160094	111519	18000	30575	
144平方米以上	220240	24451	10000	185789	
别墅、高档公寓	12200	2200	10000		
办公楼	12534	2391		10143	
商业营业用房	17496	2030	4500	10966	
其他	33830	10663	3873	19294	
本年新增固定资产	199174	177993		21181	

表9—5　房地产开发投资、资金和土地情况（2016年）（续表5）

项　目	合计	内　资				
		内资小计	国 有	集 体	股份合作	国有联营
本年资金来源合计	46867121	38283635	1774700			
1. 上年末结余资金	9053013	6952481	748159			
2. 本年资金来源小计	37814108	31331154	1026541			
（1）国内贷款	6877450	6136431	529900			
其中：银行贷款	5922144	5181125	362900			
非银行金融机构贷款	955306	955306	167000			
（2）利用外资						
其中：外商直接投资						
（3）自筹资金	5626257	4831670	253019			
其中：自有资金	2154600	1762227	41409			
（4）其他资金来源	25310401	20363053	243622			
其中：定金及预收款	13339273	10739534	119652			
个人按揭贷款	11376831	9096264	67270			
本年各项应付款合计	3528189	3152832	170854			
其中：工程款	2141008	1821093	98304			

表9—5　房地产开发投资、资金和土地情况（2016年）（续表6）

项　目	内资					
	国有集体联营企业	其他联营企业	有限责任公司	国有独资公司	其他有限责任公司	股份有限公司
本年资金来源合计				2047134	21651915	1099230
1. 上年末结余资金				313847	3787382	260226
2. 本年资金来源小计				1733287	17864533	839004
（1）国内贷款				568653	4000136	44000
其中：银行贷款				468653	3385168	44000
非银行金融机构贷款				100000	614968	
（2）利用外资						
其中：外商直接投资						
（3）自筹资金				342918	2337286	95000
其中：自有资金				65262	1042320	50000
（4）其他资金来源				821716	11527111	700004
其中：定金及预收款				385375	6358655	278853
个人按揭贷款				436341	4902719	421151
本年各项应付款合计				205110	1767307	48025
其中：工程款				110779	1038958	13364

表 9—5　房地产开发投资、资金和土地情况（2016 年）（续表 7）

项目	内资					
	私营企业小计	私营独资企业	私营合伙企业	私营有限责任公司	私营股份有限公司	其他企业
本年资金来源合计	11710656	150454		11439852	120350	
1. 上年末结余资金	1842867	46091		1796692	84	
2. 本年资金来源小计	9867789	104363		9643160	120266	
（1）国内贷款	993742			981722	12020	
其中：银行贷款	920404			908384	12020	
非银行金融机构贷款	73338			73338		
（2）利用外资						
其中：外商直接投资						
（3）自筹资金	1803447	8000		1784937	10510	
其中：自有资金	563236	8000		555236		
（4）其他资金来源	7070600	96363		6876501	97736	
其中：定金及预收款	3596999	49752		3486588	60659	
个人按揭贷款	3268783	46611		3188468	33704	
本年各项应付款合计	961536	17738		942696	1102	
其中：工程款	559688	17738		541098	852	

表9—5　房地产开发投资、资金和土地情况（2016年）（续表8）

项　目	小 计	港澳台商投资		
		与港澳台商合资经营	港澳台商独资	港澳台商股份
本年资金来源合计	5122347	851324	4227131	43892
1. 上年末结余资金	1072791	170610	897575	4606
2. 本年资金来源小计	4049556	680714	3329556	39286
（1）国内贷款	417858	85000	301428	31430
其中：银行贷款	417858	85000	301428	31430
非银行金融机构贷款				
（2）利用外资				
其中：外商直接投资				
（3）自筹资金	578958	73455	505503	
其中：自有资金	331944	60712	271232	
（4）其他资金来源	3052740	522259	2522625	7856
其中：定金及预收款	1607916	267103	1332957	7856
个人按揭贷款	1444822	255154	1189668	
本年各项应付款合计	293212	113415	163885	15912
其中：工程款	238850	102324	120614	15912

表 9—5　房地产开发投资、资金和土地情况（2016 年）（续表 9）

项　目	小　计	外商投资			
		中外合资经营	中外合作经营	外资企业	外商投资股份有限公司
本年资金来源合计	3461139	1008078	528728	1924333	
1. 上年末结余资金	1027741	181943	170224	675574	
2. 本年资金来源小计	2433398	826135	358504	1248759	
（1）国内贷款	323161	90000		233161	
其中：银行贷款	323161	90000		233161	
非银行金融机构贷款					
（2）利用外资					
其中：外商直接投资					
（3）自筹资金	215629	3418		212211	
其中：自有资金	60429	3418		57011	
（4）其他资金来源	1894608	732717	358504	803387	
其中：定金及预收款	991823	295640	167596	528587	
个人按揭贷款	835745	437077	190908	207760	
本年各项应付款合计	82145	77043		5102	
其中：工程款	81065	76493		4572	

表9—6　房地产开发施工、竣工和销售按用途分组（2016年）

项　目	计量单位	合计数	住宅	其中		
				90平方米及以下	144平方米以上	别墅、高档公寓
房屋施工面积	平方米	76914066	52477605	24876834	7938670	2447841
其中：新开工面积	平方米	22810178	16842961	8098363	1587625	424317
房屋竣工面积	平方米	12413308	9116254	3527381	1560055	543667
其中：不可销售面积	平方米	1020342	238170	39901	88998	
商品住宅竣工套数	套		91323	44407	8049	2098
竣工房屋价值	万元	5028985	3897189	1271369	1128492	312374
出租房屋面积	平方米	16251	358	358		
商品房销售面积	平方米	15581836	14062893	5215998	2204415	763508
其中：现房销售面积	平方米	2222842	1845668	1025592	281636	56569
期房销售面积	平方米	13358994	12217225	4190406	1922779	706939
商品房销售额	万元	27663469	25149896	7553849	5267068	1396695
其中：现房销售额	万元	2394601	1699286	670412	577305	110268
期房销售额	万元	25268868	23450610	6883437	4689763	1286427
商品住宅销售套数	套		134076	65077	10207	3788
其中：现房销售套数	套		18749	12831	1183	319
期房销售套数	套		115327	52246	9024	3469

表 9—6 房地产开发施工、竣工和销售按用途分组（2016 年）（续表）

项目	计量单位	办公楼	商业营业用房	其他
房屋施工面积	平方米	4708220	7994119	11734122
其中：新开工面积	平方米	673418	1749638	3544161
房屋竣工面积	平方米	304947	962905	2029202
其中：不可销售面积	平方米	392	187920	593860
商品住宅竣工套数	套			
竣工房屋价值	万元	122971	417275	591550
出租房屋面积	平方米		3326	12567
商品房销售面积	平方米	532774	805026	181143
其中：现房销售面积	平方米	110100	194534	72540
期房销售面积	平方米	422674	610492	108603
商品房销售额	万元	871589	1442603	199381
其中：现房销售额	万元	235066	410600	49649
期房销售额	万元	636523	1032003	149732
商品住宅销售套数	套			
其中：现房销售套数	套			
期房销售套数	套			

表 9—7　房地产企业财务状况（2016 年）

项 目	计量单位	合 计	内资				
			内资小计	国有	集体	股份合作	国有联营
企业个数	个	582	510	12			
流动资产合计	千元	956417667	808948190	18434357			
其中：存货		465876558	409864333	9431196			
固定资产原价	千元	18910578	15120127	111670			
累计折旧	千元	4301635	3362238	43621			
其中：本年折旧		787304	685613	14678			
资产总计	千元	1113025863	943409674	18920902			
负债合计	千元	876187086	765567802	17417370			
所有者权益合计	千元	236838777	177841872	1503532			
营业收入	千元	256825276	211182224	1049555			
营业成本	千元						
营业税金及附加	千元	18630056	15242241	47069			
营业利润	千元	37566415	27109367	-234332			
其他业务利润	千元	293903	282452	14373			
投资收益	千元	1372700	1288439	962			
补贴收入	千元						
营业外收入	千元	1432623	1394085	24099			
营业外支出	千元	575664	340138	11736			
利润总额	千元	38363451	28103391	-221969			
应交所得税	千元	6378082	5076370	2417			
应付职工薪酬（本年贷方累计发生数）	千元	3189156	2605703	57688			

表9—7 房地产企业财务状况（2016年）（续表1）

项目	计量单位	内资					
		国有与集体联营企业	其他联营企业	有限责任公司	国有独资公司	其他有限责任公司	股份有限公司
企业个数	个				18	267	21
流动资产合计	千元				75798832	461235887	25704821
其中：存货					25496926	244253651	14278661
固定资产原价	千元				133367	10682483	994188
累计折旧	千元				62184	1826313	296194
其中：本年折旧					7848	455157	45871
资产总计	千元				90349970	551325063	28443554
负债合计	千元				65248136	455861219	23425671
所有者权益合计	千元				25101834	95463844	5017883
营业收入	千元				12310979	126761556	5748843
营业成本	千元						
营业税金及附加	千元				417370	9679655	307459
营业利润	千元				603043	17773154	689747
其他业务利润	千元				19298	227250	2172
投资收益	千元				119865	1086823	6873
补贴收入	千元						
营业外收入	千元				22651	1195878	29292
营业外支出	千元				7226	142724	2083
利润总额	千元				618468	18766385	716956
应交所得税	千元				59736	3507442	198426
应付职工薪酬（本年贷方累计发生数）	千元				133220	1473539	112464

表9—7 房地产企业财务状况（2016年）（续表2）

项 目	计量单位	内资					
		私营企业小计	私营独资企业	私营合伙企业	私营有限责任公司	私营股份有限公司	其他企业
企业个数	个	192			184	8	
流动资产合计	千元	227774293			219625266	8149027	
其中：存货		116403899			111376639	5027260	
固定资产原价	千元	3198419			3174187	24232	
累计折旧	千元	1133926			1115636	18290	
其中：本年折旧		162059			159238	2821	
资产总计	千元	254370185			246163675	8206510	
负债合计	千元	203615406			195919900	7695506	
所有者权益合计	千元	50754779			50243775	511004	
营业收入	千元	65311291			63589499	1721792	
营业成本	千元						
营业税金及附加	千元	4790688			4617963	172725	
营业利润	千元	8277755			8150776	126979	
其他业务利润	千元	19359			17950	1409	
投资收益	千元	73916			73814	102	
补贴收入	千元						
营业外收入	千元	122165			121335	830	
营业外支出	千元	176369			175383	986	
利润总额	千元	8223551			8096728	126823	
应交所得税	千元	1308349			1265037	43312	
应付职工薪酬（本年贷方累计发生数）	千元	828792			784553	44239	

表 9—7　房地产企业财务状况（2016 年）（续表 3）

项　目	计量单位	小 计	港澳台商投资		
			与港澳台商合资经营	港澳台商独资经营	港澳台商投资股份
企业个数	个	49	17	31	1
流动资产合计	千元	96338980	28853504	66600381	885095
其中：存货		36749640	8930495	27436834	382311
固定资产原价	千元	2427346	797649	1629476	221
累计折旧	千元	464504	88168	376336	
其中：本年折旧		87250	5947	81303	
资产总计	千元	1113025863	36648114	78062114	897335
负债合计	千元	73868127	26126274	47019419	722434
所有者权益合计	千元	41739436	10521840	31042695	174901
营业收入	千元	25621944	4387837	21234107	
营业成本	千元				
营业税金及附加	千元	2024897	421018	1603879	
营业利润	千元	5153803	739649	4419762	-5608
其他业务利润	千元	9948	1772	8176	
投资收益	千元	81682	85623	-3941	
补贴收入	千元				
营业外收入	千元	35946	5126	30820	
营业外支出	千元	223001	7600	215401	
利润总额	千元	4966748	737175	4235181	-5608
应交所得税	千元	941002	135392	805610	
应付职工薪酬（本年贷方累计发生数）	千元	398585	60911	334696	2978

表9—7 房地产企业财务状况（2016年）（续表4）

项 目	计量单位	小 计	外商投资			
			中外合资经营	中外合作经营	外资企业	外商投资股份有限公司
企业个数	个	23	8	2	13	
流动资产合计	千元	51130497	15796651	4497461	30836385	
其中：存货		19262585	6100201	906936	12255448	
固定资产原价	千元	1363105	57332	424902	880871	
累计折旧	千元	474893	33359	100144	341390	
其中：本年折旧		14441	2828	1774	9839	
资产总计	千元	54008626	16810991	5256591	31941044	
负债合计	千元	36751157	11675937	4897939	20177281	
所有者权益合计	千元	17257469	5135054	358652	11763763	
营业收入	千元	20021108	6990703	1041249	11989156	
营业成本	千元					
营业税金及附加	千元	1362918	317753	72506	972659	
营业利润	千元	5303245	1592530	-14409	3725124	
其他业务利润	千元	1503			1503	
投资收益	千元	2579	306	2273		
补贴收入	千元					
营业外收入	千元	2592	66	42	2484	
营业外支出	千元	12525	565	7163	4797	
利润总额	千元	5293312	1592031	-21530	3722811	
应交所得税	千元	360710	197855	32515	130340	
应付职工薪酬（本年贷方累计发生数）	千元	184868	45568	4115	135185	

表9—8　全市建筑业企业基本情况

（总承包、专业承包及劳务分包）

指标名称	计量单位	合 计	总承包及专业承包	劳务分包
企业个数	个	1649	1458	191
建筑业总产值	千元	314804035	309465479	5338556
固定资产原价	千元	19772918	19576409	196509
#本年折旧	千元	2182485	2153227	29258
资产合计	千元	367968566	365420329	2548237
负债合计	千元	247060075	245480378	1579697
实收资本	千元	52379686	51718559	661127
营业收入	千元	348609904	342790867	5819037
#主营业务收入	千元	343672701	337924690	5748011
营业成本	千元	314059317	308585913	5473404
#主营业务成本	千元	310119777	304707449	5412328
营业税金及附加	千元	6481247	6340022	141225
#主营业务税金及附加	千元	6421734	6288116	133618
销售费用	千元	1042254	1025095	17159
管理费用	千元	10380452	10200769	179683
财务费用	千元	2698071	2683951	14120
利润总额	千元	14176641	14085222	91419
应付职工薪酬（本年贷方累计发生额）	千元	46950563	43654875	3295688

表 9—9 全市建筑业企业生产情况

（总承包及专业承包）

指 标	2016年	2015年	2016年为上年%
建筑合同额（千元）	602996252	563397433	107.0
上年结转建筑合同额	289435190	266412471	108.6
本年新签建筑合同额	313561062	296984962	105.6
建筑业总产值（千元）	309465479	302832129	102.2
建筑工程产值	280662988	272533068	103.0
安装工程产值	25195907	26668697	94.5
其他产值	3606584	3630364	99.3
竣工产值（千元）	208545052	258475790	80.7
房屋施工面积（万平方米）	19228.82	19496.84	98.6
房屋竣工面积（万平方米）	5012.89	6850.05	73.2
# 住宅	3436.75	4901.98	70.1
建筑业全员劳动生产率（元/人）	304917.63	310572.85	98.2

表 9—10 按行业分建筑业企业生产情况（2016 年）

（总承包及专业承包）

指 标	房屋建筑业	土木工程建筑业
企业个数（个）	452	331
建筑合同额（千元）	343206977	166147477
上年结转建筑合同额	175061050	85074128
本年新签建筑合同额	168145927	81073349
建筑业总产值（千元）	179127813	71524291
建筑工程产值	174882279	68476473
安装工程产值	1758643	2033016
其他产值	2486891	1014802
竣工产值（千元）	129690607	37567591
房屋施工面积（万平方米）	18077.48	787.73
房屋竣工面积（万平方米）	4787.28	102.38
# 住宅	3310.38	51.78
全员劳动生产率（元 / 人）	301609	352659

表 9—10 按行业分建筑业企业生产情况（2016 年）（续表）

（总承包及专业承包）

指 标	建筑安装业	建筑装饰和其他建筑业
企业个数（个）	342	333
建筑合同额（千元）	68061379	25580419
上年结转建筑合同额	23982921	5317091
本年新签建筑合同额	44078458	20263328
建筑业总产值（千元）	35164013	23649362
建筑工程产值	14931137	22373099
安装工程产值	20195628	1208590
其他产值	37218	67673
竣工产值（千元）	22518942	18767912
房屋施工面积（万平方米）	341.45	22.16
房屋竣工面积（万平方米）	106.43	16.80
# 住宅	58.08	16.50
全员劳动生产率（元 / 人）	283615.06	251028.15

表 9—11　按经济类型分建筑业企业生产情况（2016 年）

（总承包及专业承包）

指　标	总　计	国有经济	集体经济	其他经济
企业个数（个）	171	89	51	31
建筑合同额（千元）	232615867	211680006	12439414	8496447
上年结转建筑合同额	133805335	127480819	2772735	3551781
本年新签建筑合同额	98810532	84199187	9666679	4944666
建筑业总产值（千元）	79175764	68597257	5679449	4899058
建筑工程产值	63412329	56214869	4350374	2847086
安装工程产值	14453246	11197726	1212139	2043381
其他产值	1310189	1184662	116936	8591
竣工产值（千元）	40321566	34596454	4267414	1457698
房屋施工面积（万平方米）	4947.33	4735.23	90.44	121.66
房屋竣工面积（万平方米）	743.46	698.98	21.43	23.04
#住宅	469.00	438.54	17.12	13.35
全员劳动生产率（元 / 人）	400861	445130	207211	306210

表 9—12　全市建筑业企业财务情况（2016 年）

（总承包及专业承包）

计量单位：千元

指　标	总　计	国有经济	集体经济	其他经济
资产合计	172	91	49	32
流动资产合计	124463888	106053614	11937994	6472280
#存 货	27764578	24447760	2413595	903223
固定资产合计	6020255	4869540	757129	393586
固定资产原价	10452923	8626329	1308131	518463
累计折旧	5508458	4594829	607556	306073
#本年折旧	865985	744320	91268	30397
负债合计	114307813	98553202	10171859	5582752
所有者权益合计	33356654	27273261	4260913	1822480
营业收入	131782350	116933421	9363016	5485913
#主营业务收入	128216156	113579248	9195876	5441032
营业成本	121446165	108221976	8189446	5034743
#主营业务成本	118382918	105296170	8077255	5009493
营业税金及附加	1581418	1310039	170940	100439
#主营业务税金及附加	1554173	1288698	166150	99325
销售费用	241471	204893	21532	15046
管理费用	3733806	2996209	514237	223360
财务费用	419580	382396	12634	24550
利润总额	4296216	3813158	366096	116962
应付职工薪酬（本年贷方累计发生额）	12041682	10546937	793774	700971

表9—13 主要年份全社会固定资产投资完成额

计量单位：亿元

年份	全社会固定资产投资完成额	#城镇固定资产投资	#房地产开发投资
1949	0.02	0.02	
1952	0.26	0.26	
1957	1.18	1.18	
1962	0.76	0.76	
1965	1.44	1.44	
1970	1.53	1.53	
1975	2.96	2.96	
1978	6.63	6.35	
1979	7.01	6.86	
1980	7.82	7.56	
1985	27.65	24.28	
1990	42.65	36.80	
1991	49.71	40.91	2.58
1995	233.86	133.63	59.45
1997	351.66	223.79	72.89
1998	376.60	217.96	101.06
1999	373.01	211.94	97.91
2000	412.20	241.95	99.34
2004	1201.88	703.92	292.88
2005	1402.72	820.30	296.14
2007	1867.96	1041.95	445.97
2008	2154.17	1226.16	508.17
2009	2668.03	1572.08	595.68
2010	3306.05	2029.87	754.76
2011	4010.03	2563.86	896.73
2012	4683.45	3122.05	1015.76
2013	5265.55	4620.72	1120.18
2014	5460.03	—	1125.49
2015	5484.47	—	1429.02.
2016	5533.56	—	1845.60

注：城镇固定资产投资包括以前年度基本建设、更新改造、城镇集体和其他投资，2005年起不再细分。

表 9—14　2000 年以来固定资产投资情况

计量单位：亿元

年　份	全社会固定资产投资额	第一产业	第二产业	#工业投资	第三产业	#房地产开发投资
2000	412.20	3.44	110.09	108.42	298.67	99.34
2001	464.91	5.30	169.27	158.55	290.34	111.00
2002	602.95	1.42	236.97	240.00	364.56	137.63
2003	954.05	3.75	357.71	356.06	592.59	183.80
2004	1201.88	5.83	481.5	458.54	714.55	292.88
2005	1402.72	4.78	586.43	582.04	811.51	296.14
2006	1613.55	6.90	738.12	732.63	868.53	351.17
2007	1867.96	10.81	936.79	930.42	920.36	445.97
2008	2154.17	12.43	1088.93	1081.09	1052.81	508.17
2009	2668.03	12.24	1311.31	1300.40	1344.48	595.68
2010	3306.05	21.21	1618.41	1601.31	1666.43	754.76
2011	4010.03	29.31	2041.43	2000.22	1939.29	896.73
2012	4683.45	23.59	2414.95	2400.93	2244.91	1015.76
2013	5265.55	23.55	2518.53	2509.40	2723.47	1120.18
2014	5460.03	34.87	2180.71	2152.36	3244.45	1125.49
2015	5484.47	36.95	2093.03	2071.66	3354.49	1429.02
2016	5533.56	40.78	1784.22	1761.65	3708.57	1845.60

表9—15 2000年以来房屋竣工面积与商品房销售情况

计量单位：万平方米、%

年 份	房屋竣工面积	商品房销售面积	商品房销售额
2000	383.11	222.23	62.11
2001	402.76	281.60	81.85
2002	434.59	382.05	111.66
2003	392.82	444.48	139.90
2004	644.45	607.96	213.73
2005	646.09	943.81	384.37
2006	807.46	1010.50	452.41
2007	682.97	1137.88	603.51
2008	1062.26	703.55	359.46
2009	1516.28	1186.94	852.81
2010	1039.57	823.17	787.38
2011	1169.09	767.70	714.72
2012	1699.73	950.87	960.98
2013	1039.39	1222.01	1404.75
2014	967.40	1207.58	1352.20
2015	1449.10	1543.16	1772.89
2016	1241.33	1558.18	2766.35

主要统计指标解释

全社会固定资产投资　固定资产投资是社会固定资产再生产的主要手段。固定资产投资额是以货币表现的建造和购置固定资产活动的工作量，它是反映固定资产投资规模、速度、比例关系和使用方向的综合性指标。

房地产开发投资　指房地产开发公司、商品房建设公司及其他房地产开发法人单位和附属于其他法人单位实际从事房地产开发或经营的活动单位统一开发的包括统代建、拆迁还建的住宅、厂房、仓库、饭店、宾馆、度假村、写字楼、办公楼等房屋建筑物和配套的服务设施，土地开发工程（如道路、给水、排水、供电、供热、通讯、平整场地等基础设施工程）的投资；不包括单纯的土地交易活动。

固定资产投资按国民经济行业分　建设项目归哪个行业，按其建成投产后的主要产品或主要用途及社会经济活动性质来确定。

固定资产投资按建设性质分　建设项目的性质一般分为新建、扩建、改建、迁建、恢复。

（1）新建：一般是指从无到有、“平地起家”新开始建设的单位。有的单位原有的基础很小，经过建设后其新增加的固定资产价值超过原有固定资产价值（原值）三倍以上的也算新建。

（2）扩建：一般是指为扩大原有产品的生产能力，在厂内或其他地点增建主要生产车间（或主要工程）、独立的生产线或分厂的企业；事业单位和行政单位在原单位增建业务用房（如学校增建教学用房、医院增建门诊部或病床用房、行政机关增建办公楼等）也作为扩建。

（3）改建：一般是指现有企业、事业单位为了技术进步，提高产品质量，增加花色品种，促进产品升级换代，降低消耗和成本，加强资源综合利用和三废治理、劳保安全等，采用新技术、新工艺、新设备、新材料等对现有设施、工艺条件进行技术改造或更新（包括相应配套的辅助性生产、生活福利设施）。有的企业为充分发挥现有生产能力,进行填平补齐而增建不增加本单位主要产品生产能力的车间等,也属于改建。

固定资产投资按构成分　固定资产投资活动按其工作内容和实现方式分为建筑安装工程，设备、工具、器具购置，其他费用三个部分。

（1）建筑安装工程（建筑安装工作量）：指各种房屋、建筑物的建造工程和各种设备、装置的安装工程。包括各种房屋建造工程，各种用途设备基础和各种工业窑炉的砌筑工程；为施工而进行的各种准备工作和临时工程以及完工后的清理工作等；铁路、道路的铺设，矿井的开凿及石油管道的架设等；水利工程；防空地下建筑等特殊工程；以及各种机械设备的安装工程；为测定安装工程质量，对设备进行的试运工作。在安装工程中，不包括被安装设备本身的价值。

（2）设备、工具、器具购置：指购置或自制达到固定资产标准的设备、工具、器具的价值，固定资产的标准按财务部门规定。新建单位、扩建单位的新建车间按照设计和计划要求购置或自制的全部设备、工具、器具，不论是否达到固定资产标准均计入“设备、工具、器具购置”中。

（3）其他费用：指在固定资产建造和购置过程中发生的，除建筑安装工程和设备、工具、器具购置以外的各种应摊入固定资产的费用。

固定资产投资的资金来源 根据固定资产投资的资金来源不同，分为国家预算内资金、国内贷款、利用外资、自筹资金和其他资金来源。

（1）国家预算内资金：指中央财政和地方财政中由国家统筹安排的基本建设拨款和更新改造拨款，以及中央财政安排的专项拨款中用于基本建设的资金和基本建设拨款改贷款的资金等。

（2）国内贷款：指报告期内企、事业单位向银行及非银行金融机构借入的用于固定资产投资的各种国内借款。包括银行利用自有资金及吸收的存款发放的贷款、上级主管部门拨入的国内贷款、国家专项贷款（包括煤代油贷款、劳改煤矿专项贷款等）、地方财政专项资金安排的贷款、国内储备贷款、周转贷款等。

（3）利用外资：指报告期内收到的用于固定资产投资的国外资金，包括统借统还、自借自还的国外贷款，中外合资项目中的外资，以及对外发行债券和股票等。国家统借统还的外资指由我国政府出面同外国政府、团体或金融组织签订贷款协议、并负责偿还本息的国外贷款。

（4）自筹资金：指建设单位报告期内收到的，用于进行固定资产投资的上级主管部门、地方和企、事业单位自筹资金。

（5）其他资金来源：指报告期内收到的除以上各种拨款、借款、自筹资金以外其他用于固定资产投资的资金。

施工项目 指报告期内曾进行建筑或安装工程施工活动的建设项目，包括报告期内新开工项目、报告期以前年度开工跨入报告期继续施工的项目以及报告期施过工并在报告期内全部建成投产或停缓建的项目。

全部建成投产项目 工业项目是指设计文件规定形成生产能力的主体工程及其相应配套的辅助设施全部建成，经负荷试运转，证明具备生产设计规定合格产品的条件，并经过验收鉴定合格或达到竣工验收标准，与生产性工程配套的生活福利设施可以满足近期正常生产的需要，正式移交生产的建设项目。非工业项目是指设计文件规定的主体工程和相应的配套工程全部建成，能够发挥设计规定的全部效益，经验收鉴定合格或达到竣工验收标准，正式移交使用的建设项目。

新增生产能力 指通过固定资产投资活动而增加的设计能力或工程效益，它是用实物形态表示的固定资产投资的成果。新增生产能力的计算，是以能独立发挥生产能力或工程效益的单项工程（或项目）为对象。当单项工程（或项目）建成，经有关部门鉴定合格，正式移交投入生产，即可计算新增生产能力。

新增生产能力或工程效益有以下几种表现形式：

（1）以建设项目或单项工程建成后的年产能力表示，如煤炭开采、石油开采等。

（2）以建设项目或单项工程建成后处理原料的能力表示，如选矿工程的年处理矿石能力、洗煤厂年洗原煤能力等。

（3）以新增的主要设备数量或容量表示，如棉纺锭锭数、发电机组容量等。

（4）以建筑物容积、容量、面积或长度表示，如水库容量、铁路公路里程等。

新增生产能力的数量一般按设计能力计算。设计能力是指设计文件中规定的在正常情况下能够达到的生产能力，而不论投产后的实际产量如何。以设备数量、建筑物容积、面积、长度等表示的新增生产能力或工程效益，则按建成的实际数量计算。

房屋建筑面积　指从房屋外墙线算起的各层平面面积的总和，包括可供使用的有效面积和房屋结构（如柱、墙）占用的面积。多层建筑按各层（包括地下室）面积总和计算。

住宅建筑面积　指施工和竣工房屋建筑面积中供居住用的施工和竣工房屋建筑面积。

施工面积　指报告期内施工的全部房屋建筑面积。包括本期新开工的面积、上期跨入本期继续施工的房屋面积、上期停缓建在本期恢复施工的房屋面积、本期竣工的房屋面积及本期施工后又停缓建的房屋面积。

竣工面积　指在报告期内房屋建筑按照设计要求已全部完工，达到住人和使用条件，经验收鉴定合格，正式移交使用单位的建筑面积。

房屋建筑面积竣工率　指一定时期内房屋竣工面积占同期房屋施工面积的比率。它是从房屋建筑施工速度的角度反映投资效果和建筑业经济效益的指标。

新增固定资产　指通过投资活动所形成的新的固定资产价值，包括已经建成投入生产或交付使用的工程价值和达到固定资产标准的设备、工具、器具的价值及有关应摊入的费用。它是以价值形式表示的固定资产投资成果的综合性指标，可以综合反映不同时期、不同部门、不同地区的固定资产投资成果。

建设项目投产率　指一定时期内全部建成投入生产项目个数与同期正式施工项目个数的比率。它是从项目建设速度的角度反映投资效果的指标。

建设周期　是指报告期（年）所有正式施工项目全部建成平均需要的时间。它是从宏观角度反映建设速度的指标。建设周期的计算方法有两种。

（1）按建设项目计算：建设周期 = 报告期正式施工项目个数 / 报告期全部建成投产项目个数。

（2）按投资额计算：建设周期 = 报告期正式施工项目计划总投资之和 / 报告期正式施工项目完成投资之和。

建筑业统计单位指从事房屋、构筑物建造、装饰装修、设备安装活动和工程准备、提供施工设备服务等其他建筑活动的法人企业。建筑业法人企业应同时具备的条件是：①依法成立，有自己的名称、组织机构和场所，能够承担民事责任；②独立拥有和使用资产，承担负债，有权与其他单位签订合同；③独立核算盈亏，能够编制资产负债表。

建筑业总产值（即自行完成施工产值） 是以货币表现的建筑业企业在一定时期内生产的建筑业产品和服务的总和。建筑业总产值包括：

（1）建筑工程产值：指列入建筑工程预算内的各种工程价值。

（2）安装工程产值：指设备安装工程价值，不包括被安装设备本身价值。

（3）其他产值：指建筑业总产值中除建筑工程、安装工程以外的产值。包括房屋、构筑物修理所完成的产值（不包括被修理的房屋、构筑物本身的价值）、非标准设备制造产值、总包企业向分包企业收取的管理费和不能明确划分的施工活动所完成的产值。

建筑业增加值 指建筑业企业在报告期内以货币表现的建筑业生产经营活动的最终成果。目前建筑业增加值采用分配法（收入法）计算，即从收入的角度出发，根据生产要素在生产过程中应得的收入份额计算。具体计算公式为：

建筑业增加值＝本年提取的固定资产折旧＋本年应付工资总额＋本年应付福利费总额＋管理费用中的劳动待业保险费、税金＋工程结算税金及附加＋营业利润

房屋建筑施工面积 指在报告期内施过工的全部房屋建筑面积，包括本期新开工的房屋面积、上期跨入本期继续施工的房屋面积、上期停缓建在本期恢复施工的房屋面积、本期竣工的房屋面积及本期施工后又停缓建的房屋面积。

房屋建筑竣工面积 指在报告期内房屋建筑按照设计要求全部完工，达到了住人和使用条件，经检查验收鉴定合格的房屋建筑面积。

自有机械设备年末总台数 指归本企业（或单位）所有，属于本企业（或单位）固定资产的生产性机械设备年末总台数。包括施工机械、生产设备、运输设备以及其他设备。

自有机械设备年末总功率 指本企业（或单位）自有施工机械、生产设备、运输设备以及其他设备等列为固定资产的生产性机械设备年末总功率，按设定能力或查定能力计算。包括机械本身的动力和为该机械服务的单独动力设备，如电动机等。计算单位用千瓦，动力换算可按 1 马力＝ 0.735 千瓦折合成千瓦数。电焊机、变压器、锅炉不计算动力。

工程结算收入 指企业承包工程实现的工程价款结算收入，以及向发包单位收取的除工程价款以外按规定列作营业收入的各种款项，如临时设施费、劳动保险费、施工机械调迁费等以及向发包单位收取的各种索赔款。

工程结算利润 指已结算工程实现的利润，如亏损以“—”号表示。

计算公式为：工程结算利润＝工程结算收入－工程结算成本－工程结算税金及附加

企业总收入 指与企业生产经营直接有关的各项收入，包括工程结算收入和其他业务收入。

计算公式为：企业总收入＝工程结算收入＋其他业务收入

计算建筑业劳动生产率的平均人数　指建筑业企业（或单位）报告期实际拥有的、与建筑施工活动有关的人员的平均人数，包括参加本企业（或单位）建筑施工活动的非本企业（或单位）人员，但不包括企业内部社会服务性机构的人员以及由本企业支付工资但所从事的工作与本企业生产基本无关的人员。

（十）批发和零售业、住宿和餐饮业

CHAPTER 10 WHOLESALE AND RETAIL TRADE, ACCOMMODATIONS AND CATERING

表 10—1　社会消费品零售总额（2016 年）

计量单位：亿元

指　标	2016年	2016年为上年%
社会消费品零售总额	5088.20	110.9
一、按销售单位所在地分		
城镇	4916.93	110.7
其中：城区	4726.91	112.5
乡村	171.27	116.3
二、按行业分		
（一）批发和零售业小计	4638.45	110.6
限额以上	3119.82	109.5
限额以下	1518.64	113.1
（二）住宿和餐饮业小计	449.74	113.2
限额以上	151.40	107.8
限额以下	298.35	116.2

表10—2 限额以上批发和零售业、住宿和餐饮业基本情况（2016年）

指　标	法人企业（个）	所属全部批零住餐活动单位（个）	其他行业所属批零住餐产业活动单位（个）	年末营业面积（平方米）	年末从业人员（个）
总计	3170	6977	169	7741340	312454
一、批发和零售业小计	2593	5823	85	6190468	239968
（一）批发业	1354	1541	29	575857	94658
其中：国有控股	141	219	5	81862	21235
1、按登记注册类型分组					
内资	1318	1495	11	499289	75965
国有	16	36	4	8467	1790
集体	4	11		2775	224
股份合作					
联营企业					
有限责任公司	357	452	1	154646	32360
股份有限公司	43	45	3	24712	10479
私营企业	822	875	2	190274	23950
其他内资	76	76	1	118415	7162
港澳台投资企业	18	21	6	19049	1578
外商投资企业	18	25	12	57519	17115
2、按国民经济行业分组					
农、林、牧产品批发	63	102		64696	6061
食品、饮料及烟草制品批发	147	193	6	130671	13702
纺织、服装及家庭用品批发	148	152	10	57655	30760
文化、体育用品及器材批发	68	78	1	13078	5375
医药及医疗器材批发	80	80		39493	6427
矿产品、建材及化工产品批发	524	593	8	136001	14875
机械设备、五金产品及电子产品批发	285	304	4	120608	15810
贸易经纪与代理	12	12		910	533
其他批发业	27	27		12745	1115
3、按经营方式分组					
独立门店	517	582	11	247232	30056
连锁总店（总部）	11	36		14395	3169
连锁门店	7	7	1	4821	1453
其他	819	916	13	308009	59829

表 10—2 限额以上批发和零售业、住宿和餐饮业基本情况（2016 年）（续表 1）

指 标	法人企业（个）	所属全部批零住餐活动单位（个）	其他行业所属批零住餐产业活动单位（个）	年末营业面积（平方米）	年末从业人员（个）
（二）零售业	1239	4282	56	5614611	145310
其中：国有控股	89	460	6	906279	12836
1、按经济注册类型分组					
内资	1195	3546	26	3592144	93671
国有	16	24	2	34551	1088
集体	12	40	1	26968	642
股份合作					
联营企业			1	100	400
有限责任公司	321	1921	6	1359266	35916
股份有限公司	35	262	6	755229	10136
私营企业	619	1106	9	1280635	36484
其他内资	192	193	1	135395	9005
港澳台投资企业	25	89	11	635557	23430
外商投资企业	19	647	19	1386910	28209
2、按国民经济行业分组					
综合零售	75	781	5	2460443	44544
百货零售	43	86	1	986053	14011
超级市场零售	28	691	4	1446901	30217
其他综合零售	4	4		27489	316
食品、饮料及烟草制品专门零售	346	1546	11	324590	18349
纺织、服装及日用品专门零售	85	154	17	406145	22706
文化、体育用品及器材专门零售	111	147	6	122326	6432
医药及医疗器材专门零售	88	650		128279	10212
汽车、摩托车、燃料及零配件专门零售	270	549	6	1399735	19932
家用电器及电子产品专门零售	139	313	7	563308	14501
五金、家具及室内装饰材料专门零售	85	100	3	174130	3768
货摊、无店铺及其他零售业	40	42	1	35655	4866

表10—2 限额以上批发和零售业、住宿和餐饮业基本情况（2016年）（续表2）

指　标	法人企业（个）	所属全部批零住餐活动单位（个）	其他行业所属批零住餐产业活动单位（个）	年末营业面积（平方米）	年末从业人员（个）
3、按经营方式分组					
独立门店	808	1186	19	2915483	62118
连锁总店（总部）	36	2475		1938333	37989
连锁门店	37	120	5	370138	7270
其他	358	501	17	356359	36230
4、按零售业态分组					
有店铺零售	1146	4189	55	5552411	137700
食杂店	11	11	1	9480	563
便利店	7	9		3302	103
折扣店	2	2		9537	117
超市	19	31	2	20606	2352
大型超市	19	676	5	1563993	29957
仓储会员店	2	2		3707	43
百货店	55	100	1	942729	22245
专业店	547	2297	20	1731418	41023
专卖店	299	871	19	688164	25870
家具建材商店	28	29	1	47787	1078
购物中心	19	23	1	357507	6549
厂家直销中心	138	138	4	174081	7400
无店铺零售	93	93	1	62200	7610
电视购物	3	3		80	1105
邮购	2	2		3250	914
网上商店	26	26	1	32151	4056
自动售货亭					
电话购物	5	5		1456	206

表 10—2　限额以上批发和零售业、住宿和餐饮业基本情况（2016 年）（续表 3）

指　标	法人企业（个）	所属全部批零住餐活动单位（个）	其他行业所属批零住餐产业活动单位（个）	年末营业面积（平方米）	年末从业人员（个）
二、住宿和餐饮业小计	577	1154	84	1550872	72486
（一）住宿业	212	216	37	659713	29903
其中：国有控股	62	62	5	215712	11329
1、按登记注册类型分组					
内资	201	205	24	565032	25864
国有	27	27	4	54957	4477
集体	3	3		1150	285
股份合作			1	2000	514
联营企业	1	1		2000	73
有限责任公司	84	86	6	302812	12055
股份有限公司	7	7	1	16044	1886
私营企业	76	78	11	175469	6299
其他内资	3	3	1	10600	275
港澳台投资企业	5	5	2	19672	1588
外商投资企业	6	6	11	75009	2451
2、按国民经济行业分组					
旅游饭店	124	126	26	545199	25216
一般旅馆	78	80	11	111754	4022
其他住宿服务	10	10		2760	665
3、按星级等级分组					
一星			1	3096	262
二星	7	7	1	12560	459
三星	30	30	4	47857	3182
四星	25	26	2	131977	5521
五星	16	16	8	100754	8361
其他	134	137	21	363469	12118
4、按经营方式分组					
独立门店	163	164	8	396875	20986
连锁总店（总部）	1	2		17959	228
连锁门店	33	34	2	11785	923
其他	15	16		45400	1833

表 10—2 限额以上批发和零售业、住宿和餐饮业基本情况（2016 年）（续表 4）

指　标	法人企业（个）	所属全部批零住餐活动单位（个）	其他行业所属批零住餐产业活动单位（个）	年末营业面积（平方米）	年末从业人员（个）
（二）餐饮业	365	938	47	891159	42583
其中：国有控股	21	21	3	53187	3055
1、按登记注册类型分组					
内资	346	421	31	690445	27447
国有	9	9	3	27644	1427
集体					
股份合作					
联营企业			1	150	40
有限责任公司	93	124	7	239559	10597
股份有限公司	2	2	3	40630	209
私营企业	240	284	8	379192	15061
其他内资	2	2	9	3270	113
港澳台投资企业	9	142	5	40671	5389
外商投资企业	10	375	11	160043	9747
2、按国民经济行业分组					
正餐服务	332	382	34	644644	25584
快餐服务	22	538	9	218428	11529
饮料及冷饮服务	1	5	4	14277	1548
其他餐饮业	10	13		13810	3922
3、按经营方式分组					
独立门店	300	315	10	493099	22425
连锁总店（总部）	29	563	1	242893	13012
连锁门店	20	44	9	42402	2439
其他	16	16	1	46359	3349

表 10—2　限额以上批发和零售业、住宿和餐饮业基本情况（2016 年）（续表 5）

指　标	法人企业（个）	所属全部批零住餐活动单位（个）	其他行业所属批零住餐产业活动单位（个）	年末营业面积（平方米）	年末从业人员（个）
补充资料：					
批发业 其他有限责任公司	335	418	1	138523	26916
其中：1、国有控股	80	124	1	36556	9538
2、集体控股	19	20		15535	411
股份有限公司	43	45	3	24712	10479
其中：1、国有控股	23	25		20716	4463
2、集体控股	2	2		100	323
零售业 其他有限责任公司	313	1913	5	1331000	35196
其中：1、国有控股	55	212	1	300129	7599
2、集体控股	17	245		38959	2076
股份有限公司	35	262	6	755229	10136
其中：1、国有控股	10	216	1	543233	3029
2、集体控股	6	7		66900	1448
住宿业 其他有限责任公司	76	78	5	256529	9518
其中：1、国有控股	21	21		103546	2907
2、集体控股	6	7		9019	1145
股份有限公司	7	7	1	16044	1886
其中：1、国有控股	2	2		4634	1063
2、集体控股					
餐饮业 其他有限责任公司	91	122	7	235774	10472
其中：1、国有控股	9	9		21331	1488
2、集体控股	3	3		2683	86
股份有限公司	2	2	3	40630	209
其中：1、国有控股					
2、集体控股					

表 10—3　限额以上批发和零售业商品购进、库存总额（2016 年）

计量单位：万元

指　　标	购进总额	#进 口	年末库存总额
总　计	115188666	3189940	8861373
（一）批发业	91046703	2890342	6076285
# 国有控股	28631262	1621825	2142249
1、按登记注册类型分组			
内资企业	88229403	2675642	5660143
国有企业	2572942	29027	212338
集体企业	382618		9580
股份合作企业			
联营企业			
有限责任公司	30940787	1830699	2032798
股份有限公司	34964770	332947	2176060
私营企业	19060403	482970	1212395
其他企业	307883		16973
港、澳、台商投资企业	625532	15095	44418
外商投资企业	2191768	199605	371724
2、按国民经济行业分组			
农、林、牧产品批发	1104860	32974	131233
食品、饮料及烟草制品批发	3450017	60089	341039
纺织、服装及日用品批发	34842316	681765	2093268
文化、体育用品及器材批发	1849726	44283	301949
医药及医疗器材批发	2110040	22463	238131
矿产品、建材及化工产品批发	37071284	1612466	2054041
机械、五金交电及电子产品批发	9712474	349387	873728
贸易经纪与代理	286767	53800	22263
其他批发	619218	33115	20633
3、按经营方式分组			
独立门店	49283213	483848	2567482
连锁总店（总部）	4391551		685698
连锁门店	191939		24165
其他	36639987	2406494	2746810

表 10—3　限额以上批发和零售业商品购进、库存总额（2016 年）（续表 1）

指　　标	购进总额	#进口	年末库存总额
（二）零售业	24141963	299598	2785088
其中：国有控股	4644782	10936	660100
1、按经济注册类型分组			
内资企业	18928737	237914	2046860
国有企业	652006	777	406233
集体企业	507402		23744
股份合作企业			
联营企业	169984		
有限责任公司	6678673	80260	836103
股份有限公司	3111279	7234	88721
私营企业	7403443	149636	682418
其他	405952	7	9642
港、澳、台商投资企业	1751084	52505	424612
外商投资企业	3462142	9180	313616
2、按国民经济行业分组			
综合零售	4191179	2357	353293
百货零售	1182577		71831
超级市场零售	2986199	2357	278863
其他综合零售	22403		2599
食品、饮料及烟草制品零售	1721478	1736	160462
纺织、服装及日用品零售	1652116		268904
文化、体育用品及器材零售	1338355	783	215957
医药及医疗器材零售	2189265	4438	519036
汽车、摩托车、燃料及零配件零售	7312937	257299	832362
家用电器及电子产品零售	3381993	17673	260178
五金、家具及室内装修材料零售	645572	6714	56334
货摊、无店铺及其他零售业	1709068	8599	118564
3、按经营方式分组			
独立门店	11353080	207312	1546855
连锁总店（总部）	4313861	2357	418798
连锁门店	1298199		134541
其他	6262779	89930	608733

表10—3　限额以上批发和零售业商品购进、库存总额（2016年）（续表2）

指　　标	购进总额	#进 口	年末库存总额
4、按零售业态分组			
有店铺零售	21837897	285035	2573045
食杂店	36468		2041
便利店	10708		163
折扣店	16022		687
超市	174058		26959
大型超市	2989741	2357	283023
仓储会员店	84886		1639
百货店	1399837		177022
专业店	9206158	86600	1293257
专卖店	6109393	190946	683380
家居建材店	227496	3582	22570
购物中心	737957		28525
厂家直销中心	675189	1549	53780
无店铺零售	2304067	14563	212044
电视购物	27890		1644
邮购	23235		2657
网上商店	1907994	6822	178701
自动售货亭			
电话购物	7544	1223	2480
补充资料：			
批发业：其他有限责任公司	27739274	1632700	1752990
其中：1、国有控股	15118463	1131048	853160
2、集体控股	679913	1525	30783
股份有限公司	34964770	332947	2176060
其中：1、国有控股	7738345	263750	796943
2、集体控股	223043		161190
零售业：其他有限责任公司	6494464	80260	830197
其中：1、国有控股	2049731	2925	203854
2、集体控股	143943		20396
股份有限公司	3111279	7234	88721
其中：1、国有控股	1588853	7234	44107
2、集体控股	404140		1713

表10—4　限额以上批发和零售业商品销售总额（2016年）

计量单位：万元

指　　标	商品销售总额	批发额	#出口	零售额
总　　计	109624490	80535579	6087101	29088911
（一）批发业	81140912	76594832	6070675	4546080
#国有控股	28323988	26661167	3777014	1662821
1、按登记注册类型分组				
内资企业	76952574	73031198	6045633	3921376
国有企业	3055696	2801374	34828	254322
集体企业	406861	394963		11898
股份合作企业				
联营企业				
有限责任公司	32792362	31050064	4150773	1742298
股份有限公司	19180808	18246122	816826	934687
私营企业	21112129	20239514	1043207	872616
其他企业	404717	299161		105556
港、澳、台商投资企业	742468	688715	5589	53753
外商投资企业	3445870	2874919	19453	570951
2、按国民经济行业分组				
农畜产品批发	1175172	1077946	7300	97226
食品、饮料及烟草制品批发	4125446	3789659	99103	335787
纺织、服装及日用品批发	22733355	21911383	2352566	821972
文化、体育用品及器材批发	2117671	1966088	166760	151583
医药及医疗器材批发	2417002	2235083	150954	181919
矿产品、建材及化工产品批发	36458948	34206663	2016073	2252285
机械、五金及电子产品批发	11021740	10414169	1141118	607572
贸易经纪与代理	423535	410592	77085	12943
其他批发	668043	583250	59716	84793
再生物资回收与批发	285185	224567		60618
其他未列明的批发	382858	358683	59716	24175
3、按经营方式分组				
独立门店	37071604	35556375	975481	1515229
连锁总店（总部）	2544040	1701910		842129
连锁门店	221911	215618		6294
其他	40747528	38763816	5095194	1983713

表10—4 限额以上批发和零售业商品销售总额(2016年)(续表1)

指标名称	商品销售总额	批发额	#出口	零售额
(二)零售业	28483578	3940747	16427	24542831
其中:国有控股	5340092	1171440	4956	4168652
1、按经济注册类型分组				
内资企业	22018905	2676525	16427	19342380
国有企业	677845	66278		611566
集体企业	517919	153813		364106
股份合作企业				
联营企业	172539			172539
有限责任公司	7659604	1238433	4956	6421172
股份有限公司	4016429	586182		3430247
私营企业	8438696	565236	11470	7873460
其他	535875	66583		469292
港、澳、台商投资企业	2355338	106209		2249129
外商投资企业	4109336	1158014		2951322
2、按国民经济行业分组				
综合零售	5647163	1129884		4517279
百货零售	2539336	88105		2451231
超级市场零售	3082103	1038016		2044087
其他综合零售	25723	3762		21961
食品、饮料及烟草制品零售	2158160	301260	4916	1856900
纺织、服装及日用品零售	2051191	86511		1964680
文化、体育用品及器材零售	1471026	313414	19	1157612
医药及医疗器材零售	2270368	361033	10199	1909334
汽车、摩托车、燃料及零配件零售	8237039	1055431		7181608
家用电器及电子产品零售	3633730	520725		3113005
五金、家具及室内装修材料零售	746255	34720	1292	711535
货摊、无店铺及其他零售业	2268648	137769		2130879

表 10—4 限额以上批发和零售业商品销售总额（2016 年）（续表 2）

指标名称	商品销售总额	批发额	#出口	零售额
3、按经营方式分组				
独立门店	13857532	1104758	6548	12752773
连锁总店（总部）	4784356	1132492		3651864
连锁门店	1523651	322910		1200740
其他	7296198	1148209	9878	6147988
4、按零售业态分组				
有店铺零售	25436617	3653575	6567	21783042
食杂店	64927	20773		44154
便利店	12729	4		12725
折扣店	18299			18299
超市	204285	50468		153817
大型超市	3087420	1043524		2043896
仓储会员店	84688			84688
百货店	2833861	106546		2727315
专业店	10153711	1298815	6208	8854896
专卖店	6855497	961095		5894402
家居建材店	282873	12551		270322
购物中心	844677	8755		835922
厂家直销中心	821112	151044	359	670068
无店铺零售	3046961	287172	9859	2759789
电视购物	180343	1570		178773
邮购	46735			46735
网上商店	2407713	161009		2246704
自动售货亭				
电话购物	10420	1192		9229
补充资料：				
批发业：其他有限责任公司	29319511	27717458	4013115	1602053
其中：1、国有控股	15766506	15404969	2955962	361536
2、集体控股	693640	555020	13233	138620
股份有限公司	19180808	18246122	816826	934687
其中：1、国有控股	6028935	5122217	648567	906719
2、集体控股	231055	231055		
零售业：其他有限责任公司	7460090	1216424	4956	6243666
其中：1、国有控股	2159448	582556	4956	1576892
2、集体控股	170359	8115		162244
股份有限公司	4016429	586182		3430247
其中：1、国有控股	2130746	500596		1630150
2、集体控股	460497	1369		459128

表 10—5 限额以上批发和零售业法人企业主要财务状况（2016 年）

计量单位：万元

指　　标	资产总计	负债合计	所有者权益	
				#实收资本
总计	72270988	50934300	21336689	8737929
一、批发业	43221577	31523383	11698194	5332976
其中：国有控股	18771145	11722900	7048245	3368170
1、按登记注册类型分组				
内资企业	41255986	29961267	11294719	5206939
国有企业	1237796	327431	910365	32380
集体企业	177342	118996	58346	4116
股份合作企业				
联营企业				
有限责任公司	16255843	12526812	3729031	1854849
股份有限公司	17440358	12281872	5158485	2448958
私营企业	6024419	4675129	1349290	822158
其他企业	120229	31027	89202	44478
港、澳、台商投资企业	272956	174830	98126	30714
外商投资企业	1692635	1387285	305349	95323
2、按国民经济行业分组				
农、林、牧产品批发	699204	433769	265434	106345
食品、饮料及烟草制品批发	2349915	1059738	1290177	221544
纺织、服装及日用品批发	14345497	11657731	2687766	476437
文化、体育用品及器材批发	2961797	1461806	1499992	436350
医药及医疗器材批发	1836566	1340849	495717	272068
矿产品、建材及化工产品批发	15146733	10926340	4220393	3217158
机械、五金及电子产品批发	5447364	4310065	1137300	546076
贸易经纪与代理	145140	118342	26798	27991
其他批发	289360	214743	74617	29007
3、按经营方式分组				
独立门店	18314268	14355097	3959170	1007081
连锁总店（总部）	4729469	1956419	2773050	2019060
连锁门店	111437	90929	20509	17110
其他	20066402	15120937	4945465	2289726

表 10—5 限额以上批发和零售业法人企业主要财务状况（2016 年）（续表 1）

指　　标	资产总计	负债合计	所有者权益	
				#实收资本
二、零售业	29049412	19410917	9638494	3404953
其中：国有控股	3815861	2531451	1284409	501636
1、按登记注册类型分类				
内资企业	25580707	17330134	8250573	2738993
国有企业	387726	316619	71107	33797
集体企业	19270	12308	6961	4958
股份合作企业				
联营企业				
有限责任公司	4643370	3205426	1437944	765572
股份有限公司	17895502	11946855	5948647	1305298
私营企业	2463155	1799891	663264	549025
其他企业	171684	49034	122650	80343
港、澳、台商投资企业	1360370	891113	469257	369453
外商投资企业	2108335	1189671	918664	296508
2、按国民经济行业分组				
综合零售	4910854	3235015	1675839	870598
百货零售	3748351	2164416	1583934	704271
超级市场零售	1126427	1037659	88768	160227
其他综合零售	36076	32939	3137	6100
食品、饮料及烟草制品零售	876431	474185	402246	187589
纺织、服装及日用品零售	2194024	1472799	721224	264165
文化、体育用品及器材零售	549418	358265	191152	90468
医药及医疗器材零售	1162488	871794	290694	231876
汽车、摩托车、燃料及零配件零售	3069607	2165136	904471	432545
家用电器及电子产品零售	15456043	10271015	5185028	1149600
五金、家具及室内装修材料零售	389675	238407	151268	65767
货摊、无店铺及其他零售	440874	324301	116573	112344

表 10—5　限额以上批发和零售业法人企业主要财务状况（2016 年）（续表 2）

指　　标	资产总计	负债合计	所有者权益	#实收资本
3、按经营方式分组				
独立门店	10045823	6525518	3520305	1412148
连锁总店（总部）	16283433	11088198	5195235	1415065
连锁门店	416787	236084	180703	106586
其他	2303370	1561117	742252	471154
4、按零售业态分组				
有店铺零售	28413791	18910743	9503048	3262405
食杂店	27556	8015	19541	18488
便利店	6519	4444	2075	789
折扣店	6604	6228	376	150
超市	72371	52894	19478	20852
大型超市	1153232	1122059	31174	222702
仓储会员店	21511	18933	2579	1718
百货店	5047792	2849211	2198581	774143
专业店	18679824	12515530	6164294	1632525
专卖店	2367628	1579674	787954	405043
家居建材商店	89966	63842	26124	29357
购物中心	578669	459516	119154	84146
厂家直销中心	362119	230399	131719	72491
无店铺零售	635621	500174	135447	142548
电视购物	150181	82566	67615	64673
邮购	23222	12213	11010	5100
网上商店	241083	210072	31011	44969
自动售货亭				
电话购物	5541	2720	2822	2200
补充资料：				
批发业：其他有限责任公司	13931794	10914092	3017702	1515240
其中：1、国有控股	7318415	5499007	1819408	683815
2、集体控股	194509	130343	64166	49058
股份有限公司	17440358	12281872	5158485	2448958
其中：1、国有控股	7890885	4283742	3607144	2312365
2、集体控股	298539	263490	35049	29399
零售业：其他有限责任公司	3461493	2525528	935964	656579
其中：1、国有控股	841039	583485	257554	277107
2、集体控股	195280	125607	69673	12844
股份有限公司	17895502	11946855	5948647	1305298
其中：1、国有控股	1405218	951450	453768	81739
2、集体控股	563670	317468	246202	103456

表 10—5 限额以上批发和零售业法人企业主要财务状况（2016 年）（续表 3）

指　标	主营业务收入	主营业务成本	管理费用
总计	92857041	85845336	1672483
一、批发业	70213934	65910534	970126
其中：国有控股	23311954	21837590	399020
1、按登记注册类型分组			
内资企业	67138320	63693455	920782
国有企业	1922652	1526683	40119
集体企业	357258	328179	2421
股份合作企业			
联营企业			
有限责任公司	27582120	26252870	401302
股份有限公司	18945759	18241912	247105
私营企业	17943236	17075585	214653
其他企业	387296	268226	15183
港、澳、台商投资企业	515453	433938	7516
外商投资企业	2560161	1783141	41828
2、按国民经济行业分组			
农、林、牧产品批发	1084746	950118	29088
食品、饮料及烟草制品批发	3650217	2995178	120902
纺织、服装及日用品批发	20579364	18970801	267288
文化、体育用品及器材批发	1935279	1717246	68684
医药及医疗器材批发	2127837	1851740	74373
矿产品、建材及化工产品批发	30169620	29144309	251138
机械、五金及电子产品批发	9682299	9349520	145581
贸易经纪与代理	367368	351304	6367
其他批发	617204	580319	6705
3、按经营方式分组			
独立门店	31043793	29501986	374772
连锁总店（总部）	2461108	2192354	91400
连锁门店	171163	157530	2554
其他	36537870	34058664	501399

表 10—5　限额以上批发和零售业法人企业主要财务状况（2016 年）（续表 4）

指　　标	主营业务收入	主营业务成本	管理费用
二、零售业	22643107	19934802	702357
其中：国有控股	4513108	4131259	81417
1、按登记注册类型分类			
内资企业	18026944	15984204	582419
国有企业	575349	546829	11590
集体企业	131452	121622	3806
股份合作企业			
联营企业			
有限责任公司	6593607	5894561	188458
股份有限公司	3019666	2620081	146543
私营企业	7194681	6437859	211500
其他企业	512189	363253	20523
港、澳、台商投资企业	1993614	1606927	66990
外商投资企业	2622550	2343671	52949
2、按国民经济行业分组			
综合零售	4323180	3715454	208067
百货零售	1718267	1380466	158997
超级市场零售	2571848	2304943	47356
其他综合零售	33065	30045	1715
食品、饮料及烟草制品零售	1512159	1147119	54372
纺织、服装及日用品零售	1660029	1285339	54799
文化、体育用品及器材零售	923529	815316	29253
医药及医疗器材专门零售	2013026	1795043	51966
汽车、摩托车、燃料及零配件零售	6902921	6420378	117931
家用电器及电子产品零售	2748611	2459924	126091
五金、家具及室内装修材料零售	598079	471530	31029
货摊、无店铺及其他零售	1961573	1824699	28849

表 10—5　限额以上批发和零售业法人企业主要财务状况（2016 年）（续表 5）

指　　标	主营业务收入	主营业务成本	管理费用
3、按经营方式分组			
独立门店	11586330	10213115	371716
连锁总店（总部）	4107914	3567621	174008
连锁门店	1206932	1085237	25430
其他	5741932	5068829	131203
4、按零售业态分组			
有店铺零售	20210077	17722866	650093
食杂店	42744	33219	1704
便利店	11084	9663	474
折扣店	15640	13652	1767
超市	181593	143927	12774
大型超市	2575529	2324973	37215
仓储会员店	83663	81972	478
百货店	1957607	1527800	167075
专业店	8165654	7225238	255385
专卖店	5449333	4966899	108111
家居建材商店	249601	198625	13956
购物中心	741399	606162	24056
厂家直销中心	736230	590739	27098
无店铺零售	2433031	2211936	52265
电视购物	160475	122727	2416
邮购	39945	14237	1497
网上商店	1868760	1744798	36138
自动售货亭			
电话购物	9136	5742	1173
补充资料：			
批发业：其他有限责任公司	24699574	23359634	322723
其中：1、国有控股	12620168	11860063	173189
2、集体控股	611345	593010	6727
股份有限公司	18945759	18241912	247105
其中：1、国有控股	5886588	5557608	107133
2、集体控股	231054	223032	3178
零售业：其他有限责任公司	6424781	5749819	183950
其中：1、国有控股	1968924	1817671	42301
2、集体控股	150244	123388	5775
股份有限公司	3019666	2620081	146543
其中：1、国有控股	1800010	1622017	23018
2、集体控股	256490	199021	37805

表10—5 限额以上批发和零售业法人企业主要财务状况（2016年）（续表6）

指　　标	财务费用	营业利润	利润总额	本年应交增值税
总计	448793	1713721	1861604	1108689
一、批发业	293687	1106881	1190613	553585
其中：国有控股	84564	562592	643808	194953
1、按登记注册类型分组				
内资企业	284564	985679	1078883	472026
国有企业	-15579	177923	185064	67470
集体企业	2351	22129	24429	1044
股份合作企业				
联营企业				
有限责任公司	206904	305359	370180	178568
股份有限公司	19032	222195	249045	63227
私营企业	69782	178597	171086	152640
其他企业	2074	79477	79080	9077
港、澳、台商投资企业	2368	50985	41383	13358
外商投资企业	6755	70217	70347	68201
2、按国民经济行业分组				
农、林、牧产品批发	7146	67816	76653	12119
食品、饮料及烟草制品批发	-5682	232777	248801	82528
纺织、服装及日用品批发	-5613	298834	312142	150366
文化、体育用品及器材批发	306	88637	97722	21929
医药及医疗器材批发	12513	42048	44509	39420
矿产品、建材及化工产品批发	215382	223008	265727	175354
机械、五金及电子产品批发	67955	135524	126640	67155
贸易经纪与代理	286	191	598	568
其他批发	1395	18046	17822	4146
3、按经营方式分组				
独立门店	63309	470694	498284	208844
连锁总店（总部）	-2601	115959	123101	23832
连锁门店	515	1766	1920	1632
其他	232463	518461	567308	319277

表 10—5 限额以上批发和零售业法人企业主要财务状况（2016 年）（续表 7）

指　　标	财务费用	营业利润	利润总额	本年应交增值税
二、零售业	155106	606841	670991	555105
其中：国有控股	20104	88649	94262	138415
1、按登记注册类型分类				
内资企业	138511	484757	544147	470003
国有企业	3411	3622	8017	13270
集体企业	111	323	454	879
股份合作企业				
联营企业				
有限责任公司	57739	105894	150378	180733
股份有限公司	35768	150248	157433	90405
私营企业	37415	126770	131009	175546
其他企业	4067	97901	96857	9170
港、澳、台商投资企业	15375	20075	24428	54616
外商投资企业	1220	102008	102415	30485
2、按国民经济行业分组				
综合零售	28451	75293	123490	90771
百货零售	33630	59436	107163	40377
超级市场零售	-5360	19168	19428	43871
其他综合零售	181	-3311	-3101	6522
食品、饮料及烟草制品零售	7675	206040	211732	34830
纺织、服装及日用品零售	18020	55184	53469	38497
文化、体育用品及器材零售	5170	19950	22169	8701
医药及医疗器材零售	11196	44143	42234	34816
汽车、摩托车、燃料及零配件零售	49455	110999	114487	262518
家用电器及电子产品零售	26074	47079	52763	46968
五金、家具及室内装修材料零售	7630	39615	40493	20598
无店铺及其他零售	1435	8537	10155	17406

表 10—5 限额以上批发和零售业法人企业主要财务状况（2016 年）（续表 8）

指　　标	财务费用	营业利润	利润总额	本年应交增值税
3、按经营方式分组				
独立门店	117470	457729	508199	370840
连锁总店（总部）	17357	-1005	8502	60678
连锁门店	3149	19876	21249	13858
其他	17130	130240	133041	109728
4、按零售业态分组				
有店铺零售额	153816	605933	667947	530230
食杂店	502	5622	5169	1543
便利店	13	482	547	493
折扣店	21	90	101	296
超市	766	1914	2330	2154
大型超市	-6751	-22622	-19064	54516
仓储会员店	-6	1042	1042	138
百货店	37661	106081	143989	39296
专业店	56701	271486	286344	248213
专卖店	43724	102508	101098	152388
家居建材商店	2191	16100	16439	5686
购物中心	14221	40348	44442	14835
厂家直销中心	4774	82882	85509	10673
无店铺零售	1290	908	3044	24874
电视购物	-445	2839	3420	4904
邮购	4	4324	4293	484
网上商店	1442	-18373	-16514	14137
自动售货亭				
电话购物	13	363	363	683
补充资料：				
批发业：其他有限责任公司	187251	306045	348263	159884
其中：1、国有控股	58787	245825	272983	85489
2、集体控股	275	2575	4083	5601
股份有限公司	19032	222195	249045	63227
其中：1、国有控股	21702	139530	163844	23310
2、集体控股	5855	-1758	633	653
零售业：其他有限责任公司	54390	96598	144318	161023
其中：1、国有控股	8944	19324	22231	39154
2、集体控股	305	6831	8243	3737
股份有限公司	35768	150248	157433	90405
其中：1、国有控股	4399	56407	57954	66281
2、集体控股	8486	22845	23445	6379

表 10—6　限额以上住宿和餐饮业经营情况（2016 年）

计量单位：万元

指　标	营业额	#客房收入	#餐费收入	#商品销售收入
总　计	1880041	393900	1324119	64539
一、住宿业	746103	352207	282903	36279
其中：国有控股	288380	106591	106453	27935
1、按登记注册类型分组				
内资企业	633477	294663	236690	34985
国有企业	75987	33485	36612	589
集体企业	4923	2170	2268	210
股份合作企业	19249	9780	9076	
联营企业	3410	1539	1544	39
有限责任公司	264408	128500	104574	7777
股份有限公司	104669	29010	24041	24833
私营企业	155054	87953	56057	1394
其他	5776	2226	2519	144
港、澳、台商投资企业	36002	19777	13291	56
外商投资企业	76624	37767	32922	1238
2、按国民经济行业分组				
旅游饭店	635770	274406	256489	34301
一般旅馆	98271	71002	22136	1851
其他住宿服务	12061	6800	4278	127
3、按星级等级分组				
一星	366	204	145	17
二星	9769	3963	4312	399
三星	55035	21761	27666	762
四星	115053	49652	51513	2433
五星	285492	112405	103630	29120
其他	280388	164222	95637	3548
4、按经营方式分组				
独立门店	525913	230185	198147	32399
连锁总店（总部）	7298	2380	4527	391
连锁门店	25886	24606		
其他	32777	19472		

表 10—6　限额以上住宿和餐饮业经营情况（2016 年）（续表）

指　标	营业额	#客房收入	#餐费收入	#商品销售收入
二、餐饮业	1133939	41694	1041216	28260
其中：国有控股	52262	12793	33112	862
1、按登记注册类型分组				
内资企业	601883	41694	522856	14840
国有企业	24697	4389	16169	577
集体企业				
股份合作企业				
联营企业	870	363	507	
有限责任公司	221319	21083	192163	3499
股份有限公司	53467	17	51809	131
私营企业	298633	15841	259416	10531
其他	2897		2791	102
港、澳、台商投资企业	127387		126995	183
外商投资企业	404668		391366	13237
2、按国民经济行业分组				
正餐服务	548342	41088	482877	13928
快餐服务	458655	17	445870	566
饮料及冷饮服务	49955		36688	13200
其他餐饮服务	76987	588	75781	565
3、按经营方式分组				
独立门店	441366	33398	390276	9415
连锁总店（总部）	483905	186	467353	15990
连锁门店	51934	2124	49095	447
其他	78564	356	75263	1589

表 10—7　限额以上住宿和餐饮业法人企业主要财务状况（2016 年）

计量单位：万元

指　标	资产总计	负债合计	所有者权益合计	#实收资本
总　计	2205280	1532179	673119	680990
一、住宿业	1585569	1104849	480720	517540
其中：国有控股	632376	379258	253118	232847
1、按登记注册类型分组				
内资企业	1110632	684380	426252	322746
国有企业	159202	79981	79221	34220
集体企业	7912	6216	1696	4301
股份合作企业				
联营企业	1020	1681	-661	300
有限责任公司	584387	429672	154715	193472
股份有限公司	179281	24257	155024	49851
私营企业	177311	140803	36508	40286
其他企业	1521	1772	-250	317
港、澳、台商投资企业	258492	297050	-38558	89143
外商投资企业	216445	123420	93025	105651
2、按国民经济行业分组				
旅游饭店	1470817	1034585	436232	483482
一般饭店	105120	62139	42982	32886
其他住宿服务	9632	8126	1506	1172
3、按星级等级分组				
一星				
二星	7100	3413	3686	2898
三星	69565	65224	4342	23828
四星	258167	150577	107590	115103
五星	684912	473610	211303	244792
其他	565824	412025	153799	130919
4、按经营方式分组				
独立门店	1328881	881195	447686	470738
连锁总店（总部）	24258	23888	370	1000
连锁门店	32933	21445	11488	15525
其他	199497	178322	21176	30277

表10—7 限额以上住宿和餐饮业法人企业主要财务状况（2016年）（续表1）

指　标	资产总计	负债合计	所有者权益合计	#实收资本
二、餐饮业	619711	427330	192399	163450
其中：国有控股	76363	36662	39701	16144
1、按登记注册类型分类				
内资企业	450349	336587	113779	107575
国有企业	18427	12988	5439	2569
集体企业				
股份合作企业				
联营企业				
有限责任公司	239247	164978	74269	47346
股份有限公司	1272	1148	124	530
私营企业	190481	157382	33116	56330
其他企业	922	91	831	800
港、澳、台商投资企业	67132	38518	28614	34488
外商投资企业	102230	52225	50005	21387
2、按国民经济行业分组				
正餐服务	420960	316500	104477	108772
快餐服务	169850	99242	70608	46553
饮料及冷饮服务	3059	2430	629	5043
其他餐饮服务	25842	9158	16685	3082
3、按经营方式分组				
独立门店	326895	226736	100176	85887
连锁总店（总部）	196686	125536	71150	55322
连锁门店	58617	46159	12458	16448
其他	37513	28898	8615	5794

表 10—7 限额以上住宿和餐饮业法人企业主要财务状况（2016 年）（续表 2）

指 标	主营业务收入	主营业务成本
总 计	1517168	661532
一、住宿业	555762	213371
其中：国有控股	267126	126507
1、按登记注册类型分组		
内资企业	480721	191131
国有企业	62341	21964
集体企业	4825	1584
股份合作企业		
联营企业	3271	812
有限责任公司	225104	67953
股份有限公司	97014	69948
私营企业	85448	27908
其他企业	2719	961
港、澳、台商投资企业	32291	8836
外商投资企业	42750	13405
2、按国民经济行业分组		
旅游饭店	471514	185839
一般饭店	72231	23540
其他住宿服务	12017	3992
3、按星级等级分组		
一星		
二星	8706	4926
三星	47448	18167
四星	100996	38095
五星	204363	95715
其他	194249	56469
4、按经营方式分组		
独立门店	492224	196703
连锁总店（总部）	7298	1709
连锁门店	23549	4219
其他	32691	10740

表 10—7 限额以上住宿和餐饮业法人企业主要财务状况（2016 年）（续表 3）

指　标	主营业务收入	主营业务成本
二、餐饮业	961407	448160
其中：国有控股	49049	15958
1、按登记注册类型分类		
内资企业	501933	234874
国有企业	22717	8125
集体企业		
股份合作企业		
联营企业		
有限责任公司	205674	82603
股份有限公司	2353	1170
私营企业	270857	142768
其他企业	332	208
港、澳、台商投资企业	128301	46274
外商投资企业	331173	167012
2、按国民经济行业分组		
正餐服务	468790	223137
快餐服务	404094	184231
饮料及冷饮服务	8304	5275
其他餐饮服务	80218	35518
3、按经营方式分组		
独立门店	400751	183155
连锁总店（总部）	440681	204073
连锁门店	42826	20020
其他	77148	40912

表 10—7 限额以上住宿和餐饮业法人企业主要财务状况（2016 年）（续表 4）

指　标	管理费用	财务费用	营业利润	利润总额
总　计	277541	30697	47219	48403
一、住宿业	166267	23857	-11835	-8644
其中：国有控股	72596	7173	-7889	-5361
1、按登记注册类型分组				
内资企业	139688	12256	1904	5603
国有企业	20067	-804	-3908	-3250
集体企业	1392	57	-373	110
股份合作企业				
联营企业	275	20	317	319
有限责任公司	85881	8916	-2159	-734
股份有限公司	10742	133	4412	4960
私营企业	20545	3928	3926	4371
其他企业	785	6	-310	-174
港、澳、台商投资企业	14638	6568	-9204	-9487
外商投资企业	11941	5033	-4534	-4761
2、按国民经济行业分组				
旅游饭店	140605	22961	-11150	-8386
一般饭店	22448	914	-1104	-688
其他住宿服务	3214	-18	419	429
3、按星级等级分组				
一星				
二星	2033	138	399	423
三星	14321	511	-2182	-1381
四星	31389	1639	-2089	-1250
五星	49475	12782	-737	-275
其他	69048	8787	-7226	-6161
4、按经营方式分组				
独立门店	144409	22702	-8555	-5868
连锁总店（总部）	1367	1326	590	573
连锁门店	4633	193	144	566
其他	15858	-364	-4014	-3915

表 10—7 限额以上住宿和餐饮业法人企业主要财务状况（2016 年）（续表 5）

指　标	管理费用	财务费用	营业利润	利润总额
二、餐饮业	111274	6840	59054	57047
其中：国有控股	14414	308	-350	261
1、按登记注册类型分类				
内资企业	72939	4980	13506	15204
国有企业	4067	34	9	566
集体企业				
股份合作企业				
联营企业				
有限责任公司	31917	2318	10358	10778
股份有限公司	258	21	-57	-57
私营企业	36637	2606	3136	3908
其他企业	61	1	61	8
港、澳、台商投资企业	6039	937	10055	6591
外商投资企业	32296	923	35493	35253
2、按国民经济行业分组				
正餐服务	70587	4960	10856	12061
快餐服务	36630	1822	41718	39943
饮料及冷饮服务	919	18	-843	-883
其他餐饮服务	3137	41	7323	5926
3、按经营方式分组				
独立门店	57652	3285	10849	10084
连锁总店（总部）	41806	2567	40653	38763
连锁门店	3881	730	169	609
其他	7936	258	7383	7591

表 10—8　亿元以上商品交易市场基本情况（2016 年）

指　标	市场个数（个）	年末摊位总量（个）	年末出租摊位数	#出租率（%）
合　计	37	34848	33519	96.2
一、按经营环境分				
（一）露天式	1	682	682	100
（二）封闭式	36	34166	32837	96.1
（三）其他				
二、按经营方式分				
（一）批发	16	21740	20846	95.9
（二）零售	21	13108	12673	96.7
三、按市场类别分				
（一）综合市场	14	13127	12831	97.7
生产资料综合市场				
工业消费品综合市场	2	1465	1428	97.5
农产品综合市场	8	6525	6432	98.6
其他综合市场	4	5137	4971	96.8
（二）专业市场	23	21721	20688	95.2
生产资料市场	4	9359	9355	100
木材市场				
建材市场	3	8659	8655	100
金属材料市场	1	700	700	100
农产品市场	8	3294	2650	80.4
粮油市场	2	136	136	100
肉禽蛋市场	2	565	527	93.3
水产品市场	2	2366	1786	75.5
蔬菜市场	2	227	201	88.5
干鲜果品市场				
食品、饮料及烟酒市场				
纺织、服装、鞋帽市场	2	3940	3800	96.4
服装市场	1	1878	1738	92.5
其他纺织服装鞋帽市场	1	2062	2062	100
日用品及文化用品市场				
图书、报刊杂志市场				
其他日用品及文化用品市场				
电器、通讯器材、电子设备市场	1	220	218	99.1
家具、五金及装饰材料市场	8	4908	4665	95
家具市场	3	1197	1154	96.4
装饰材料市场	3	1666	1466	88
五金材料市场	1	890	890	100
其他装修市场	1	1155	1155	100
汽车、摩托车及零配件市场				
#汽车市场				

表10—8 亿元以上商品交易市场基本情况（2016年）（续表1）

指　标	本年商品成交额（亿元）	#商品零售额（亿元）	营业面积（万平方米）
合　计	959.74	291.21	242.98
一、按经营环境分			
（一）露天式	1.51	0.53	0.35
（二）封闭式	958.22	290.68	242.63
（三）其他			
二、按经营方式分			
（一）批发	853.86	215.82	163.52
（二）零售	105.87	75.38	79.46
三、按市场类别分			
（一）综合市场	562.47	137.62	77.32
生产资料综合市场			
工业消费品综合市场	15.97	8.81	5.65
农产品综合市场	482.80	103.71	55.17
其他综合市场	63.70	25.10	16.50
（二）专业市场	397.27	153.58	165.66
生产资料市场	66.46	45.32	50.63
木材市场			
建材市场	49.29	45.32	20.63
金属材料市场	17.17		30.00
农产品市场	222.15	27.90	43.79
粮油市场	23.24	2.36	8.30
肉禽蛋市场	106.75	0.75	2.17
水产品市场	82.77	19.20	28.52
蔬菜市场	9.39	5.59	4.80
干鲜果品市场			
食品、饮料及烟酒市场			
纺织、服装、鞋帽市场	33.82	21.10	8.20
服装市场	8.43	8.41	0.70
其他纺织服装鞋帽市场	25.39	12.70	7.50
日用品及文化用品市场			
图书、报刊杂志市场			
其他日用品及文化用品市场			
电器、通讯器材、电子设备市场	4.87	3.83	0.40
家具、五金及装饰材料市场	69.98	55.43	62.64
家具市场	18.45	14.56	19.51
装饰材料市场	8.20	5.26	17.13
五金材料市场	5.79	5.06	20.00
其他装修市场	37.54	30.54	6.00
汽车、摩托车及零配件市场			
#汽车市场			

表 10—8　亿元以上商品交易市场基本情况（2016 年）（续表 2）

指　标	年末已出租摊位数（个）	成交额（亿元）
总　计	33519	959.74
1、粮油、食品、饮料、烟酒类	9189	703.91
（1）粮油、食品类	8678	600.43
其中：粮油类	1454	245.74
肉禽蛋类	1816	88.72
水产品类	1742	139.84
蔬菜类	2789	73.75
干鲜果品类	877	52.17
（2）饮料类	355	45.45
（3）烟酒类	156	58.03
2、服装、鞋帽、针纺织品类	5958	48.16
（1）服装类	3535	32.59
（2）鞋帽类	890	5.84
（3）针、纺织品类	1533	9.73
3、化妆品类	67	0.57
4、金银珠宝类	26	0.40
5、日用品类	3067	38.47
其中：洗涤用品类		
儿童玩具类	133	1.72
6、五金、电料类	835	21.73
7、体育、娱乐用品类	32	0.35
8、书报杂志类	4	
9、电子出版物和音像制品类	4	0.01
10、家用电器和音像器材类	49	0.98
11、中西药品类	4	0.01
其中：西药类	4	0.01
12、文化办公用品类	306	6.21
13、家具类	1723	31.73
14、通讯器材类	3	0.01
15、煤炭及制品类		
16、木材及制品类	40	0.87
17、石油及制品类		
18、化工材料及制品类		
其中：化肥类		
19、金属材料类	720	18.37
20、建筑及装潢材料类	10856	83.13
21、机电产品及设备类	46	0.81
其中：农机类	19	0.39
22、汽车类		
23、种子饲料类		
24、棉麻类		
25、其他类	590	4.03

表 10—9 批发和零售业、住宿和餐饮业连锁总店经营情况（2016 年）

计量单位：亿元

指 标	连锁总店（个）	连锁门店（个）	# 直营店	# 加盟店
总 计	47	12040	9122	2918
一、批发和零售业		11516	8598	2918
其中：外商及港澳台投资		2178	1543	635
按零售业态分				
1、便利店		3	3	
2、折扣店				
3、超市		3	3	
4、大型超市		1960	1382	578
5、仓储会员店				
6、百货店		405	169	236
7、专业店		5737	3690	2047
其中：加油站	2	3006	3006	
8、专卖店		402	345	57
9、家居建材店				
10、厂家直销中心				
11、其他				
二、住宿业				
三、餐饮业	10	524	524	
其中：外商及港澳台投资	4	497	497	
按行业分				
正餐	4	14	14	
快餐	5	505	505	
茶馆	1	5	5	
其他餐饮				

表 10—9　批发和零售业、住宿和餐饮业连锁总店经营情况（2016 年）（续表 1）

指　标	商品购进总额	#接受统一配送商品金额	接受自有配送中心商品金额	接受非自有配送中心商品金额
总　计	3383.46	2800.50	2738.80	16.72
一、批发和零售业	3365.60	2782.64	2723.61	14.54
其中：外商及港澳台投资	438.01	393.71	368.65	5.90
按零售业态分				
1、便利店	0.08	0.08		0.08
2、折扣店				
3、超市	5.90	5.90		5.90
4、大型超市	413.45	387.11	368.65	
5、仓储会员店				
6、百货店	25.33	3.94	3.94	
7、专业店	1468.25	935.71	901.94	8.42
其中：加油站	1448.31	1448.31	1448.31	
8、专卖店	4.28	1.60	0.76	0.13
9、家居建材店				
10、厂家直销中心				
11、其他				
二、住宿业				
三、餐饮业	17.86	17.86	15.20	2.19
其中：外商及港澳台投资	16.94	16.94	14.33	2.13
按行业分				
正餐	0.79	0.79	0.74	0.06
快餐	16.59	16.59	14.46	2.13
茶馆	0.47	0.47		
其他餐饮				

表10—9 批发和零售业、住宿和餐饮业连锁总店经营情况（2016年）（续表2）

指　标	商品销售总额	#商品零售额	零售营业面积（万平方米）	餐饮营业面积（万平方米）	年末从业人员数（人）
总　计	3679.24	1362.81	2033.14	19.53	242327
一、批发和零售业	3679.24	481.56	2033.14		231579
其中：外商及港澳台投资	453.89	336.19	839.83		67329
按零售业态分					
1、便利店	0.10		0.06		22
2、折扣店					
3、超市	7.53		0.27		865
4、大型超市	431.21	0.03	346.49		57880
5、仓储会员店					
6、百货店	21.73		496.83		9567
7、专业店	1663.97	0.02	715.84		134651
其中：加油站	1548.71	0.08	471.71		26960
8、专卖店	6.00		1.95		1634
9、家居建材店					
10、厂家直销中心					
11、其他					
二、住宿业					
三、餐饮业				19.53	10748
其中：外商及港澳台投资				16.39	9711
按行业分					
正餐				2.89	705
快餐				16.43	9720
茶馆				0.21	323
其他餐饮					

表 10—9 批发和零售业、住宿和餐饮业连锁总店经营情况（2016 年）（续表 3）

指　标	营业额	#餐费和商品销售额	餐位数（个）
总　计	39.70	39.68	61799
一、批发和零售业			
其中：外商及港澳台投资			
按零售业态分			
1、便利店			
2、折扣店			
3、超市			
4、大型超市			
5、仓储会员店			
6、百货店			
7、专业店			
其中：加油站			
8、专卖店			
9、家居建材店			
10、厂家直销中心			
11、其他			
二、住宿业			
三、餐饮业	39.70	39.68	61799
其中：外商及港澳台投资	37.43	37.41	54268
按行业分			
正餐	1.95	1.95	6509
快餐	36.92	36.90	55050
茶馆	0.83	0.83	240
其他餐饮			

表10—10　主要年份社会消费品零售总额

计量单位：亿元

年 份	社会消费品零售总额	批发和零售业	#限额以上	住宿和餐饮业	#限额以上
1949	0.77				
1952	2.49				
1957	4.33				
1962	5.22				
1965	5.28				
1970	6.13				
1975	8.26				
1978	10.69				
1980	15.84				
1985	34.84				
1990	72.79				
1994	205.33				
1995	261.72				
1997	376.07				
1998	416.69	371.02			
1999	459.32	408.27			
2000	509.39	453.35	—	37.12	—
2001	565.42	502.10	—	42.31	—
2002	637.23	556.52	—	56.12	—
2003	728.99	633.86	250.84	68.83	—
2004	863.85	764.02	395.41	89.07	—
2005	1006.20	885.72	395.51	108.19	—
2006	1169.60	1029.39	478.74	126.28	45.50
2007	1385.30	1209.36	594.06	158.15	54.51
2008	1659.60	1442.56	648.41	195.08	63.22
2009	1935.49	1704.08	825.68	231.41	69.64
2010	2288.74	2055.38	1081.43	212.39	85.50
2011	2697.10	2422.59	1511.85	247.71	118.01
2012	3103.82	2793.48	1762.28	287.09	137.92
2013	3689.40	3308.78	2177.97	380.62	133.63
2014	4167.19	3785.81	2691.19	381.38	132.04
2015	4590.17	4193.01	2930.52	397.16	138.69
2016	5088.20	4638.45	3119.82	449.74	151.40

注：2015年为全国第三次经济普查调整后的数据。

主要统计指标解释

社会消费品零售总额 指批发和零售业、住宿和餐饮业以及其他行业直接售给城乡居民和社会集团的消费品零售额。其中，对居民的消费品零售额，是指售予城乡居民用于生活消费的商品金额；对社会集团的消费品零售额，是指售给机关、社会团体、部队、学校、企事业单位、居委会或村委会等，公款购买的用作非生产、非经营使用与公共消费的商品金额。

社会消费品零售总额包括：售给城乡居民作为生活消费用的商品和修建房屋用的建筑材料的金额，以及售给来华的外国人、华侨、港澳台同胞的消费品金额；售给社会集团用作非生产、非经营使用与公共消费的商品金额。

不包括：

（1）农民之间相互买卖的商品；

（2）城市居民间或居民委托信托商店卖出的商品；

（3）售给农业、工业、建筑业等行业用于生产的商品；

（4）售予从事批发和零售业务的单位或个体户用于转卖的商品；

（5）售予从事餐饮业务的单位或个体户用于转卖或加工后转卖的商品；

（6）售予从事住宿或其他居民服务业的单位或个体户用于经营或转卖的商品；

（7）售予城乡居民已确知是用于生产、经营的商品；

（8）售予各类农业生产者的生产资料类商品；

（9）售予企业单位生产上专用的劳动保护用品；

（10）售予城乡居民的商品房。

商品购进总额 指从本企业以外的单位和个人购进（包括从国外直接进口）作为转卖或加工后转卖的商品金额（含增值税）。本指标反映批发和零售业从国内外市场上购进商品的总价。

商品销售额 指对本单位以外的单位和个人出售的商品金额（包括售给本单位消费用的商品，含增值税），本指标反映批发和零售业在国内市场上销售商品以及出口商品的总量。

商品批发额 指商品零售额以外的一切商品销售额。包括售给生产经营单位用于生产或经营用的商品销售额；售给批发零售贸易业、餐饮业用于转卖或加工后转卖的商品销售额；直接向国（境）外出口和委托外贸部门代理出口的商品销售额。

商品零售额 指售给城乡居民用于生活消费、售给社会集团用公款购买用作非生产、非经营使用的商品销售额。

期末商品库存额 对于批发和零售业法人企业和个体经营户，是指取得所有权的全部商品金额（含增值税）；对于批发和零售业产业活动单位，是指期末实际在库且归属法人具有所有权的全部商品金额（含增值税）。这个指标反映批发和零售业的商品库存情况，以及对市场商品供应的保证程度。

亿元以上商品交易市场 指年成交额在亿元及以上的商品交易市场。商品交易市场是指经有关部门和组织批准设立，有固定场所、设施，有经营管理部门和监管人员，若干市场经营者入内，常年或实际开业三个月以上，集中、公开、独立地进行生活消费品、生产资料等现货商品交易以及提供相关服务的交易场所，包括各类消费品市场、生产资料市场等。

商品成交额 指市场所有摊位业主商品交易额之和。

消费品零售额 指市场所有摊位业主商品交易总额之和中直接售予城乡居民用于生活消费和社会集团用于公共消费的商品金额。

营业面积 指市场营业用场地、仓库等营业用建筑面积，不包括为市场经营服务的办公室和附设的旅馆、招待所、餐馆、停车场等的面积。

连锁总店（总部） 负责连锁企业资源（商号、商誉、经营模式、服务标准、管理模式等等）的开发、配置、控制或使用等功能的企业核心管理机构。

连锁经营分店 指连锁经营的核心企业或单位（总店）所属各分散经营的门店，也称为成员店。

门店数 指该连锁企业所拥有的全部连锁门店数量，包括总店（如果总公司有门店的话）和全部直营分店、加盟分店数。总店作为一个直营店处理。控股店按直营店统计。直营店和加盟店之和应等于门店总数。

直营连锁 也叫正规连锁。连锁门店均由总部全资或控股开设，在总部的直接领导下统一经营。

加盟连锁 加盟连锁包括特许连锁和自由连锁。

统一配送商品购进额 指企业统一购进商品后，配送到门店（包括加盟店）的商品金额（按购进价计算）。非自有配送中心配送比重指由第三方物流配送的商品购进额。直营店和加盟店的配送商品购进额，是指由总部统一配送或接受统一配送的商品购进额，而不是直营店和加盟店对外的配送商品购进额。

自有配送中心配送商品购进额 指连锁总部从自有配送中心购进商品的金额。

非自有配送中心配送商品购进额 指连锁总部从第三方物流配送中心购进商品的金额。

配送中心 是连锁企业的物流机构，承担着各门店所需商品的进货、库存、分货、加工、集配、运输、送货等任务。配送中心主要为本连锁企业服务，也可面向社会。如本企业没有配送中心而是利用本企业以外的物流中心配送，可不填自有配送中心数、配送中心面积和运输车辆，但应填统一配送商品购进额。

营业额 指住宿和餐饮业法人企业、产业活动单位在经营活动中因提供服务或销售商品等取得的收入。包括：客房收入、餐费收入、商品销售额（含增值税）和其他收入。

客房收入 指住宿和餐饮业法人企业、产业活动单位在经营活动中因提供住宿服务取得的客房收入。

餐费收入 指住宿和餐饮业法人企业、产业活动单位因为顾客提供就餐服务取得的收入。包括：经烹饪、调制加工后出售的各种食品，如主食、炒菜、凉拌菜等的收入。

商品销售额 指住宿和餐饮业法人企业、产业活动单位伴随服务而出售商品所取得的销售总额（含增值税）。

年末餐饮营业面积 指住宿和餐饮业法人企业、产业活动单位对外提供就餐服务的门店建筑面积和从事食品加工、烹饪、调制的厨房面积，不包括办公用房和仓库等面积。该指标按年末实有面积统计。

批发和零售业、住宿和餐饮业统计限额标准

行业类别	统计指标名称	计量单位	限额以上企业
批发业	年主营业务收入	万元	2000及以上
零售业	年主营业务收入	万元	500及以上
住宿业	年主营业务收入	万元	200及以上
餐饮业	年主营业务收入	万元	200及以上

（十一）
对外经济贸易和旅游业

CHAPTER 11
FOREIGN TRADE AND ECONOMIC COOPERATION, TOURISM

表 11—1　利用外资

指　标	2016年	2015年	2016年为上年%
新签外商投资企业（个）	346	250	138.4
合资经营	112	72	155.6
合作经营	1	1	100.0
外商独资	231	175	132
外商股份制	2	2	100.0
新签合同外资（万美元）	565456	617208	91.6
合资经营	167117	75764	220.6
合作经营	9	1210	0.7
外商独资	455070	487694	93.3
外商股份制	1260	52541	2.4
际使用外资（万美元）	347937	333459	104.3
第一产业	3150	390	807.7
第二产业	116573	77646	150.1
第三产业	228224	255422	89.4

注：本表数据由市投资促进委员会提供。

表 11—2 对外劳务和承包工程情况

指 标	2016年	2015年	2016年为上年%
一、新签合同金额（万美元）	307163	380963	80.6
二、完成营业额（万美元）	372458	333400	111.7

注：本表数据由市商务局提供。

表 11—3 涉外税收

计量单位：万元

指 标	2016年	2015年	2016年为上年%
合 计	26720985	38210061	69.9
流转税	15307638	16823842	91.0
企业所得税	9450543	8233836	114.8
个人所得税	232041	204360	113.6
车船使用牌照税	425	364	116.8
城市房地产税	58071	47353	122.6
其他各税	—	7736392	—
海关代征	3528619	5163914	68.3

注：本表数据由市国税局和地税局提供。

表 11—4 海关统计进出口贸易（2016 年）

计量单位：万美元

指　标	2016年	2015年	2016年为上年%
一、进出口总值（经营单位口径）	5021205	5324014	94.3
1、出口	2959198	3150252	93.4
# 三资企业	979286	1078213	90.8
高新技术产品	731631	790863	92.5
2、进口	2062006	2173762	94.9
# 三资企业	1042922	1136385	91.8
高新技术产品	680356	837459	81.2
二、进出口总值（境内目的地、货源地）	4440471	4781364	92.9
1、出口（境内货源地）	2131175	2220421	96.0
# 三资企业	974347	1086061	89.7
2、进口（境内目的地）	2309297	2560942	90.2
# 三资企业	988890	1088665	90.8
三、进出口总值（口岸口径）	3078020	3162283	97.3
1、出口	1855300	1833179	101.2
# 新生圩	1373866	1321693	103.9
2、进口	1222720	1329104	92.0
# 新生圩	704893	844138	83.5

表11—5 进出口商品贸易方式总值（按经营单位）（2016年）

计量单位：万美元

贸易方式	进出口		出 口		进 口	
	数值	增长%	数值	增长%	数值	增长%
总 值	5021205	-5.7	2959198	-6.1	2062006	-5.1
一般贸易	3387861	-1.0	1974601	-4.7	1413260	4.7
国家间、国际组织无偿援助和赠送的物资	2125	26.7	2125	26.7		
捐赠物资						
补偿贸易						
来料加工装配贸易	202766	13.6	105426	37.8	97340	-4.5
进料加工贸易	1052682	-20.9	757304	-15.7	295378	-31.7
寄售代销贸易						
边境小额贸易						
加工贸易进口设备						
对外承包工程出口货物	35998	-18.8	35998	-18.8		
租赁贸易	2816	13.2	73	0.7	2744	13.6
外商投资企业作为投资进口的设备、物品	15092	-85.7			15092	-85.7
出料加工贸易						
易货贸易						
免税外汇商品						
保税监管场所进出境货物	164434	12.1	10285	-28.4	154149	16.4
海关特殊监管区域物流货物	147353	75.5	70714	67.7	76639	83.3
海关特殊监管区域进口设备	2830	20.0			2830	20.0
其他	7248	7.8	2673	29.3	4575	-1.7

表 11—6　进口商品贸易方式企业性质总值（按经营单位）（2016 年）

计量单位：万美元

贸易方式	合计		国有企业		外商投资企业		集体企业		私营企业	
	数值	增长%	数值	增长%	数值	增长%	数值	增长%	数值	增长%
总　　值	2062006	-5.1	782031	-5.3	1042922	-8.2	1929	27.1	235118	11.7
一般贸易	1413260	4.7	731261	-1.0	508351	8.3	1758	45.6	171889	21.9
国家间、国际组织无偿援助和赠送的物资										
捐赠物资										
补偿贸易										
来料加工装配贸易	97340	-4.5	955	-42.7	94818	-3.9			1567	-5.0
进料加工贸易	295378	-31.7	23111	-50.7	260223	-29.3	169	-45.3	11875	-31.7
寄售代销贸易										
边境小额贸易										
加工贸易进口设备										
对外承包工程出口货物										
租赁贸易	2744	13.6			2744	32.2				
外商投资企业作为投资进口的设备、物品	15092	-85.7			15092	-85.7				
出料加工贸易										
易货贸易										
免税外汇商品										
保税监管场所进出境货物	154149	16.4	20609	2.0	109457	25.8			24082	-4.3
海关特殊监管区域物流货物	76639	83.3	5588	-66.6	46110	17131.1			24941	0.5
海关特殊监管区域进口设备	2830	20.0			2830	20				
其他	4575	-1.8	508	-39.5	3297	-2.4	2	750	764	75.1

表 11—7 出口商品贸易方式企业性质总值（按经营单位）（2016 年）

计量单位：万美元

贸易方式	合计		国有企业		外商投资企业		集体企业		私营企业	
	数值	增长%	数值	增长%	数值	增长%	数值	增长%	数值	增长%
总 值	2959198	-6.1	1034278	-7.1	979286	-9.2	6802	25.3	938707	-1.6
一般贸易	1974601	-4.7	846336	-6.1	311739	5.5	5437	179	810974	-7.1
国家间、国际组织无偿援助和赠送的物资	2125	26.7	1897	53.4					227	-48.3
捐赠物资										
补偿贸易										
来料加工装配贸易	105426	37.8	6538	-15.5	96526	44.6			2362	16.8
进料加工贸易	757304	-15.7	101389	-21.4	565103	-20.7	1365	-60.8	89447	69.5
寄售代销贸易										
边境小额贸易										
加工贸易进口设备										
对外承包工程出口货物	35998	-18.8	32483	-26.5					3516	2234.5
租赁贸易	73	0.8		-100	73	526.7				-100
外商投资企业作为投资进口的设备、物品										
出料加工贸易										
易货贸易										
免税外汇商品										
保税监管场所进出境货物	10285	-28.4	5721	-32.8	1280	44			3284	-33.8
海关特殊监管区域物流货物	70714	67.7	39456	89.7	2557	239.5			28701	39.3
海关特殊监管区域进口设备										
其他	2673	29.3	458	3.7	2009	28.4			196	215.3

表 11—8 进出口商品国别（地区）总值（按经营单位）（2016 年）

计量单位：万美元

进口原产国（地区）或出口最终目的国（地区）	进出口		出 口		进 口	
	数值	增长%	数值	增长%	数值	增长%
总 值	5021205	-5.7	2959198	-6.1	2062006	-5.1
亚洲	2487671	-5.2	1201183	-2.5	1286488	-7.7
# 香港	140914	-8.2	131855	-12.8	9059	287.3
印度	128786	-2.3	116905	-1.1	11881	-13.2
印度尼西亚	71539	-17.4	47319	-21.0	24220	-9.5
日本	450470	-10.5	167280	1.9	283189	-16.5
澳门	1278	-55.8	1249	-56.8	28	4633.3
马来西亚	90457	20.1	34311	-23.4	56146	83.9
巴基斯坦	31991	11.6	31286	12.9	705	-24.6
菲律宾	45426	-12.8	30895	-20.8	14531	11.0
新加坡	64325	-26.6	42306	-34.8	22019	-3.3
韩国	692952	-3.9	155597	4.7	537355	-6.1
泰国	85251	10.1	40307	0.2	44945	20.8
台湾省	221596	5.3	74451	98.7	147146	-14.9
非洲	147008	-24.0	110404	-28.2	36604	-7.8
欧洲	1122816	-3.0	711950	-5.5	410866	1.8
# 比利时	54727	9.3	24467	-11.2	30260	34.3
丹麦	11233	-10.9	8218	-7.4	3014	-19.1
英国	128248	-16.2	111744	-16.9	16505	-11.8
德国	279909	-3.2	127729	-1.3	152180	-4.7
法国	77354	-4.2	43217	-20.7	34137	30.3
意大利	83011	-14.6	49052	-12.9	33959	-17.1
荷兰	99498	2.9	82220	-0.4	17278	22.1
西班牙	68020	1.9	51407	-3.7	16614	24.1
芬兰	9339	-23.4	4229	-33.6	5110	-12.1
挪威	13263	-24.8	11056	-21.0	2207	-39.5

表 11—8　进出口商品国别（地区）总值（按经营单位）（2016 年）（续表）

进口原产国（地区）或出口最终目的国（地区）	进出口		出　口		进　口	
	数值	增长%	数值	增长%	数值	增长%
瑞典	30668	-20.1	17306	-5.6	13362	-33.3
瑞士	18462	9.2	5401	-3.5	13062	15.5
白俄罗斯	1147	16.8	847	8.0	300	51.6
俄罗斯联邦	57501	4.7	39041	-5.2	18460	34.1
乌克兰	19305	72.6	8323	48.0	10983	97.5
捷克共和国	27005	-11.5	15542	-16.3	11463	-3.9
拉丁美洲	231263	-11.2	186584	-9.9	44679	-16.4
北美洲	832164	-7.0	654150	-7.7	178014	-4.0
# 加拿大	99009	-1.1	53258	-17.2	45751	27.9
美国	725508	-7.2	593245	-6.1	132263	-11.6
大洋洲	200054	3.7	94926	-0.3	105128	7.7
# 澳大利亚	142820	7.8	64422	-1.3	78399	16.7
新西兰	32651	22.4	8893	20.0	23758	23.3
亚太经合组织	3210650	-4.7	1681373	-4.4	1529277	-5.0
东南亚国家联盟	515714	-1.8	335971	-10.8	179744	21.0
欧洲联盟	1010368	-4.0	644741	-5.7	365627	-0.8

注：1.东南亚国家联盟包括：文莱、印度尼西亚、马来西亚、菲律宾、新加坡、泰国、越南、缅甸、老挝、柬埔寨。

2.欧洲联盟包括：比利时、丹麦、英国、德国、法国、爱尔兰、意大利、卢森堡、荷兰、希腊、葡萄牙、西班牙、奥地利、芬兰、瑞典、塞浦路斯、捷克、爱沙尼亚、匈牙利、拉脱维亚、立陶宛、马耳他、波兰、斯洛伐克、斯洛文尼亚、保加利亚、罗马尼亚。

3.亚太经济合作组织包括：文莱、中国香港、印度尼西亚、日本、马来西亚、菲律宾、新加坡、韩国、泰国、中国、中国台北、智利、墨西哥、加拿大、美国、澳大利亚、新西兰、巴布亚新几内亚、俄罗斯、秘鲁、越南。

表 11—9　南京与国外缔结友好关系的城市

国　别	城　市	缔结日期
日　本	名古屋市	1978 年 12 月 21 日
美　国	圣路易斯市	1979 年 11 月 2 日
意大利	佛罗伦萨市	1980 年 2 月 22 日
荷　兰	埃因候温市	1985 年 10 月 9 日
德　国	莱比锡市	1988 年 5 月 21 日
墨西哥	墨西卡利市	1991 年 10 月 14 日
塞浦路斯	利马索尔市	1992 年 9 月 23 日
韩　国	大田市	1994 年 11 月 14 日
加拿大	伦敦市	1997 年 5 月 7 日
澳大利亚	珀斯市	1998 年 5 月 18 日
南　非	布隆方丹市	2000 年 3 月 22 日
哥伦比亚	巴兰基亚市	2001 年 6 月 4 日
马来西亚	马六甲市	2008 年 10 月 31 日
文　莱	斯里巴加湾市	2011 年 11 月 21 日

注：本表资料由市外办提供。

表 11—10　旅游经济主要指标

指　　标	2016年	2015年	2016年为上年%
全市接待国内外旅游者（万人次）	11206	10234.00	109.5
国内旅游者	11142	10175.19	109.5
入境旅游者	63.78	58.81	108.5
全市因私出境旅游者（万人次）	81.38	70.98	114.7
国际旅游创汇收入（亿美元）	6.76	6.39	105.7
全市旅游总收入（亿元）	1909.26	1688.12	113.1
全市拥有星级宾馆饭店（家）	89	95	93.7
全市拥有旅行社（家）	576	567	101.6
# 从事国际旅游业务	44	39	112.8
全市拥有旅游 A 级景区（个）	56	55	101.8
# 5A 级旅游景区	2	2	100.0
4A 级旅游景区	20	17	117.6

注：本表数据由市旅游委员会提供。

表 11—11 接待入境旅游人数

计量单位：人次

指 标	2016年	2015年	2016年为上年%
接待入境旅游人数	637846	588100	108.5
（一）外国人	468965	432315	108.5
# 日本	35682	35741	99.8
新加坡	13607	12067	112.8
印度尼西亚	9062	8268	109.6
马来西亚	14065	15062	93.4
韩国	90987	82931	109.7
美国	59465	55315	107.5
加拿大	18603	17345	107.3
英国	14727	13148	112.0
德国	23914	23422	102.1
澳大利亚	17667	16242	108.8
（二）香港同胞	47554	41288	115.2
（三）澳门同胞	3123	2730	114.4
（四）台湾同胞	118204	111767	105.8
平均每天来宁人数	1748	1611	108.5

注：本表数据由市旅游委员会提供。2013年按国家及省旅游局入境旅游统计最新指标与口径对外发布和使用入境旅游数据。

表 11—12　部分年份对外贸易主要指标

单位：亿美元

年 份	进出口总额（经营单位）	出口	# 三资企业出口	进口
1990	3.64	1.58	0.11	2.06
1995	51.74	38.06	2.52	13.68
2000	91.02	53.69	9.20	37.33
2003	147.12	76.65	19.57	70.47
2004	206.39	104.60	36.96	101.79
2005	270.90	142.45	60.30	128.45
2006	315.35	173.65	77.22	141.70
2007	362.00	206.46	86.26	155.53
2008	405.92	235.97	88.22	169.95
2009	337.45	184.59	64.81	152.86
2010	456.01	248.85	83.51	207.16
2011	573.44	308.65	107.67	264.79
2012	552.35	319.01	109.62	233.34
2013	557.57	322.66	97.18	234.91
2014	572.21	326.28	114.24	245.93
2015	532.40	315.03	107.82	217.38
2016	502.12	295.92	97.93	206.20

表 11—13　部分年份开放型经济主要指标

单位：亿美元

年 份	实际使用外资	注册合同外资	投资总额	对外承包劳务完成营业额
1990	0.70	0.37	—	0.16
1995	4.15	12.3	—	0.65
2000	8.13	20.79	38.55	1.37
2003	22.10	40.09	73.02	4.16
2004	25.66	45.15	77.11	4.60
2005	20.09	25.58	82.53	4.83
2006	17.02	30.82	69.78	6.07
2007	20.61	37.85	80.16	7.44
2008	23.72	44.60	56.74	10.26
2009	23.92	45.59	74.42	11.57
2010	28.16	47.78	95.35	13.09
2011	35.66	61.66	103.15	15.76
2012	41.30	61.15	164.88	11.42
2013	40.33	53.59	88.92	11.73
2014	32.91	49.20	108.58	26.97
2015	33.35	61.72	114.34	33.34
2016	34.79	56.55	151.44	37.25

表11—14 部分年份旅游经济主要指标

单位：万人次

年 份	国内旅游人数	入境旅游人数	外国人	香港同胞	澳门同胞	台湾同胞
1990	—	26.33	7.29	—	18.79	—
1995	654	23.17	12.77	0.20	5.66	4.54
2000	1501	41.90	22.69	8.26	0.44	10.51
2003	2206	51.51	31.11	9.44	0.36	10.60
2004	2800	71.97	47.17	11.26	0.44	13.10
2005	3220	87.63	51.41	15.09	0.41	20.72
2006	3800	100.92	64.66	15.97	0.60	19.69
2007	4489	116.12	76.33	16.73	0.77	22.28
2008	4960	119.52	77.85	17.23	0.86	23.58
2009	5520	113.45	74.40	15.55	1.07	22.44
2010	6366	130.88	86.80	17.10	1.10	25.88
2011	7181	150.64	99.91	19.74	1.26	19.74
2012	7950	162.71	107.73	21.36	1.36	32.27
2013	8674	51.86	38.16	4.04	0.19	9.47
2014	9419	56.62	41.56	4.51	0.18	10.37
2015	10175	58.81	43.23	4.13	0.27	11.18
2016	11142	63.78	46.9	4.76	0.31	11.82

注：本表数据由市旅游委员会提供。2015年按国家及省旅游局入境旅游统计最新指标与口径对外发布和使用入境旅游数据。

表 11—14 部分年份旅游经济主要指标（续表）

年 份	旅游总收入（亿元）		
		国内旅游收入（亿元）	国际旅游收入（亿美元）
1990	0.31	—	0.31
1995	62.36	53.89	1.02
2000	155.99	137.66	2.21
2003	244.00	217.60	3.18
2004	320.00	277.90	5.08
2005	379.00	333.00	5.76
2006	462.80	408.08	6.77
2007	585.45	530.51	8.08
2008	714.30	654.00	8.73
2009	822.16	765.00	8.37
2010	951.61	885.95	9.81
2011	1106.23	1028.00	12.00
2012	1272.78	1169.01	13.62
2013	1360.67	1336.22	4.01
2014	1520.83	1470.00	5.53
2015	1688.12	1650.78	6.39
2016	1909.26	1862.85	6.76

主要统计指标解释

进出口总额 海关进出口总额指实际进出我国国境的货物总金额。包括对外贸易实际进出口货物，来料加工装配进出口货物，国家间、联合国及国际组织无偿援助物资和赠送品，华侨、港澳台同胞和外籍华人捐赠品，租赁期满归承租人所有的租赁货物，进料加工进出口货物，边境地方贸易及边境地区小额贸易进出口货物（边民互市贸易除外），中外合资企业、中外合作经营企业、外商独资经营企业进出口货物和公用物品，到、离岸价格在规定限额以上的进出口货样和广告品（无商业价值、无使用价值和免费提供出口的除外），从保税仓库提取在中国境内销售的进口货物，以及其他进出口货物。进出口总额用以观察一个国家在对外贸易方面的总规模。我国规定出口货物按离岸价格统计，进口货物按到岸价格统计。

商品经营单位所在地进、出口额 指所在地海关注册登记的有进出口经营权的企业实际进、出口额。

商品目的地进口额和商品货源地出口额 目的地进口额指进口货物的消费、使用或最终抵运地的实际进口额，货源地出口额是指出口货物的产地或原始发货地的实际出口额。

利用外资 指我国各级政府、部门、企业和其他经济组织通过对外借款、吸收外商直接投资以及用其他方式筹措的境外现汇、设备、技术等。

对外借款 是我国利用外资的重要部分。指通过对外正式签订借款协议，从境外筹措的资金，包括外国政府贷款、国际金融组织贷款、外国银行商业贷款、出口信贷以及对外发行债券等。1996 年及以前还包括对外发行股票。

外商直接投资 指外国企业和经济组织或个人（包括华侨、港澳台胞以及我国在境外注册的企业）按我国有关政策、法规，用现汇、实物、技术等在我国境内开办外商独资企业、与我国境内的企业或经济组织共同举办中外合资经营企业、合作经营企业或合作开发资源的投资（包括外商投资收益的再投资）。

外商其他投资 指除对外借款和外商直接投资以外的各种利用外资的形式。包括企业在境内外股票市场公开发行的以外币计价的股票（目前主要是在香港证券市场发行的 H 股和在境内证券市场发行的 B 股）发行价总额，国际租赁进口设备的应付款，补偿贸易中外商提供的进口设备、技术、物料的价款，加工装配贸易中外商提供的进口设备、物料的价款。

对外承包工程 指各对外承包公司以招标议标承包方式承揽的下列业务：（1）承包国外工程建设项目，（2）承包我国对外经援项目，（3）承包我国驻外机构的工程建设项目，（4）承包我国境内利用外资进行建设的工程项目，（5）与外国承包公司合营或联合承包工程项目时我国公司分包部分，（6）对外承包兼营的房屋开发业务。对外承包工程的营业额是以货币表现的本期内完成的对外承包工程的工作量，包括以前年度签订的合同和本年度新签订的合同在报告期内完成的工作量。

对外劳务合作 指以收取工资的形式向业主或承包商提供技术和劳动服务的活动。我国对外承包公司在境外开办的合营企业，中国公司同时又提供劳务的，其劳务部分也纳入劳务合作统计。劳务合作营业额按报告期内向雇主提交的结算数（包括工资、加班费和奖金等）统计。

旅游者人数 包括入境国际旅游者人数、出境居民人数和国内旅游者人数。

（1）入境国际旅游者人数：指来中国参观、访问、旅行、探亲、访友、休养、考察、参加会议和从事经济、科技、文化、教育、宗教等活动的外国人、华侨、港澳同胞和台湾同胞的人数。不包括外国在我国的常驻机构，如使领馆、通讯社、企业办事处的工作人员；来我国常住的外国专家、留学生以及在岸逗留不过夜人员。

（2）出境居民人数：指大陆居民因公务活动或私人事务短期出境的人数。公务活动出境居民人数包括在国际交通工具上的中国服务员工，因私出境居民人数不包括在国际交通工具上的中国服务员工。

（3）国内旅游者人数：指我国大陆居民和在我国常住1年以上的外国人、华侨、港澳台同胞离开常住地在境内其他地方的旅游设施内至少停留一夜，最长不超过6个月的人数。

国际旅游（外汇）收入 指入境旅游的外国人、华侨、港澳同胞和台湾同胞在中国大陆旅游过程中发生的一切旅游支出，对于国家来说就是国际旅游（外汇）收入。

2017南京统计年鉴
NANJING STATISTICAL YEARBOOK

（十二）财政、金融和保险

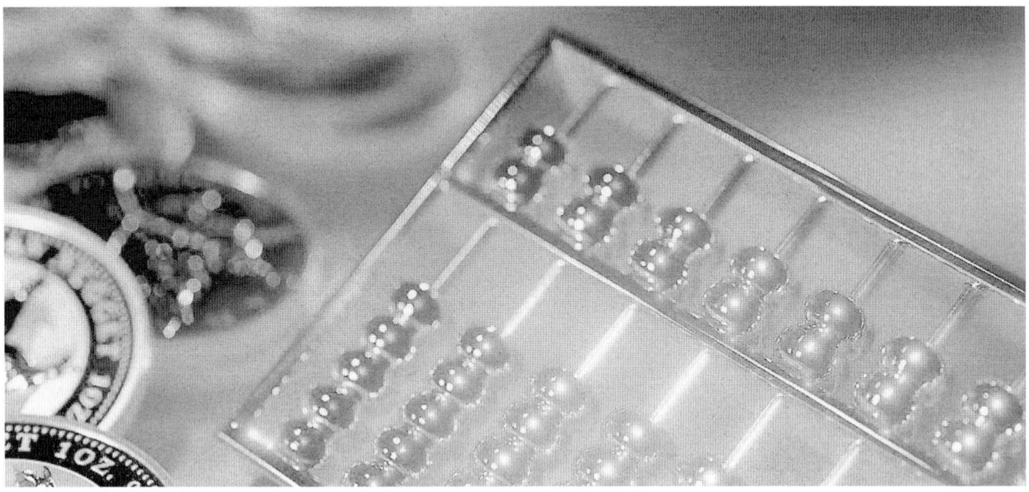

CHAPTER 12
FINANCE, BANKING AND INSURANCE

表 12—1　财政收入

计量单位：亿元

指　　标	2016年	2015年	2016年为上年%
全市财政收入	2198.54	2008.96	109.4
1、一般公共预算收入	1142.60	1020.03	112.0
增值税	296.63	159.82	185.6
营业税	158.19	228.14	69.3
企业所得税	141.41	126.31	111.9
个人所得税	77.27	66.67	115.9
城市维护建设税	78.35	71.60	109.4
其他各项收入	390.75	367.49	106.3
2、上划中央收入	1055.94	988.93	106.8
国内消费税	346.29	344.59	100.5
附：一般公共预算收入构成（%）	100	100	
增值税	26.0	15.7	
营业税	13.8	22.4	
企业所得税	12.4	12.4	
个人所得税	6.8	6.5	
城市维护建设税	6.9	7.0	
其他各项收入	34.2	36.0	

注：本表由市财政局提供。

表12—2　公共财政预算支出

计量单位：亿元

指　标	2016年	2015年	2016年为上年%
公共财政预算支出	1173.79	1045.57	112.3
#一般公共服务	93.15	83.38	112.2
公共安全	80.57	64.64	123.7
教育	202.67	178.17	114.7
科学技术	52.97	52.03	104.3
文化体育与传媒	30.78	26.06	120.3
社会保障和就业	121.16	115.78	104.7
医疗卫生	75.27	72.54	105.0
节能环保	49.69	31.57	157.3
城乡社区事务	202.43	202.68	98.0
农林水事务	65.55	56.17	117.3
交通运输	50.36	48.89	102.9
其他支出	149.20	113.64	131.3

注：本表由市财政局提供。

表 12—3　金融机构存、贷款余额

计量单位：亿元

指　标	2016年	2015年
金融机构本外币存款	28355.89	26471.69
（一）境内存款	28297.75	26416.07
1、住户存款	6095.08	5651.58
（1）活期存款	2363.83	2003.85
（2）定期及其他存款	3731.25	3647.72
2、非金融企业存款	11483.72	9975.23
（1）活期存款 2	4685.48	3741.71
（2）定期及其他存款 2	6798.24	6233.52
3、广义政府存款	7585.47	6436.88
（1）财政性存款	521.76	574.87
（2）机关团体存款	7063.71	5862.00
4、非银行业金融机构存款	3133.49	4352.38
（二）境外存款	58.13	55.62
金融机构本外币贷款	22268.94	18951.70
（一）境内贷款	22147.85	18829.94
1、住户贷款	6533.72	4081.54
（1）短期贷款	1015.35	927.04
消费贷款	710.55	568.35
经营贷款	304.80	358.69
（2）中长期贷款	5518.36	3154.50
消费贷款	5256.14	2937.33
经营贷款	262.23	217.17
2、非金融企业及机关团体贷款	15603.36	14745.50
（1）短期贷款	3880.86	4457.21
（2）中长期贷款	10245.90	9157.96
（3）票据融资	836.23	714.02
（4）融资租赁	627.97	398.84
（5）各项垫款	12.39	17.46
3、非银行业金融机构贷款	10.78	2.90
（二）境外贷款	121.09	121.77

注：本表由人行南京营业部提供。

表 12—4　全市保险业务情况（2016 年）

指　标	保费收入（万元）	增长%	赔款及给付（万元）	增长%
保险总额	4857950	32.0	1627521	32.5
1、财产险	1273841	11.4	774776	9.8
2、寿险	2524313	28.1	709552	74.9
3、意外险	119092	11.4	29936	29.1
4、健康险	940704	104.9	113257	20.4

注：本表数据由江苏省保监局提供。

表 12—5　主要年份财政收支

计量单位：亿元

年　份	财政收入	#一般公共预算收入	财政支出 一般公共预算支出
1949	0.07	—	0.02
1952	0.41	—	0.36
1957	0.55	—	0.59
1962	1.65	—	0.36
1965	2.35	—	0.52
1970	4.83	—	1.03
1975	0.92	—	1.06
1978	10.85	—	1.78
1979	17.64	—	2.34
1980	14.96	—	2.30
1985	24.77	—	4.76
1990	36.18	—	9.81
1995	65.17	29.43	36.22
1998	108.24	50.78	59.65
1999	128.49	66.43	73.21
2000	164.58	92.57	97.70
2001	204.77	108.48	113.35
2002	264.92	115.60	133.12
2003	335.03	136.48	155.28
2004	403.65	169.88	191.68
2005	510.17	211.07	231.51
2006	603.91	246.44	262.46
2007	628.53	330.19	342.94
2008	742.40	386.56	404.92
2009	901.15	434.51	461.31
2010	1075.25	518.80	542.73
2011	1298.77	635.00	666.21
2012	1427.25	733.02	769.66
2013	1591.59	831.31	850.91
2014	1771.85	903.49	921.20
2015	2008.96	1020.03	1045.57
2016	2198.54	1142.60	1173.79

注：2000-2002年一般公共预算收入为地方财政收入。2000年起财政支出为一般公共预算支出。

表12—6　2000年以来金融机构本外币存贷款

计量单位：亿元

年　份	金融机构本外币各项存款余额	#居民储蓄本外币存款	金融机构本外币各项贷款余额
2000	1963.44	—	1706.44
2001	2489.64	—	2063.69
2002	3005.89	1031.01	2549.31
2003	3821.37	1253.85	3546.40
2004	4412.06	1382.24	4245.66
2005	5263.25	1677.49	4659.81
2006	5960.83	1913.12	5326.64
2007	7131.80	2010.31	6333.15
2008	8562.27	2565.83	7483.10
2009	11088.39	3125.00	9444.48
2010	12887.43	3572.07	10915.34
2011	14241.99	3968.03	11723.52
2012	16540.43	4532.02	13079.32
2013	18417.90	4955.76	14538.65
2014	20733.39	5135.67	16448.55
2015	26471.69	5651.58	18951.70
2016	28355.89	6095.08	22268.94

表 12—7　2000 年以来金融机构人民币存贷款

计量单位：亿元

年　份	金融机构人民币存款余额	#居民人民币储蓄存款	金融机构人民币贷款余额
2000	1963.44	596.70	1704.65
2001	2293.00	716.00	1962.00
2002	2795.00	906.00	2451.00
2003	3623.00	1134.00	3375.00
2004	4234.00	1287.00	4062.00
2005	5083.32	1595.00	4452.57
2006	5802.18	1835.00	5098.14
2007	6996.98	1951.15	6046.05
2008	8392.89	2505.33	7171.69
2009	10886.92	3056.35	9064.13
2010	12649.52	3511.85	10384.84
2011	13945.92	3910.20	11132.09
2012	16131.41	4465.37	12314.41
2013	18050.82	4883.29	13791.06
2014	20161.85	5055.77	16328.58
2015	25887.77	5535.53	18217.80
2016	27633.55	5894.47	21681.28

表12—8　2000年以来保险业务情况

计量单位：亿元

年　份	保费收入	赔款及给付
2000	24.91	3.88
2001	36.69	4.23
2002	54.77	5.32
2003	69.47	7.4
2004	71.33	9.3
2005	75.28	11.6
2006	89.96	28.34
2007	98.29	33.39
2008	127.17	31.89
2009	175.42	41.81
2010	191.3	41.4
2011	194.08	56.43
2012	235.74	67.79
2013	264.34	83.28
2014	248.32	91.8
2015	368.04	122.84
2016	485.8	162.75

主要统计指标解释

财政收入 指国家财政参与社会产品分配所取得的收入，是实现国家职能的财力保证。财政收入所包括的内容几经变化，目前主要包括：:

（1）各项税收：包括增值税、营业税、消费税、土地增值税、城市维护建设税、资源税、城市土地使用税、印花税、个人所得税、企业所得税、关税、农牧业税和耕地占用税等。

（2）专项收入：包括征收排污费收入、征收城市水资源费收入、教育费附加收入等。

（3）其他收入：包括基本建设贷款归还收入、基本建设收入、捐赠收入等。

（4）国有企业亏损补贴：这项为负收入，冲减财政收入。

财政支出 国家财政将筹集起来的资金进行分配使用，以满足经济建设和各项事业的需要，主要包括：:基本建设支出、企业挖潜改造资金、地质勘探费用、科技三项费用、支援农村生产支出、农林水利气象等部门的事业费用、工业交通商业等部门的事业费、文教科学卫生事业费、抚恤和社会福利救济费、国防支出、行政管理费和价格补贴支出等。

中央财政收入和地方财政收入 指按财政体制划分的中央本级收入和地方本级收入。1994 年分税制财政体制以后，属于中央财政的收入包括关税、海关代征消费税和增值税，消费税，中央企业所得税，地方银行和外资银行及非银行金融企业所得税，铁道、银行总行、保险总公司等集中缴纳的营业税、所得税、利润和城市维护建设税，增值税的 75% 部分，证券交易税（印花税）50% 部分和海洋石油资源税。属于地方财政的收入包括营业税，地方企业所得税，个人所得税，城镇土地使用税，固定资产投资方向调节税，城镇维护建设税，房产税，车船使用税，印花税，屠宰税，农牧业税，农业特产税，耕地占用税，契税，增值税 25% 部分，证券交易税（印花税）50% 部分和除海洋石油资源税以外的其他资源税。

存款 指企业、机关、团体或居民根据资金必须收回的原则，把货币资金存入银行或其他信用机构保管并取得一定利息的一种信用活动形式。根据存款对象的不同可划分为企业存款、财政存款、机关团体存款、基本建设存款、城镇储蓄存款、农村存款等科目。它是银行信贷资金的主要来源。

贷款 指银行或其他信用机构根据资金必须归还的原则，按一定利率，为企业、个人等提供资金的一种信用活动形式。我国银行贷款分为流动资金贷款、固定资产贷款、城乡个体工商户贷款以及农业贷款等科目。

保险公司 在中国境内的、经过保险监督部门批准设立，并依法登记注册的各类商业保险公司。

保险金额 指保险人承担赔偿或者给付保险金责任的最高限额。

保费 指投保人为取得保险人在约定范围内所承担赔偿责任而支付给保险人的费用。

赔款 指保险人根据保险合同的规定，向被保险人支付的赔偿保险责任损失的金额。

给付 包括死伤医疗给付和满期给付。死伤医疗给付是指保险人根据人寿保险及长期健康保险合同的规定，因被保险人在保险期内发生保险责任范围内的保险事故支付给被保险人（或受益人）的金额。满期给付是指被保险人生存期满，保险人按人寿保险合同规定支付给被保险人的满期保险金额。

（十三）科技和教育

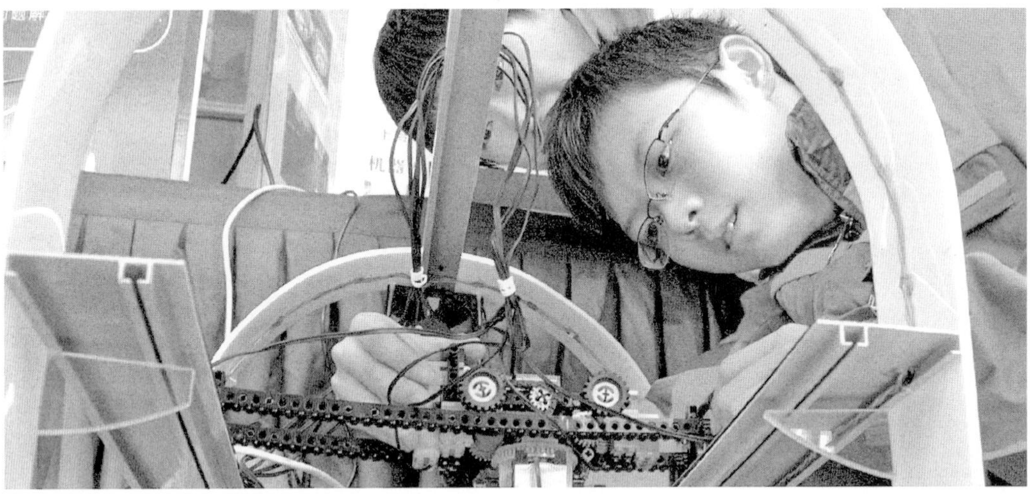

CHAPTER 13
SCIENCE AND TECHNOLOGY，EDUCATION

表 13—1　规模以上工业企业高新技术产业基本情况（2016 年）

计量单位：千元

指　标	工业总产值	主营业务收入	出口交货值	利润总额
合　计	566134610	563637541	127299849	40897764
1、航天航空制造业	1620109	1890445	320758	49437
2、计算机及办公室设备制造业	2421563	2513426	41022	138909
3、电子及通信设备制造业	210579252	206633295	104742817	6541072
4、医药制造业	31832840	31559262	1294718	4953691
5、专用科学仪器设备制造业	9696933	9413023	2299819	1107918
6、电气机械及设备制造业	146526601	147093500	8213921	15059084
7、新材料产业	160692926	161962392	10135211	13357814
8、新能源	2764386	2572198	251583	-310161

表 13—2 规模以上工业企业科技活动

指 标	2016年	2015年
一、企业数及开展科技活动数		
规模以上工业企业数（个）	2661	2714
有 R&D（研究与试验发展）活动企业数（个）	1063	1040
有研发机构单位数（个）	1143	1078
企业办科技机构数（个）	1447	1361
二、科技活动人员		
科技活动人员总计（人）	76387	76847
总计中：大学本科及以上学历人员	49412	53018
总计中：研究与试验发展活动人员	53267	54850
总计中：企业办科技机构中人员	51118	51406
# 博士、硕士毕业以上学历人员	10387	8936
三、R&D 活动项目及经费		
本年 R&D 项目数（项）	5937	5754

表 13—2　规模以上工业企业科技活动（续表）

指　标	2016年	2015年
本年 R&D 活动经费内部支出合计（千元）	14292588	13682975
# 大中型工业企业	10790032	10561809
# 小微型工业企业	3502556	3121166
本年 R&D 活动经费外部支出合计（千元）	1023560	1127178
本年新产品开发经费支出	15711072	13607657
四、其他技术活动经费支出		
技术改造经费支出（千元）	4941874	5138396
技术引进经费支出（千元）	514589	619681
消化吸收经费支出（千元）	19522	35595
购买国内技术经费支出（千元）	223226	184743
五、科技活动产出		
专利申请数（件）	12286	10441
# 发明专利申请数	5659	4650
新产品销售收入合计（千元）	203891243	181173217
# 新产品出口销售收入	24570582	26773136
新产品产值（千元）	198254474	178525591

表 13—3　规模以上工业企业研究与试验发展内部支出

计量单位：万元

指　标	2016年	2015年
总计	1429259	1368298
一、按企业规模分组		
大中型企业	1079003	1056181
大型企业	686613	655362
中型企业	392390	400819
小微型企业	350256	312117
二、按隶属关系分组		
中央	281201	281531
地方	1148058	1086767
三、按登记注册类型分组		
内资企业	1113597	1090083
国有企业	26609	58471
集体企业	1997	2569
股份合作企业	87	129
联营企业	1982	451
国有联营企业	1810	279

注：本表根据科技年报数据编制。

表 13—3　规模以上工业企业研究与试验发展内部支出（续表 1）

计量单位：万元

指　标	2016年	2015年
集体联营企业		
国有与集体联营企业	172	172
其他联营企业		
有限责任公司	499256	500311
国有独资公司	39265	46124
其他有限责任公司	459992	454188
股份有限公司	284246	264312
私营企业	299021	263434
私营独资企业	4226	3701
私营合伙企业	340	572
私营有限责任公司	240489	210902
私营股份有限公司	53966	48258
其他企业	399	407
港、澳、台商投资企业	120525	111623
合资经营企业（港或澳、台资）	63568	57058
合作经营企业（港或澳、台资）	0	368
港、澳、台商独资经营企业	56653	53712

表 13—3　规模以上工业企业研究与试验发展内部支出（续表 2）

计量单位：万元

指　标	2016年	2015年
港、澳、台商投资股份有限公司	304	485
其他港澳台投资企业		
外商投资企业	195137	166592
中外合资经营企业	112334	88428
中外合作经营企业	1294	864
外资企业	81301	76679
外商投资股份有限公司	209	621
其他外商投资企业		
四、按国民经济行业分组		
采矿业	630	2266
黑色金属矿采选业		962
有色金属矿采选业	630	1116
非金属矿采选业		188
制造业	1413709	1347130
农副食品加工业	8666	4957
食品制造业	11864	12256
酒、饮料和精制茶制造业	1189	921
烟草制品业		
纺织业	7185	8195

表 13—3　规模以上工业企业研究与试验发展内部支出（续表 3）

计量单位：万元

指　标	2016年	2015年
纺织服装、服饰业	15421	25486
皮革、毛皮、羽毛及其制品和制鞋业	1457	1223
木材加工及木、竹、藤、棕、草制品业	466	516
家具制造业	4685	3468
造纸和纸制品业	722	302
印刷业和记录媒介的复制	6418	5602
文教、工美、体育和娱乐用品制造业	10310	10548
石油加工、炼焦及核燃料加工业	2979	2828
化学原料及化学制品制造业	243627	263959
医药制造业	89790	70235
化学纤维制造业	10267	10032
橡胶和塑料制品业	19156	15738
非金属矿物制品业	20356	21954
黑色金属冶炼及压延加工业	118347	91985
有色金属冶炼及压延加工业	24326	22151
金属制品业	45442	36246
通用设备制造业	99177	84253

表 13—3　规模以上工业企业研究与试验发展内部支出（续表 4）

计量单位：万元

指　标	2016年	2015年
专用设备制造业	623589	63029
汽车制造业	116159	120216
铁路、船舶、航空航天和其他运输设备制造业	67947	80984
电气机械及器材制造业	177953	170040
计算机、通信和其他电子设备制造业	159064	120865
仪器仪表制造业	87457	98411
其他制造业	398	220
废弃资源综合利用业	202	270
金属制品、机械和设备修理业	321	243
电力、热力、燃气及水的生产和供应业	14920	18902
电力、热力的生产和供应业	14862	18745
燃气生产和供应业		
水的生产和供应业	58	157
五、按企业控股情况分组		
国有控股	545473	591218
集体控股	25908	25513
私人控股	470756	397484
港澳台商控股	98185	94591
外商控股	116329	107913
其他	172607	151579

表 13—4　专利申请量与授权量

计量单位：件

指　标	2016年	2015年
申请量合计	65198	56099
发明	31556	27825
实用新型	26144	20485
外观设计	7498	7789
授权量合计	28782	28104
发明	8697	8244
实用新型	15677	15067
外观设计	4408	4793

注：本表由市科委提供。

表 13—5　商标注册情况（2016 年）

计量单位：件

指　标	2016年
新申请注册商标	39665
有效注册商标总量累计	132233
新增马德里国际注册商标	34
有效马德里国际注册商标累计	309
新增中国驰名商标	5
中国驰名商标总量累计	108
省著名商标累计	571
市著名商标累计	932

表 13—6 技术合同成交情况（2016 年）

指 标	合同数（项）	合同金额（万元）	#技术交易额（万元）
合 计	22827	2157257	1970371
技术开发	8740	1034612	1023497
技术转让	640	172130	101381
技术咨询	221	68902	24677
技术服务	13226	881613	820816

注：本表由市科委提供。

表 13—7 各类教育事业基本情况

一、学校数

计量单位：所

指 标	2016年	2015年
全 市	1575	1526
高等教育	59	59
#普通高校	53	53
成人高校	6	6
中等职业学校	53	54
#普通中专	22	23
成人中专	4	4
技工学校	27	27
普通中学	227	223
小学	346	350
特殊教育	12	12
幼儿园	878	828

二、在校学生数

计量单位：人

指　标	2016年	2015年
在校学生总数	1952085	1904244
高等教育	1007157	998212
# 研究生培养机构	110387	106426
普通高校	717386	706193
成人高校	179384	185593
中等职业学校	119863	119387
# 普通中专	54954	54787
成人中专	13577	15798
技工学校	51332	48802
普通中学	224548	219892
小学	375445	357997
特殊教育	1365	1342
幼儿园	223707	207414

注：本表技工学校数据由人社部门提供，其余数据由市教育局提供。

三、毕业生数

计量单位：人

指　标	2016年	2015年
毕业生总数	536521	521528
高等教育	307005	301561
# 研究生培养机构	29214	28607
普通高校	203089	207691
成人高校	74702	65263
中等职业学校	39323	36510
# 普通中专	17836	16426
成人中专	6307	5758
技工学校	15180	14326
普通中学	72500	75399
# 初中	47543	48191
高中	24957	27208
小学	52221	47271
特殊教育	277	253
幼儿园	65195	60534
小学毕业生升学率（%）	100	100
初中毕业生升学率（%）	—	99.7

注：本表技工学校数据由人社部门提供，其余数据由市教育局提供。

四、招生数

计量单位：人

指　标	2016年	2015年
招生总数	601374	587554
高等教育	329483	325911
#研究生培养机构	35805	34611
普通高校	223230	218837
成人高校	70448	72463
中等职业学校	44973	42841
#普通中专	18607	18427
成人中专	4104	3961
技工学校	22262	20453
普通中学	78320	73362
#初中	52723	47525
高中	25597	25837
小学	69143	65068
特殊教育	230	238
幼儿园	79225	80134

注：本表数据由市教育局提供。技工学校数据由人社部门提供。

五、专任教师数

计量单位：人

指　标	2016年	2015年
专任教师总数	118984	115274
高等教育	49391	48539
#普通高校	48854	47979
成人高校	537	560
中等职业学校	6922	7169
#普通中专	3667	3606
成人中专	481	481
技工学校	2774	3082
普通中学	22982	22549
小学	23644	22474
特殊教育	478	463
幼儿园	15567	14080

注：本表数据由市教育局提供。技工学校数据由人社部门提供。2016年普通高校专任教师数统计口径调整。

表 13—8　教育系统各级各类学校教学设施情况（2016 年）

指　标	普通高校	中等职业学校	普通中学		普通小学	特殊学校
			高中	初中		
占地面积（平方米）	55835296	4062673.99	3983546.4	5773646	6194967	111113
#运动场地面积	3440818	460596	967149.2	1763243	2166027	35589.9
教学及辅助用房面积（平方米）	11308814	795859	1075958.24	1293812	1783643	40060.2
# 教室	3496621	330564	541103.84	792691.5	1350825	35153
实验室	4351970	334763	201388.38	230540	117842	2109
图书室	1215733	42211.1	121415.32	84394.84	94700.7	1566.3
微机室	—	—	53268.74	64091.95	70273	1231.9
语音室	—	—	22559.32	12543.49	12099.6	—
图书资料						
# 一般图书（万册）	7394.37	238.55	435.97	537.48	899.44	11.76
电子图书（GB）	8268.1	546733	235.85	724.95	901.751	51921
教学用计算机（台）	360505	27407	29834	36970	54904	—
每百名学生拥有教学用计算机（台）	42.73	39.99	39.44	24.83	14.62	—
平均每一专任教师负担学生数（人）	15.94	15.82	9.4	9.97	15.88	2.86

注：本表数据由市教育局提供。

表 13—9 主要年份学校在校学生数

计量单位：万人

年 份	普通高等学校	普通中学	小 学
1949	0.35	1.82	12.06
1952	0.84	3.68	23.34
1957	2.35	6.98	31.46
1962	3.52	8.92	35.63
1965	2.98	11.29	48.00
1970	2.43	18.26	54.10
1975	1.87	25.23	60.19
1978	2.72	23.14	39.17
1979	3.51	21.8	39.84
1980	4.02	27.41	50.5
1985	6.04	23.86	41.85
1990	7.51	23.01	42.08
1995	10.37	23.57	41.72
1997	12.05	22.04	46.75
1998	13.24	21.80	48.11
1999	16.28	22.29	47.88
2000	21.69	25.38	45.41
2005	56.11	32.26	30.51
2007	67.79	28.53	29.07
2008	72.50	27.27	28.56
2009	77.34	26.11	28.32
2010	79.34	24.86	28.83
2011	80.85	23.78	30.07
2012	81.53	23.07	30.71
2013	80.74	22.43	32.14
2014	80.53	22.28	33.93
2015	81.26	21.99	35.80
2016	82.78	22.45	37.54

注：高等学校在校学生数含普通高等学校、科研院所有在学研究生。

主要统计指标解释

科技活动 指在自然科学、农业科学、医药科学、工程与技术科学、人文与社会科学领域（简称科学技术领域）中，与科技知识的产生、发展、传播和应用密切相关的有组织的活动。可分为研究与试验发展（R&D）、研究与试验发展成果应用及相关的科技服务三类活动。

企业办科技机构数 指企业自办、或与外单位合办，管理上同生产系统相对独立、或者单独核算的专门科技活动机构，如企业开办的技术中心、研究院所、开发中心、开发部、实验室、中试车间、试验基地等。企业办科技机构经过资源整合，被国家或省级有关部门认定为国家级或省级技术中心的，可按一个机构填报。企业科技管理职能科室（如科研处、技术科等）一般不统计在内；若科研处、技术科等同时挂有科技机构牌子，视其报告年度内主要工作任务而定，主要任务是从事科技活动的可以统计，否则不统计。本指标不含企业在中国境外设立的科技机构数。

科技活动人员 指直接从事或参与科技活动的人员，包括参加科技项目人员、从事科技活动管理和为科技活动提供直接服务的人员（包括工人）。科技活动人员不包括全年累计从事科技活动时间不足制度工作时间10%的人员，也不包括为科技活动提供间接服务的保卫、医疗保健、司机、食堂人员、茶炉工、水暖工、清洁工等人员。

研究与试验发展人员 指科技活动人员中从事基础研究、应用研究和试验发展三类活动的人员。包括直接参加上述三类项目活动的人员及这三类项目的管理和直接服务人员。上述三类项目的管理和直接服务人员，可按研究与试验发展（R&D）项目人员占全部科技项目人员的比重进行推算。

科技项目 指为系统地解决产品和工艺等方面的科学技术问题而确定的研究开发性工作。科技项目一般应按照企业制订的科技开发计划或签订的项目协议书确定，具体包括企业在报告年度当年立项并开展研制工作、以前年份立项仍继续进行研制的科技项目，以及当年完成和年内研制工作已告失败的科技项目，但不包括委托外单位进行研制的科技项目以及列入当年计划但未实施的项目。

R&D经费内部支出 指调查单位在报告年度用于内部开展R&D活动（基础研究、应用研究和试验发展）的实际支出。包括用于R&D项目（课题）活动的直接支出，以及间接用于R&D活动的管理费、服务费、与R&D有关的基本建设支出以及外协加工费等。不包括生产性活动支出、归还贷款支出以及与外单位合作或委托外单位进行R&D活动而转拨给对方的经费支出。

技术改造经费支出 指企业在报告年度进行技术改造而发生的费用支出。技术改造指企业在坚持科技进步的前提下，将科技成果应用于生产的各个领域（产品、设备、工艺等），用先进技术改造落后技术，用先进工艺代替落后工艺、设备，实现以内涵为主的扩大再生产，从而提高产品质量、促进产品更新换代、节约能源、降低消耗，全面提高综合经济效益。

技术引进经费支出　指在报告年度用于购买国外技术的费用支出，包括产品设计、工艺流程、图纸、配方、专利等技术资料的费用支出，以及购买关键设备、仪器、样机和样件等的费用支出。

消化吸收经费支出　指企业在报告年度对国外引进项目进行消化吸收所支付的经费。包括：人员培训费、测绘费、参加消化吸收人员的工资、工装、工艺开发费、必备的配套设备费、翻版费等。引进技术的消化吸收指对引进技术的掌握、应用、复制而开展的工作，以及在此基础上的创新。通过消化吸收国外技术，达到掌握引进技术，提高自我创新能力的目的。消化吸收经费支出中属于研究与试验发展的经费支出，除包含在本项外，还要计入企业研究与试验发展经费支出中。

购买国内技术经费支出　指企业在报告年度购买国内其他单位科技成果的经费支出。包括购买产品设计、工艺流程、图纸、配方、专利、技术诀窍及关键设备的费用支出。

专利申请数　指在报告年度内向专利行政部门提出专利申请并被受理的件数。

新产品产值　指年度本企业生产的新产品的产值。新产品是指采用新技术原理、新设计构思研制、生产的全新产品，或在结构、材质、工艺等某一方面比原有产品有明显改进，从而显著提高了产品性能或扩大了使用功能的产品。若产品只在外观、颜色、图案、包装上有改变，或仅在技术上有较小的变化，不作为新产品进行统计。本报表中的新产品指标既包括经政府有关部门认定并在有效期内的新产品，也包括企业自行研制开发，未经政府有关部门认定，从投产之日起一年之内的新产品。

新产品销售收入　指年度本企业销售新产品实现的销售收入。

新产品出口收入　指年度本企业将新产品出售给外贸部门和直接出售给外商所实现的销售收入。

普通高等学校　指按照国家规定的设置标准和审批程序批准举办，通过国家统一招生考试，招收高中毕业生为主要培养对象，实施高等学历教育的全日制大学、独立设置的学院和高等专科学校、高等职业学校和其他机构。

成人高等学校　指按照国家规定的设置标准和审批程序举办的，通过全国成人高等教育统一招生考试，招收具有高中毕业或同等学历的人员为主要培养对象，利用脱产、业余或函授等多种形式对其实施高等学历教育的学校。包括广播电视大学、职工高等学校、农民高等学校、管理干部学院、教育学院、独立函授学院、其他机构。

初中毕业生升学率　计算初中毕业生升学率所用分子数为高级中学招生数，包括：普通高中招生数、职业高中招生数、技工学校招生数、普通中专招收初中毕业生数、普通中专举办的成人中专招收应届初中毕业生数及成人中专招收应届初中毕业生数，分母是初中毕业生人数。

2017南京统计年鉴
NANJING STATISTICAL YEARBOOK

（十四）文化、体育和卫生

CHAPTER 14
CULTURE, SPORTS AND PUBLIC HEALTH

表 14—1　文化机构从业人员综合情况（2016 年）

指　标	总　计		文化部门		其他部门	
	机构数（个）	从业人员数（人）	机构数（个）	从业人员数（人）	机构数（个）	从业人员数（人）
文化及相关产业	2971	34767	246	7505	2725	27262
艺术业	85	3074	24	1903	61	1171
图书馆业	15	859	15	859		
群众文化业	114	632	114	632		
艺术教育业	3	298	3	298		
文化市场经营机构（不包括非公有制院团和场馆）	2618	24443			2618	24443
文艺科研	1	25	1	25		
文物业	83	2758	53	2120	30	638
其他文化及相关产业	39	2230	23	1220	16	1010

注：本表数据由市文广新局提供。

表 14—2　文化馆（站）（2016 年）

指　标	合　计	文化馆	文化站	#乡镇文化站
个数（个）	114	14	100	13
举办展览（场次）	605	67	538	53
组织文化活动次数（次）	8131	305	7826	216
举办训练班（班次）	2343	296	2047	96
藏书（千册）	2270.78	0.617	2270.16	262.56

注：本表数据由市文广新局提供。

表 14—3　艺术团体（2016 年）

指　标	剧团数（个）	职工数（人）	国内演出（场次）	#在农村演出	国内观众人次（千人次）
全　市	58	2445	11370	3400	4930.28
话剧、儿童剧、滑稽剧类	3	55	100		101
歌舞、音乐类	8	275	910	90	337.2
京剧、昆曲类	2	50	270	10	150
地方戏曲类	5	114	510	170	482.7
杂技、魔术、马戏类	2	140	1200	20	928
曲艺类	2	73	690	10	150.06
综合性艺术表演团体	36	1738	7690	3100	2781.32

注：本表数据由市文广新局提供。

表 14—4　文化市场经营机构基本情况（2016 年）

指　标	机构数（个）	从业人员（人）	经营活动情况（千元）			其他（千元）	
			营业收入	营业成本	营业利润	从业人员劳动报酬	税金
娱乐场所	800	6905	906453	682157	224296	230765	40415
互联网上网服务营业场所（网吧）	1347	5248	593361	381474	211887	131489	19779
非公有制艺术表演团体	46	839	33392	24271	9121	15639	1686
经营性互联网文化单位	255	10685	9053117	7143990	1909138	908682	266009
艺术品经营机构	50	319	75686	41064	34622	10870	2619
演出经纪机构	166	1286	416742	374206	42314	72900	21416

注：本表数据由市文广新局提供。

表14—5　公共图书馆综合情况（2016年）

指　标	合计	省级	市级	区县级
机构数（个）	15	1	1	13
从业人员（人）	859	531	119	209
总藏量（千册）	17623	11387	2218	4018
# 图书	13934	8235	1992	3707
报刊	1363	1077	107	179
视听文献 、微缩制品	449	343	67	39
其他	191	133	2	57
在藏品中：开架书刊	4175	900	1226	2049
本年新购藏量（千册）	1280	463	79	738
公用房屋建筑面积（平方米）	214320	103010	25165	86145
# 书库	20960	10250	1886	8824
阅览室	37280	18000	8407	10873
阅览室座席数（个）	8998	2747	1415	4836
总流通人次（千人次）	9415	3627	2268	3520
# 书刊文献外借人次	3822	1245	943	1634
书刊文献外借册次（千册次）	5947	1526	1509	2912
累计发放有效借书证数（千个）	926.83	607.76	152.23	166.84
为读者举办各种活动	—	—	—	—
#组织次数（次）	1361	598	210	553
参加人次（千人次）	1654	1212	105	338
计算机（台）	2111	1163	280	668
# 电子阅览室终端数	1007	360	174	473

注：本表数据由市文广新局提供。

表 14—6 博物馆综合情况（2016 年）

指　标	总计	综合性	历史类	艺术类	自然科技类	其他
机构数（个）	57	6	32	9	6	4
省级	3	1	1	1		
市级	29	1	18	3	6	1
区县级	25	4	13	5		3
从业人员（人）	2227	1219	800	125	49	34
# 高级职称	94	50	22	6	16	
中级职称	170	101	39	5	19	6
文物藏品（件）	787520	525324	204986	16277	38784	2149
# 一级品	1919	1406	511	2		
参观人次（万人次）	3297.56	403.4	2470	225.83	60.1	138.23
# 青少年	595.05	47.69	408.85	92.27	30.5	15.74
本年收入（千元）	612127	366002	198642	24918	16918	5647
# 财政拨款	485984	321886	122852	19031	16918	5297
门票收入	147141	2494	140529	108	4010	
本年支出（千元）	620404	331172	240019	26648	16918	5647
# 基本支出	241666	140883	77401	12381	9053	1948
项目支出	339676	190289	123558	14265	7865	3699
公用建筑面积（万平方米）	54.275	18.041	29.88	2.448	2.33	1.576
# 展览用房	26.192	6.579	15.955	1.496	1.545	0.617
文物库房	3.37	2.119	0.909	0.112	0.123	0.107

注：本表数据由市文广新局提供。

表 14—7　文物保护管理机构综合情况（2016 年）

指　标	机构数（个）	从业人员（人）	文物藏品（件）	#一级藏品	展览（个）	参观人次（千人次）
总　计	82	2758	1032690	1919	389	32975.54
文物保护管理机构	9	21	32			
博物馆	57	2227	787636	1919	389	32975.56
综合性	6	1219	787520	1919	95	4034.03
历史类	32	800	525324	1406	207	2，470
艺术类	9	125	204986	511	63	2258.3
自然科技类	6	49	16277	2	15	600.94
其他	4	34	38784		9	1382.29
文物商店	1	69	2149			
其他文物机构	15	441				

注：本表数据由市文广新局提供。

表 14—8　图书、杂志、报纸出版情况（2016 年）

指　标	图　书	杂　志	报　纸
种数（种）	25439	300	59
总印数（万册 / 份）	61764.69	11433.20	142229.03
总印张数（万印张）	439798.88	488355.77	5201022.35

注：本表数据由市文广新局提供。

表14—9 艺术表演场所综合情况（2016年）

指 标	2016年	2015年
机构数（个）	12	13
#省级	3	3
市级	6	6
区县级	3	4
从业人员（人）	230	295
座席数（个）	13337	14137
演（映）出场次（场）	975	1480
#艺术演出场次	788	1160
观众人次（千人次）	797	999.79
#艺术演出观众人次	645.7	821.97
艺术演出收入（千元）	31023	39159
年末固定资产原值（千元）	271523	280700
建筑面积（平方米）	117872	117872
#演（映）业务用房	53229	53229

注：本表数据由市文广新局提供。

表 14—10　广播、电视播出情况（2016 年）

指　标	节目套数（套）			全年公共节目播出	全年制作节目
	合计	公共节目	付费节目	时间（小时）	时间（小时）
广播电台	23	23		159145	141482
省级广播电台	10	10		81717	75715
市级广播电台	6	6		49877	49877
区县级广播电台	7	7		27551	15890
电视台	27	24	3	159171	43534
省级电视台	12	9	3	79133	23842
市级电视台	8	8		59778	14813
区县级电视台	7	7		20260	4879

注：本表数据由市文广新局提供。

表 14—11　广播、电视覆盖情况（2016 年）

指　标	广播综合覆盖		电视综合覆盖		有线（数字）电视用户		
	覆盖人口数（万人）	覆盖率（%）	覆盖人口数（万人）	覆盖率（%）	总用户数（万户）	#数字电视（万户）	入户率（%）
全　　市	653.4	100	653.4	100	287.56	286.36	124.53
市级覆盖	241.68	100	241.68	100	—	—	—
区级覆盖	411.72	100	411.72	100	—	—	—

注：本表数据由市文广新局提供，有线电视总用户数与数字电视用户数均包括98万户IPTV用户。

表 14—12 举办区级以上运动会情况

指 标	体育系统	
	2016年举办次数（次）	2015年举办次数（次）
举办运动会次数	248	269
综合运动会	8	14
单项比赛	213	255
举办全民健身活动次数	1287	1480
其中：1000 人以上的活动	115	43

注：本表由市体育局提供。

表 14—13 运动员、教练员、裁判员基本情况（2016 年）

计量单位：人

指 标	运动员	专职教练员	裁判员
合 计	384	215	1823
国际级（健将）	3	—	—
国家级（运动健将）	15	5	13
一级（高级）	17	34	265
二级（中级）	254	61	1545
三级（初级）	—	22	—
少年级	95	—	—

注：本表由市体育局提供，表中数据运动员为市属、不含省。

表14—14 社区健身设施建设情况

指 标	2016年	2015年
建设数（个）	5576	4810
器材数（件）	59429	52333
面积（万平方米）	205.17	191.78
投资金额（万元）	14003.7	11724

注：本表由市体育局提供，表中数据均为截止2016年末累计完成数；本表数据含新农村体育健身工程建设点。

表14—15 分场地类型体育场地状况（2016年）

指 标	场地数量（个）	场地面积（万平方米）
总 计	3945	640.44
体育场（地）馆	99	115.03
# 登山步道	25	84.18
城市健身步道	209	416.37
全民健身路径	3612	24.86

注：本表数据由市体育局提供，体育场（地）馆为国家第六次体育场馆普查制定标准。

表 14—16 新华书店图书销售数量

计量单位：万册

指　标	2016年	2015年
总　计	2548.39	2447.63
哲学、社会科学	37.03	37.52
文化、教育	305.78	321.26
文学、艺术	70.99	103.59
自然科学、技术	24.88	14.77
少儿读物	40.61	64.03
大中专教材	407.91	383.65
课本	1077.43	831.49
教辅	562.11	675.97
其他出版物	17.56	9.66
非图书商品	4.09	5.69

注：本表由新华书店集团提供，数据不含原老五县；非图书商品仅为音响制品和古旧图书。

表 14—17　医疗卫生事业基本情况

指　标	2016年	2015年
全市卫生机构数（个）	2383	2337
# 医院	209	197
社区卫生服务中心（站）	491	617
疾病控制中心、卫生防疫站	17	17
妇幼保健院（所、站）	14	14
全市实有床位数（张）	49857	46643
# 医院、	44776	41568
社区卫生服务中心（站）	3368	3368
全市卫生机构卫生人员数（人）	86264	78882
# 卫生技术人员	70687	65139
# 执业医师	24035	21137
执业助理医师	1237	1170
注册护士	32093	28850
药师（士）	3935	3693
技师（士）	4157	3829
其他卫生技术人员	5230	6460
# 医院卫生人员	63671	58118
社区卫生服务中心卫生人员	9072	9239

注：本表数据由市卫计委提供。

表 14—18　各类医院基本情况（2016 年）

指　标	机构数（个）	实有床位数（张）	卫生人员数（人）	#卫生技术人员	#执业（助理）医师
全　市	209	44776	63671	53258	17233
综合医院	111	24848	37215	31761	10160
中医院	22	5755	7982	6901	2420
中西医结合医院	3	1321	2120	1782	699
专科医院	58	11487	15691	12387	3848
护理院	15	1365	663	427	106

注：本表数据由市卫计委提供。

表 14—19　医疗机构病床使用情况（2016 年）

指　标	平均开放床位数（张）	病床周转次数（次）	病床使用率（%）	出院者平均住院日（日）
医院				
#综合医院	24558	34.8	89.68	9.3
中医院	5572	30.7	89.63	10.6
中西结合医院	1231	35.5	96.66	9.9
专科医院	10604	28.1	93.73	10.1
社区卫生服务中心（站）	3228	13.9	42.54	10.7
卫生院	420	29.4	51.55	6.4
专科疾病防治院（所、站）	223	1.9	34.3	56.7

注：本表数据由市卫计委提供。

表 14—20　主要年份卫生机构、卫生技术人员、医院床位数

年　份	卫生机构（个）	卫生技术人员数（人）	# 医生	医院床位数（张）
1949	59			5300
1952	206	3900	1500	1616
1957	512	7300	2900	2961
1962	852	12400	4400	7360
1965	897	11300	4900	7431
1970	846	10500	4000	8996
1975	1132	17300	6900	10812
1978	1320	21300	7800	12231
1979	1424	23000	8200	12361
1980	1418	24000	9100	11989
1985	1486	30127	12556	13969
1990	1610	34476	15726	17407
1995	1501	36376	16384	19019
1997	1301	35957	15840	17599
1998	1285	35705	15543	17521
1999	1318	35773	16078	17789
2000	1269	35270	15239	18140
2005	1612	34000	14292	19344
2007	2241	40897	15705	21031
2008	1770	42337	16060	22865
2009	1764	56100	16593	24738
2010	2211	60044	17007	25894
2011	2268	50041	17265	29322
2012	2305	53967	19101	37775
2013	2315	58032	20662	41760
2014	2383	62068	21602	42563
2015	2337	65139	22307	41568
2016	2383	70687	25272	44776

注：本表数据来源于市卫计委，从2002年起“医生”数为“执业医师、执业助理医师”数。

主要统计指标解释

文化事业机构　指从事专业文化工作和为专业文化工作服务的独立建制的单位，不包括这些单位另外举办独立核算的其他机构和各部门的业余文化组织。

执业（助理）医师和注册护士　指领取医师执业证书和注册护士证书的人员。

艺术表演团体　指从事戏曲、音乐、舞蹈、杂技等专业艺术表演，有独立帐户的单位，不包括半工半艺、半农半艺和民间职业剧团。

等级运动员人数　指经考核正式批准授予等级运动员称号的人数。运动员等级分为国际级运动健将、运动健将、一级运动员、二级运动员、三级运动员、少年级运动员。

等级裁判员人数　指经考核正式批准授予等级裁判员称号的人数。裁判员等级分为国际裁判、国家级裁判、一级裁判、二级裁判、三级裁判。

卫生机构　指从卫生行政部门取得《医疗机构执业许可证》，或从民政、工商行政、机构编制管理部门取得法人单位登记证书，为社会提供医疗保障、疾病控制、卫生监督服务或从事医学科研和教育等工作的单位。

卫生技术人员　指卫生事业机构支付工资的全部职工中现任职务为卫生技术工作的专业人员，包括执业医师、执业助理医师、注册护士、药剂人员、检验人员和其他卫生技术人员。

有线电视入户率　指能接收到有线广播电视台、有线电视站（系统内和系统外）和共享天线系统播放的有线电视节目的家庭户数与总户数的比例。计算公式：

$$有线电视入户率=\frac{年末有线电视总用户数}{年末总户数}\times 100\%$$

2017南京统计年鉴
NANJING STATISTICAL YEARBOOK

（十五）司法、社会福利与其他社会活动

CHAPTER 15 JUDICATURE, SOCIAL WELFARE AND OTHERS

表 15—1　律师、公证、基层司法基本情况

指　标	2016年	2015年
律师工作 *		
律师事务所（个）	326	297
取得律师执业资格（人）	3591	3196
担任常年法律顾问（家）	11298	9532
民事诉讼代理（件）	38958	30152
行政诉讼代理（件）	916	849
非诉讼法律事务（件）	9777	9257
刑事辩护及代理（件）	5695	3165
公证工作		
公证处（个）	14	14
办结公证总数（件）	258619	206715
国内公证	162275	122540
涉外公证	93964	84175
基层司法工作		
法律服务所（个）	69	69
法律工作人员（人）	392	348
司法所工作人员（人）	823	731
年末人民调解委员会（个）	1803	1764
年末调解人员（人）	10129	9592
调解纠纷总数（件）	75502	53441
法律援助工作		
法律援助机构数（不含律师行）（个）	13	13
得到法律援助机构援助的妇女数（人）	4121	3418
得到法律援助机构援助的未成年人数（人）	628	541
基层法院建立少年家事审判数（个）	11	11
# 审理案件数（件）	8958	8675

注：本表数据由市司法局、市法院提供。2015年数据以此表为准。

表 15—2 民政事业费支出情况

计量单位：万元

指 标	2016年	2015年
总 计	456276	417345
抚恤费	36789	36093
安置	174352	158628
城镇居民最低生活保障费	113795	33099
农村及其他城镇社会救济	—	70849
社会福利	61131	53146
民政管理事务	51295	51852
自然灾害生活救助	787	3963
地方离退休人员经费	3319	3400
其他款项用于民政支出	14808	13478

注：本表数据由市民政局提供；2016年城镇居民最低生活保障费包含农村数。

表 15—3 收养性社会福利单位情况（2016 年）

计量单位：人

指 标	机构数（个）	从业人员（人）	年末床位数（张）	年末在院总人数（人）	#女性	康复和医疗门诊人次（人次数）
合计	274	5291	50692	18094	5960	74077
社会福利院	11	653	6745	2323	1012	17921
儿童福利院	2	240	859	779	296	—
社会福利医院	1	426	1442	1292	368	3925
城镇老年福利机构	228	3491	31877	10955	3726	52051
农村老年福利机构	32	481	9769	2745	558	180

注：本表数据由市民政局提供。

表 15—4 工会组织基本情况

指 标	2016年	2015年
基层工会数（个）	14443	14380
其中：企业合计	23800	11769
内资企业	23057	10447
港澳台商投资企业	218	213
外商投资企业	525	515
事业单位	1923	1322
机关	1184	615
个体经济组织	8278	282
工会会员数（人）	2475518	2406792
专职工会工作人员（人）	883	929
兼职工会工作人员（人）	62458	62992
联合工会涵盖单位数（个）	47539	44604
联合工会会员人数（人）	656894	652424
职代会职工代表人数（人）	210582	1452320
# 女性	70583	68599
建立董事会单位数（个）	1280	1397
职工董事人数（人）	503	576
# 女性	180	163

注：本表数据由市总工会提供。

主要统计指标解释

民政事业费支出 指报告期内本辖区各项民政事业费实际支出的总数额。包括抚恤事业费、军队移交地方安置的离退休人员费用、社会救济福利事业费、救灾支出以及其它民政事业费。

城镇居民最低生活保障人数 指在报告期末家庭平均收入在当地规定的最低生活保障线以下的城镇居民数。包括“三无”对象、失业人员和在职、下岗、退休人员等。

农村居民最低生活保障人数 指报告期末在建立农村最低生活保障制度的地区，得到当地政府或集体给予最低生活保障的农业人口数。

农村传统救济人数 指未开展最低生活保障制度的农村地区，仍沿用传统救济制度救济贫困人口数。

社会福利企业 指以集中安置有一定劳动能力的残疾人就业为目的（残疾职工占生产人员10%以上）、带有社会福利性质的特殊企业的总称。

律师 指受聘参加法律顾问处工作，担任法律顾问、刑（民）事代理人、刑事辩护人，办理非诉讼事件、解答法律询问，代写法律事务文书等主要从事律师业务的专职法律工作者和兼职律师。

公证人员 指在国家公证机关依法办理公证事务的司法人员，包括公证员、助理公证员和在公证处工作的其他人员。

办理公证文书 指公证处在一定时期内办结的公证文书件数。公证文书按司法部规定或批准的格式制作，包括国内公证和涉外公证两部分。国内公证分为经济合同公证和民事法律关系公证两大类。

调解人员 指在人民调解委员会担负调解民间一般民事纠纷和轻微违法行为引起纠纷的工作人员，包括调解委员会的委员和调解小组的调解员。

调解民间纠纷 指调解委员会依照法律规定，根据自愿原则，用说服教育的方法调解民间发生的有关民事权利和义务的争执，促成当事双方达到协议和谅解，解决纠纷。包括婚姻家庭纠纷，财产权益纠纷等，不包括法院受理调解的民事案件数。

（十六）
城市建设与环境保护

CHAPTER 16
URBAN CONSTRUCTION AND ENVIRONMENTAL PROTECTION

表 16—1　2000 年以来公共交通和轮渡

指　标	2000年	2005年	2010年	2011年	2012年	2013年	2014年	2015年	2016年
运营车辆（辆）	3538	5158	6662	7023	7049	7426	9091	9515	10402
#地铁		84	366	450	480	480	746	1120	1194
标准运营车辆（标台）	3592	5914	8695	9078	9386	9769	12245	13027	14378.2
#地铁		210	915	1125	1200	1200	1790	2746	2913
运营线路网长度（公里）	1061	2656	3548.6	3904.7	7669.6	8225	9335.7	9885.4	10476.3
#地铁		22	81.6	81.6	81.6	81.6	186.9	231.8	231.8
公交客运总量（万人次）	134705	96920	126887	139986.1	149571.2	151650.1	156541.5	174072	177600.4
#地铁		357	21460	34370.1	40060.2	45216	50317.4	71712.1	83153.4
出租汽车（辆）	8597	9055	10593	10644	10643	11612	14136	14239	14297
运营船数（艘）	21	9	19	19	19	13	15	15	15
轮渡客运总量（万人次）	1797	1344	1201	1022.4	1004.4	630.1	509	485.6	418.6

注：本表由市交通局提供，从2012年开始市交通局调整了营运线路网长度口径。

表 16—2　城市煤气、液化石油气、天然气

指　标	2000年	2005年	2010年	2012年	2013年	2014年	2015年	2016年
液化石油气供气总量（吨）	107196	145509	146475.68	114672.94	119147.43	109277.98	88285.31	84795.36
#家庭用量	80272	81903	76408.93	62231.29	74242.37	64487.68	50481.15	44343.74
用气人口（万人）	158.76	295.86	236.97	219.32	221.50	195.00	149.30	140.62
天然气供气总量（万立方米）	—	14173.00	57890.70	82413.19	86127.66	95176.71	104381.95	116393.68
#家庭用量	—	3886.00	15544.95	22007.10	24491.56	26195.62	31802.75	37299.24
用气人口（万人）	—	132.00	253.30	345.95	373.50	409.70	464.70	483.62

表 16—3 城市设施水平

指 标	2000年	2005年	2010年	2012年	2013年	2014年	2015年	2016年
城市人口密度（人 / 平方公里）	2966	1084	1600	1417	1419	1440	1462	1484
人均日生活用水量（升）	493.96	318.06	314.80	298.50	281.81	295.96	298.40	313.67
用水普及率（%）	100.00	92.06	100	100	99.98	99.98	100	100
每万人拥有公共交通车辆（标台）	14.04	11.52	17.57	14.72	—	—	—	—
气化率（%）	99.59	90.35	99.50	99.65	99.22	99.35	99.38	99.53
人均拥有道路面积（平方米）	8.54	14.47	19.35	20.14	21.28	22.17	23.06	23.36
建成区排水管道密度（公里 / 平方公里）	6.80	6.59	8.00	9.16	10.37	10.77	11.00	11.19
污水处理率（%）	63.63	81.21	88.82	94.60	94.22	95.32	95.67	95.98
人均公园绿地面积（平方米）	—	—	13.69	13.94	14.55	14.98	15.50	15.34
建成区绿化覆盖率（%）	40.96	44.94	44.38	44.02	44.06	44.14	44.47	44.75
生活垃圾粪便无害处理率（%）	85.76	87.46	78.74	90.42	90.83	92.1	100	100

表 16—4 城市供水和节约用水

指 标	2000年	2005年	2010年	2012年	2013年	2014年	2015年	2016年
综合生产能力（万立方米 / 日）	536.00	589.80	645.80	633.80	641.40	615.18	645.38	655.38
供水总量（万立方米）	135052	118875.0	112326	121401	126656.16	122404.08	125255.12	132652.26
#工业用量	81821	53208.3	40876	44083	47345.06	40914.76	42996.94	45076.67
生活用量	52197	54868.72	56862	61806	36635.63	38215.93	39143.39	39999.75
用水人口（万人）	289.51	472.62	494.87	567.27	599.54	608.53	617.79	627.20
节约用水量（万立方米）	1185	2513	4730	—	2074	3466	4217	5848
生产用水重复利用量（万立方米）	119350	107934	183717	198131	266781	181735	188429	197548

表 16—5　市政工程设施

指　标	2000年	2005年	2010年	2012年	2013年	2014年	2015年	2016年
道路长度（公里）	1802	6132	5599	6615	7142	7424.16	7770.71	8012.07
道路面积（万平方米）	2185	7427	9576	11424	12761	13494.72	14247.94	14648.77
路灯盏数（盏）	45914	172280	241712	264031	346408	443467	472131	482543
排水管道长度（公里）	1370	3380	4948	5982.38	7398.40	7910.25	8308.12	8657.43
桥梁数（座）	464	1359	1498	1733	1899	2003	2055	2094
污水年排放量（万吨）	121199	120628	80490	89638	93155	94134	95019	99272
污水日处理能力（万吨）	226.77	384.82	428.60	437.30	458.80	463.4	464.80	488.1
污水年处理量（万吨）	77122	97964	71493	84802	87767	89733	90904	95277
污水处理厂（座）	3	10	17	19	24	23	24	23
防洪堤长度（公里）	497	1454	1636	1673	—	—	—	—

注：本表由市住房和城乡建设委员会提供，下表同。

表 16—6　城市园林绿化

指　标	2000年	2005年	2010年	2012年	2013年	2014年	2015年	2016年
绿化覆盖面积（公顷）	11118	75226	84848	89850	93503	95554	96874	101035.80
# 建成区	8250	23037	27456	28756	31425	32416	33588	34624.90
园林绿地面积（公顷）	10587	71020	77087	82597	86117	88069	88910	91674.40
公园绿地面积（公顷）	—	—	6773	7908	8725	9115	9328	9623.70
公园个数（个）	40	59	62	83	110	120	127	141
公园面积（公顷）	1725	2605	2790	5941	6548	6861	7122	7301.09
风景名胜区游人量（万人次）	—	—	1592	5272	5934	1823.9	6788.70	5035.4

表 16—7 城市环境质量

指 标	2000年	2005年	2010年	2012年	2013年	2014年	2015年	2016年
集中式饮用水水源地水质达标率（%）	98.81	100	100	100	100	100	100	100
地表水功能区水质达标率（%）	86.11	97.2	100	100	100	50*	64.5	57.1
可吸入颗粒物浓度年均值（毫克 / 立方米）	—	0.109	0.114	0.102	0.137	0.123	0.096	0.085
二氧化硫浓度年均值（毫克 / 立方米）	0.029	0.052	0.036	0.033	0.037	0.025	0.019	0.018
二氧化氮浓度年均值（毫克 / 立方米）	—	0.054	0.046	0.051	0.055	0.054	0.050	0.044
环境空气质量良好以上天数（天）	293	304	302	317	202*	190	235	242
区域互不干涉噪声平均值（dB（A）)	54.4	54	54.7	56.5	54	53.8	54.8	53.9
交通干线噪声平均值（dB（A）)	69.2	69.4	68.5	68.4	68	67.2	67.8	68.3

注*1、从2013年起，按国家环保部新颁布的空气质量标准（空气质量指数AQI）要求，来认定良好以上天数；
2、2014年地表水功能区水质达标率按全项评价，与往年不可比。

表 16—8 城市环境卫生

指 标	2000年	2005年	2010年	2012年	2013年	2014年	2015年	2016年
全年生活垃圾清运量（万吨）	99.24	169.00	184.78	224.54	250.40	260.8	238.68	212.72
粪便清运量（万吨）	126.4	193.90	10.64	12.11	15.73	17.76	17.62	17.63
环卫机械车辆总数（辆）	579	777	1134	1126	1327	1526	1630	1925
公厕数量（座）	937	1559	1151	1166	1262	1258	1250	1249

表 17—13　农村经济概况（2016 年）

指　标	全　市	其中		
		浦　口	栖　霞	雨花台
一、基本情况				
镇数（个）	13			
村民委员会数（个）	287	31	30	
总人口（万人）				
#乡村人口（万人）	199.12	23.17	7.51	2.38
乡村总户数（万户）	63.25	7.19	2.7	0.95
年末乡村从业人员（万人）	116.97	12.5	4.77	1.61
#农林牧渔业从业人员（万人）	23.21	2.3	1.37	0.15
工业从业人数（万人）	36.65	4.17	1.73	0.66
二、农业				
1. 生产条件				
有效灌溉面积（千公顷）	221.69	26.74	6.48	0.4
节水灌溉面积（千公顷）	148.30	17.76	5.3	
受灾面积（千公顷）	14.53	0.07	0.63	
绝收面积（千公顷）	3.1		0.1	
农业机械总动力（万千瓦）	227.61	25.74	5.71	0.68
#排灌机械动力（万千瓦）	68.22	6.76	2.06	0.51
机耕地面积（千公顷）	211.15	18.86	7.90	0.09
化肥施用量（折纯量）（吨）	73949	4094	5047	1784
农药使用量（吨）	1660	27	249	27
地膜使用量（吨）	2614	249	301	19
农村用电量（万千瓦小时）	320808	29084	8510	12509

注：本表受灾面积和绝收面积数据来源于市民政局。

表17—13 农村经济概况（2016年）（续表1）

指 标	江 宁	六 合	溧 水	高 淳
一、基本情况				
镇数（个）		1	6	6
村民委员会数（个）	72	55	39	60
总人口（万人）				
#乡村人口（万人）	47.86	48.93	32.1	37.17
乡村总户数（万户）	15.85	14.33	10.61	11.62
年末乡村从业人员（万人）	29.17	28.65	18.1	22.17
#农林牧渔业从业人员（万人）	5.38	6.02	3.78	4.21
工业从业人数（万人）	11.1	7.52	5.74	5.73
二、农业				
1、生产条件				
有效灌溉面积（千公顷）	53.67	59.4	37.58	37.42
节水灌溉面积（千公顷）	35.98	42.16	25.24	21.86
受灾面积（千公顷）	2.21	0.93	5.93	4.75
绝收面积（千公顷）	0.44	0.07	1.14	1.35
农业机械总动力（万千瓦）	51.09	58.32	33.06	53.01
#排灌机械动力（万千瓦）	21.79	8.50	18.15	10.44
机耕地面积（千公顷）	36.88	68.10	40.52	38.80
化肥施用量（折纯量）（吨）	9717	29440	9397	14470
农药使用量（吨）	391	320	325	321
地膜使用量（吨）	535	549	514	447
农村用电量（万千瓦小时）	98658	59631	72249	40167

表 17—13　农村经济概况（2016 年）（续表 2）

指　标	全 市	其中		
		浦　口	栖　霞	雨花台
2、农作物总播种面积（千公顷）	289.25	33.21	12.67	0.45
粮食	153.05	14.18	5.28	0.14
小麦	47.72	5.12	2.36	
稻谷	89.88	6.56	1.36	0.14
玉米	6.53	0.98	0.87	
大豆	4.45	0.76	0.62	
油菜籽	27.51	3.13	0.47	0.05
棉花	1.98	0.19		
苎麻	0.28			
糖料	0.24	0.04		
蔬菜（含菜用瓜）	79.9	12.45	6.66	0.26
3、农林牧渔业产品产量（吨）				
粮食	1080421	92337	29341	990
小麦	234638	24576	11047	
稻谷	768375	55168	11666	990
玉米	40952	6286	4971	
大豆	10981	1947	1325	
油菜籽	66906	8409	1122	100
棉花	3071	319		
苎麻	673			
糖料	9245	589		
蔬菜（含菜用瓜）	2749606	423101	129169	5240
茶叶	1540	159	3	45
园林水果	155916	38608	680	1290
猪牛羊肉总产量	56585	14499	328	556
#猪肉产量	53150	14031	308	556
牛奶产量	74721	13997	4281	95
水产品产量	223098	40010	4859	1642

表 17—13 农村经济概况（2016 年）（续表 3）

指 标	江 宁	六 合	溧 水	高 淳
2、农作物总播种面积（千公顷）	61.68	85.48	54.12	41.64
粮食	30.4	51.62	32.59	18.84
小麦	7.77	16.33	11.45	4.69
稻谷	20.42	30.62	18.44	12.34
玉米	0.44	2.76	0.73	0.75
大豆	0.79	0.95	0.74	0.59
油菜籽	7.34	3.78	6.64	6.1
棉花	0.91	0.03	0.48	0.37
苎麻			0.28	
糖料	0.08		0.1	0.02
蔬菜（含菜用瓜）	17.05	26.03	11.8	5.65
3、农林牧渔业产品产量（吨）				
粮食	230416	361161	225953	140223
小麦	36503	83266	56002	23244
稻谷	182309	252932	157148	108162
玉米	3013	17077	4405	5200
大豆	2147	2381	1847	1334
油菜籽	16784	9916	16086	14489
棉花	1293	38	806	615
苎麻			673	
糖料	4029		3785	842
蔬菜（含菜用瓜）	606575	901387	404993	279141
茶叶	495	81	406	350
园林水果	23064	31728	27866	13100
猪牛羊肉总产量	9371	13887	9441	8503
#猪肉产量	8824	12855	8466	8110
牛奶产量	44101	12247		
水产品产量	51746	46500	30923	46996

表 17—13　农村经济概况（2016 年）（续表 4）

指　标	全　市	其　中		
		浦　口	栖　霞	雨花台
4、农林牧渔及服务业总产值（现价）（万元）	4511638	770981	134649	15108
农业	2587494	412065	112400	2264
林业	242567	66761	1136	10076
牧业	468297	110448	8506	1867
渔业	993610	136486	8457	901
农林牧渔服务业	219670	45221	4150	
农林牧渔及服务业增加值（现价）（万元）	2649764	439892	78207	8484
三、农村居民人均收入和支出情况				
（一）农村居民人均可支配收入（元）	21156	21521	22740	22461
1、工资性收入	14457	11863	15947	20158
2、经营净收入	3331	6572	3598	
3、财产净收入	1001	1303	2181	401
4、转移净收入	2368	1783	1014	1902
（二）农村居民人均消费支出（元）	15573	16700	19732	15785

表17—13 农村经济概况（2016年）（续表5）

指 标	江 宁	六 合	溧 水	高 淳
4.、农林牧渔及服务业总产值（现价）（万元）	1064583	1060118	731303	732527
农业	638224	711556	458000	252985
林业	35387	55430	40903	32874
牧业	111617	101671	72000	59819
渔业	242291	154901	108000	342574
农林牧渔服务业	37064	36560	52400	44275
农林牧渔及服务业增加值（现价）（万元）	630421	637405	430230	424350
三、农民人均收入和支出情况				
（一）农村居民人均可支配收入（元）	21699	20623	20650	21093
1、工资性收入	15858	16703	11470	10519
2、经营净收入	3182	1474	5673	8184
3、财产净收入	941	564	1744	902
4、转移净收入	1717	1882	1763	1488
（二）农村居民人均消费支出（元）	17846	16214	14903	15881

表 17—14　分区规模以上工业企业主要经济指标（2016 年）

计量单位：千元

地　区	企业单位数（个）	#亏损企业	工业总产值
全 市	2661	387	1294501936
玄 武	9	1	3602415
秦 淮	32	8	16084006
建 邺	7	5	422603
鼓 楼	23	4	11763946
浦 口	347	32	148796130
栖 霞	204	54	237333522
雨花台	54	16	8395720
江 宁	658	148	291890379
六 合	484	66	148558948
溧 水	499	40	108789089
高 淳	331	11	93918902

表 17—14 分区规模以上工业企业主要经济指标（2016 年）（续表 1）

指 标	资产总计	流动资产	固定资产原价	累计折旧	负债	流动负债
全 市	1144885270	599595239	647531245	272814077	616609820	516503326
玄 武	5114121	1484106	3837802	1108829	2496196	2408824
秦 淮	26185112	13771492	10195252	2785484	13085551	10622618
建 邺	840244	492726	249528	146796	687664	537722
鼓 楼	25424260	19295154	5393755	2544036	16970886	16538855
浦 口	119894368	72043695	53102087	22053793	60718065	53792547
栖 霞	223582072	89951187	140150476	36354582	116313419	78930578
雨花台	13144394	8385430	6960962	3516268	6691110	5673912
江 宁	252354202	174007216	89439930	38483256	139546592	126838386
六 合	134386542	56055155	117239521	53496005	68326475	54980299
溧 水	70933615	37815871	31812759	12723928	42111814	38416630
高 淳	49023894	25418486	23453680	11183881	27170949	24925757

表 17—14　分区规模以上工业企业主要经济指标（2016 年）（续表 2）

地　区	主营业务收入	主营业务税金及附加	利税总额	盈亏相抵后利润总额	从业人员平均人数（人）
全 市	1244235983	44537033	184999688	95934623	744356
玄 武	3253137	13544	430637	316114	2980
秦 淮	18025164	61326	1221615	861404	12356
建 邺	464228	4289	-15823	-44047	978
鼓 楼	13576352	99254	1367121	715745	12340
浦 口	143815227	603906	18439055	12387208	73984
栖 霞	232769849	497112	12051161	8356444	106360
雨花台	8581801	51654	753584	364049	11315
江 宁	235537895	4249718	40115998	27171869	183227
六 合	144755369	785959	16932231	11304137	114051
溧 水	108136998	901118	17845123	11786903	79700
高 淳	93087031	320812	10433079	6712917	82740

表17—15 分区全社会固定资产投资（2016年）

计量单位：亿元

地 区	全社会固定资产投资	# 工业投资	#房地产开发投资
全 市	5533.56	1761.65	1845.60
玄 武	133.93	0.69	90.66
秦 淮	226.19	3.57	104.62
建 邺	323.86	2.01	225.82
鼓 楼	251.43	0.85	132.59
浦 口	1070.04	387.5	312.59
栖 霞	603.66	155.05	318.62
雨花台	242.00	1.66	179.26
江 宁	915.37	382.57	253.22
六 合	485.86	207.55	135.24
溧 水	552.33	306.93	47.49
高 淳	463.75	258.15	24.62

表17—16　分区社会消费品零售总额（2016年）

计量单位：亿元

地　区	2016年	2016年为上年%
全 市	5088.20	110.9
玄 武	475.17	110.3
秦 淮	925.67	110.1
建 邺	198.58	111.0
鼓 楼	884.84	110.3
浦 口	302.25	112.3
栖 霞	239.16	110.2
雨花台	366.62	110.0
江 宁	469.43	111.6
六 合	381.48	110.1
溧 水	193.53	110.7
高 淳	187.70	110.0

表 17—17　分区出口总额（按经营单位口径）（2016 年）

计量单位：万美元

地　区	2016年	2016年为上年%
全 市	2959198	93.9
玄 武	287799	103.1
秦 淮	570295	89.1
建 邺	72897	108.5
鼓 楼	295449	107.0
浦 口	113744	84.6
栖 霞	426028	74.5
雨花台	217082	113.3
江 宁	745094	93.9
六 合	109639	111.6
溧 水	55125	101.2
高 淳	46187	107.0

注：本表数据由市商务局提供。

表 17—18　分区新批三资企业数（2016 年）

计量单位：个

地　区	2016年	2016年为上年%
全 市	346	138.4
玄 武	23	121.1
秦 淮	17	65.4
建 邺	21	95.5
鼓 楼	25	156.3
浦 口	77	296.2
栖 霞	44	146.7
雨花台	13	81.3
江 宁	74	123.3
六 合	21	161.5
溧 水	21	233.3
高 淳	9	100.0

注：本表数据由市投资促进委员会提供。

表 17—19　分区实际使用外资（2016 年）

计量单位：万美元

地　区	2016年	2016年为上年%
全 市	347937	104.3
玄 武	22585	118.0
秦 淮	9022	74.9
建 邺	27028	105.7
鼓 楼	28042	75.6
浦 口	49203	185.8
栖 霞	52657	92.8
雨花台	27873	162.9
江 宁	78755	111.8
六 合	37378	180.4
溧 水	19219	105.6
高 淳	10476	86.7

注：本表数据由市投资促进委员会提供。

表 17—20　分区对外承包劳务实际完成营业额（2016 年）

计量单位：万美元

地　区	2016年	2016年为上年%
玄 武	39016	101.6
秦 淮	9474	295.7
建 邺	6524	152.4
鼓 楼	131269	125.8
浦 口	26891	93.6
栖 霞	3461	7.4
雨花台	15656	834
江 宁	66956	46.4
六 合	2817	156.2
溧 水	4587	145.2
高 淳	514	—

注：本表数据由市商务局提供。

表17—21 中小学、幼儿园分区学校数（2016年）

计量单位：所

地 区	普通中学		小 学	幼儿园
	完中及高中	初 中		
全 市	53	174	346	878
玄 武	5	10	22	47
秦 淮	7	11	38	73
建 邺	3	11	19	44
鼓 楼	8	16	46	89
浦 口	3	23	40	92
栖 霞	4	14	32	75
雨花台	4	7	18	56
江 宁	8	28	35	164
六 合	5	28	42	92
溧 水	3	14	25	81
高 淳	3	12	29	65

注：本表数据由市教育局提供。

表 17—22　中小学、幼儿园分区在校学生数（2016 年）

计量单位：人

地　区	普通中学		小 学	幼儿园
	完中及高中	初 中		
全 市	75641	148907	354924	223707
玄 武	8400	11943	22876	12796
秦 淮	8345	13650	33695	19597
建 邺	4276	8472	15602	13464
鼓 楼	12359	18976	53227	23819
浦 口	4634	13984	38683	24585
栖 霞	3403	10734	25903	21376
雨花台	3929	9021	18193	16941
江 宁	11507	24941	64667	43590
六 合	8315	19553	40407	22481
溧 水	5203	9063	22582	13705
高 淳	5270	8570	19089	11353

注：本表数据由市教育局提供。

表 17—23　中小学、幼儿园分区专任教师数（2016 年）

计量单位：人

地　区	普通中学	小 学	幼儿园
全 市	22982	23644	15567
玄 武	1790	1515	993
秦 淮	2368	2276	1571
建 邺	1383	1506	1080
鼓 楼	3151	3332	1861
浦 口	1962	2454	1627
栖 霞	1680	2103	1482
雨花台	1164	1235	1193
江 宁	3682	4153	2987
六 合	2926	2694	1388
溧 水	1518	1119	742
高 淳	1358	1257	643

注：本表数据由市教育局提供。

表 17—24　分区公共文化设施数（2016 年）

计量单位：个

地　区	图书馆	文化馆	文化站	博物馆	美术馆
全 市	15	14	100	57	3
玄 武	2	3	7	16	1
秦 淮	1	1	12	9	2
建 邺	2	1	6	3	
鼓 楼	1	1	13	10	
浦 口	1	1	9	1	
栖 霞	1	1	9	1	
雨花台	1	1	6	5	
江 宁	1	1	10	7	
六 合	2	2	12	3	
溧 水	2	1	8	1	
高 淳	1	1	8	1	

注：本表数据由市文广新局提供。

表 17—25　分区卫生机构情况（2016 年）

计量单位：个

地 区	机构数	医 院	疾病预防控制中心（防疫站）	社区卫生服务中心、卫生院	妇幼保健所（站）
总 计	2383	209	17	139	13
玄 武	165	16	2	11	1
秦 淮	278	39	1	13	1
建 邺	95	9	1	8	1
鼓 楼	318	41	5	17	2
浦 口	217	17	1	12	1
栖 霞	184	16	1	10	1
雨花台	98	10	1	7	1
江 宁	430	28	1	23	1
六 合	291	12	2	22	2
溧 水	129	6	1	8	1
高 淳	178	15	1	8	1

注：本表数据由市卫计委提供。

表 17—26　分区卫生机构床位和人员情况（2016 年）

地 区	床位数（张）	卫生人员（人）	执业医师和助理医师（人）	注册护士（人）
总 计	49857	86264	25272	32093
玄 武	3291	6993	2095	2249
秦 淮	8035	13976	4071	5593
建 邺	2363	4440	1264	1382
鼓 楼	16742	27411	7673	11495
浦 口	2315	4327	1372	1544
栖 霞	2344	4689	1508	1638
雨花台	1315	2250	706	773
江 宁	6639	9761	2897	3251
六 合	3465	6651	2022	2249
溧 水	1633	2662	778	911
高 淳	1715	3104	886	1008

注：本表数据由市卫计委提供。

表17—27 分区参加农村合作医疗情况

计量单位：万人

地 区	参加农村合作医疗的人数	
	2016年	2015年
全 市	170.86	173.39
玄 武	—	—
秦 淮	—	—
建 邺	—	—
鼓 楼	—	—
浦 口	23.17	22.93
栖 霞	2.99	3.2
雨花台	1.03	1.61
江 宁	40.75	41.23
六 合	44.71	45.38
溧 水	25.26	25.62
高 淳	32.95	33.43

注：本表数据由市卫计委提供。

表17—28 分区社会福利单位、床位和社区服务设施基本情况（2016年）

地 区	社会福利收养性单位数（个）	社会福利收养性单位床位数（张）	社区服务设施数（个）
全 市	274	50692	11030
市本级	7	6632	
玄 武	27	3367	534
秦 淮	51	3762	413
建 邺	8	2515	329
鼓 楼	40	7649	446
浦 口	20	3783	420
栖 霞	22	3182	901
雨花台	17	2169	354
江 宁	32	6225	3015
六 合	28	3967	2218
溧 水	10	3506	151
高 淳	12	3935	2249

注：本表数据由市民政局提供。

2017南京统计年鉴
NANJING STATISTICAL YEARBOOK

（十八）区域经济

CHAPTER 18
REGIONAL ECONOMY

表 18—1　全省各市主要经济指标

	地区生产总值		第一产业		第二产业		第三产业	
	亿元	增幅（%）	亿元	增幅（%）	亿元	增幅（%）	亿元	增幅（%）
全省	76086.17	7.8	4078.50	0.7	33855.70	7.1	38152.00	9.2
南京	10503.02	8.0	252.54	1.1	4117.32	5.3	6133.31	10.3
无锡	9210.02	7.5	135.19	-2.4	4346.78	6.8	4728.05	8.6
徐州	5808.52	8.2	542.89	1.9	2513.85	8.7	2751.78	9.1
常州	5773.86	8.5	152.67	-0.9	2682.29	7.4	2938.90	10.1
苏州	15475.09	7.5	221.81	-1.0	7277.46	5.4	7975.82	9.7
南通	6768.20	9.3	366.08	0.7	3170.30	9.0	3231.82	10.7
连云港	2376.48	7.8	301.56	1.6	1049.90	7.8	1025.02	9.8
淮安	3048.00	9.0	324.61	1.7	1268.15	9.1	1455.24	10.6
盐城	4576.08	8.9	533.91	0.9	2050.02	9.0	1992.15	10.8
扬州	4449.38	9.4	251.49	0.1	2197.63	8.3	2000.26	12.0
镇江	3833.84	9.3	137.78	0.1	1870.40	8.6	1825.66	10.7
泰州	4101.78	9.5	240.00	1.4	1933.89	8.8	1927.89	11.4
宿迁	2351.12	9.1	275.23	2.0	1140.37	10.1	935.52	10.2

表 18—1 全省各市主要经济指标（续表 1）

	工业用电量		固定资产投资		固定资产投资中工业投资		消费品零售总额		进出口总额		出口总额	
	亿千瓦小时	增幅（%）	亿元	增幅（%）	亿元	增幅（%）	亿元	增幅（%）	亿美元	增幅（%）	亿美元	增幅（%）
全省	4081.42	4.6	49370.85	7.5	24544.40	7.9	28707.12	10.9	5096.12	-6.6	3193.44	-5.7
南京	310.81	3.4	5533.56	2.0	1761.65	-14.4	5088.20	10.9	502.12	-5.7	295.92	-6.1
无锡	493.73	4.6	4795.25	2.0	2045.54	7.1	3119.56	9.6	698.05	2.0	429.10	1.6
徐州	250.22	-1.6	4797.33	12.5	2664.93	15.4	2659.39	12.8	62.48	15.4	52.54	19.7
常州	334.78	2.9	3605.08	6.5	1918.48	9.2	2202.83	10.7	275.81	-1.6	208.51	-1.9
苏州	1116.30	3.9	5648.49	-5.3	1982.29	-7.4	4936.79	10.7	2737.58	-10.3	1639.41	-9.7
南通	265.65	5.0	4811.95	10.0	2406.36	8.2	2632.87	10.7	308.59	-2.3	230.11	0.8
连云港	110.00	-5.6	2385.16	14.8	1487.34	17.5	933.31	12.4	70.40	-12.5	36.84	-9.3
淮安	106.70	-2.0	2535.19	15.1	1518.49	17.3	1083.83	11.7	35.04	-15.1	26.98	-10.3
盐城	201.37	-2.4	3882.83	15.2	2291.98	14.4	1630.88	11.1	79.50	-2.1	47.38	-7.5
扬州	156.60	2.7	3288.68	15.3	1714.43	13.5	1358.80	9.9	95.39	-7.7	71.73	-7.0
镇江	173.77	5.1	2873.43	15.1	1475.13	11.5	1236.78	11.1	103.17	2.5	69.52	1.1
泰州	176.20	2.1	3164.12	17.4	1957.87	19.8	1118.34	11.7	103.77	1.4	66.69	4.6
宿迁	115.81	9.2	2059.58	12.0	1328.70	8.6	705.54	12.6	24.22	-6.8	18.71	1.2

表18—1　全省各市主要经济指标（续表2）

	外商直接投资实际到位金额		一般公共预算收入		金融机构人民币存款		金融机构人民币贷款	
	亿美元	增幅（%）	亿元	增幅（%）	亿元	增幅（%）	亿元	增幅（%）
全省	245.43	1.1	8121.23	1.2	121106.58	12.3	91107.60	15.5
南京	34.79	4.3	1142.60	12.0	27633.55	6.7	21681.28	19.0
无锡	34.13	6.6	875.00	5.4	14101.40	10.94	10382.93	11.25
徐州	15.06	5.5	516.06	-2.8	5495.31	15.8	3620.21	17.9
常州	21.00	22.1	480.29	3.0	8540.82	14.8	6043.15	12.9
苏州	48.49	-19.2	1730.04	10.8	25864.26	9.3	21924.44	14.2
南通	23.87	3.1	590.18	-5.7	11097.74	14.9	6835.46	14.0
连云港	5.50	-31.3	211.47	-27.5	2501.84	17.6	2046.93	14.9
淮安	11.61	-4.3	315.51	-9.9	3066.00	31.7	2304.22	23.5
盐城	7.07	-11.1	415.18	-13.1	5253.95	20.4	3699.32	21.5
扬州	12.04	41.9	345.30	2.5	5361.55	13.6	3508.13	13.3
镇江	13.51	3.5	293.01	-3.2	4705.99	18.6	3444.36	15.5
泰州	13.44	26.2	321.18	1.5	5275.62	18.8	3656.79	13.3
宿迁	5.00	67.5	238.08	1.0	2207.43	21.3	1960.37	15.5

注：存、贷款余额为人民币，增幅为与年初比。

表 18—1 全省各市主要经济指标（续表 3）

	全体居民人均可支配收入		城镇居民人均可支配收入		农村居民人均可支配收入		城市居民消费价格指数（上年同期=100）	
	元	增幅（%）	元	增幅（%）	元	增幅（%）	当月（%）	累计（%）
全省	32070	8.6	40152	8.0	17606	8.3	102.1	102.4
南京	44009	8.8	49997	8.4	21156	8.6	102.1	102.7
无锡	42757	8.4	48628	7.8	26158	8.3	102.2	102.3
徐州	22348	9.4	28421	8.4	15274	9.2	102.0	102.3
常州	38435	8.6	46058	7.8	23780	8.5	101.3	102.5
苏州	46595	8.4	54341	7.8	27691	8.3	102.0	102.7
南通	30084	9.1	39247	8.1	18741	8.5	102.3	102.3
连云港	21230	9.3	27853	8.3	13932	9.0	101.9	102.1
淮安	22762	9.2	30335	7.9	14319	9.1	102.2	102.2
盐城	24463	9.1	30496	8.1	17172	9.0	102.8	102.1
扬州	28633	9.1	35659	8.2	18057	8.7	102.2	102.4
镇江	34064	9.0	41794	8.1	20922	8.9	102.1	102.2
泰州	28259	9.0	36828	8.0	17861	8.8	101.9	102.1
宿迁	18957	9.3	24086	8.3	13929	9.1	101.4	102.0

表 18—2　直辖市和副省级城市主要经济指标

城　市	地区生产总值		#第一产业		第二产业		#工业增加值		第三产业	
	（亿元）	增长%	（亿元）	增长%	（亿元）	增长%	（亿元）	增长%	（亿元）	增长%
北　京	24899.30	6.7	129.58	-8.8	4774.38	5.6	3884.86	5.0	19995.30	7.1
天　津	17885.39	9.0	220.22	3.0	8003.87	8.0	7238.70	8.3	9661.30	10.0
上　海	27466.15	6.8	109.47	-6.6	7994.34	1.2	7145.02	1.0	19362.34	9.5
重　庆	17558.76	10.7	1303.24	4.6	7755.16	11.3	6040.53	10.2	8500.36	11.0
沈　阳	5460.00									
大　连	6730.30	6.5								
长　春	5928.50	7.8	323.50	3.7	2926.20	7.0	2470.30	6.9	2678.80	9.4
哈尔滨	6101.60	7.3	691.20	6.1	1896.70	6.7	1285.40	5.4	3513.80	7.9
南　京	10503.02	8.0	252.54	1.1	4117.32	5.3	3581.72	4.8	6133.16	10.3
杭　州	11050.49	9.5	304.84	1.9	3977.39	4.7	3578.67	5.2	6768.26	13.0
宁　波	8541.10	7.1	304.60	2.1	4239.60	6.5	3766.60	7.0	3996.90	8.1
厦　门	3784.25	7.9	23.45	-5.5	1558.62	5.7	1318.35	5.5	2202.18	9.8
济　南	6536.12	7.8	317.31	4.1	2368.90	6.9	1875.30	6.9	3849.91	8.7
青　岛	10011.29	7.9	371.01	2.9	4160.67	6.7	3653.33	6.7	5479.61	9.2
武　汉	11912.61	7.8	390.62	3.4	5227.05	5.7	4238.78	4.9	6294.94	9.9
广　州	19610.94	8.2	240.04	-0.2	5925.87	6.0	5369.40	6.2	13445.03	9.4
深　圳	19492.60	9.0	6.29	-3.7	7700.43	7.0	7190.86	6.8	11785.88	10.4
成　都	12170.23	7.7	474.94	4.0	5232.02	6.7	4508.59	6.9	6463.27	9.0
西　安	6257.18	8.5	232.01	3.8	2197.81	8.6	1396.69	9.5	3827.36	8.8

注：金融机构存贷款余额为本外币，增幅为与年初比。进出口加（￥）是为人民币计价。部分城市数据空缺。

表 18—2　直辖市和副省级城市主要经济指标（续表 1）

城　市	固定资产投资额		房地产开发投资额		社会消费品零售总额		进出口总额		#出口总额	
	（亿元）	增长%	（亿元）	增长%	（亿元）	增长%	（亿美元）	增长%	（亿美元）	增长%
北　京	8461.69	5.9	4045.45	-4.3	11005.08	6.5	2819.96	-11.7	518.38	-5.2
天　津	14629.22	12.0	2300.01	22.9	5635.81	7.2	1026.51	-10.2	442.86	-13.4
上　海	6755.88	6.3	3709.03	6.9	10946.57	8.0	4338.05	-3.4	1834.67	-6.4
重　庆	17361.12	12.1	3725.95	-0.7	7271.35	13.2	623.79	-16.2	403.03	-27.0
沈　阳	1631.60	-69.4	709.70	-46.9	3985.90	2.5	113.30	-19.3	42.50	-37.1
大　连	1436.36	-68.5	535.17	-40.4	3410.12	10.4	514.70	-6.6	244.10	-5.4
长　春	4659.00	10.5	596.60	17.9	2650.30	9.8	141.60	1.4	19.10	-0.6
哈尔滨	5040.10	9.7	512.10	-12.0	3744.20	10.3	39.70	-17.2	16.80	-28.8
南　京	5533.56	2.0	1845.60	29.2	5088.20	10.9	502.12	-5.7	295.92	-6.1
杭　州	5842.42	5.1	2606.41	5.4	5176.20	10.5	679.92	2.2	502.59	0.5
宁　波	4961.40	10.1	1270.30	3.4	3667.60	10.3	948.70	-5.1	660.90	-7.2
厦　门	2159.81	14.4	765.80	-1.1	1283.46	9.8	766.53（￥）	-1.4	465.84（￥）	-6.7
济　南	3974.30	13.7	1163.90	14.8	3764.80	10.4	96.31（￥）	13.0	61.42（￥）	9.6
青　岛	7454.70	13.7	1369.10	22.0	4104.90	10.5	654.99（￥）	-0.2	424.84（￥）	0.2
武　汉	7093.17	-2.6	2517.44	-2.5	5610.59	10.0	237.81	-15.2	137.23	-9.4
广　州	5703.59	8.0	2540.85	18.9	8706.49	9.0	1297.06	-3.1	786.07	-3.2
深　圳	4078.16	23.6	1756.52	32.0	5512.76	8.1	3984.39	-9.9	2375.47	-10.0
成　都	8370.50	14.3	2638.90	6.5	5647.40	10.4	410.10	4.0	219.30	-8.2
西　安	5191.36	2.0	1955.82	6.8	3730.70	9.6	275.28（￥）	3.8	142.53（￥）	15.5

表 18—2　直辖市和副省级城市主要经济指标（续表 2）

城　市	外商直接投资实际到位金额		一般公共预算收入		金融机构本外币（存款余额）		金融机构本外币（贷款余额）	
	（亿美元）	增长%	（亿元）	增长%	（亿元）	增长%	（亿元）	增长%
北　京	130.30	0.3	5081.26	7.5	138408.85		63739.43	
天　津	101.00	12.2	2723.46	10.0	30067.03	6.8	28754.04	10.6
上　海	185.14	0.3	6406.13	16.1	110510.96	6.5	59982.25	12.3
重　庆	26.26	-30.4	2227.90	7.1	32160.09	11.7	25524.17	11.2
沈　阳	8.20	-23.1	620.90	2.4	14446.30	2.9	12798.20	10.5
大　连	30.02	11.1	611.90	5.5	14701.70	7.0	11803.50	2.3
长　春	12.90	8.0	415.50	7.0	11122.20	11.7	9966.10	10.6
哈尔滨	32.10	7.1	376.20	7.5	9961.70	1.1	9387.00	5.8
南　京	34.79	4.3	1142.60	12.0	28355.89	7.1	22268.94	17.5
杭　州	72.09	1.4	1402.38	13.2	33386.04	11.8	26169.00	12.2
宁　波	45.10	6.6	1114.50	10.5	16989.30	5.0	16622.90	5.5
厦　门	22.24	6.2	647.94	8.6	9788.27	10.3	8617.24	13.9
济　南	16.91	14.7（￥）	641.20	9.9	15537.40	9.6	13096.10	15.3
青　岛	70.02	11.3	1100.00	10.3	14674.00	11.7	12955.00	10.2
武　汉	85.23	16.1	1322.10	10.1	22196.21	14.5	20754.87	21.1
广　州	57.01	5.3	1393.85	5.2	47530.20	10.9	29669.82	8.7
深　圳	67.32	3.6	3136.42	15.0	64407.81	11.5	40526.90	24.9
成　都	86.17	14.5	1175.40	7.0	32577.97	7.4	25673.44	13.8
西　安	45.10	14.0	641.10	11.1	19488.38	8.0	15542.39	11.3

表18—2 直辖市和副省级城市主要经济指标（续表3）

城 市	城镇居民人均可支配收入		农村居民人均可支配收入		居民消费价格指数（上年同期=100）	
	（元）	增长%	（元）	增长%	（%）	增长%
北 京	57275	8.4	22310	8.5	101.4	1.4
天 津	37110	8.8	20076	8.6	102.1	2.1
上 海	54305	8.9	25520	10.0	103.2	3.2
重 庆	29610	8.7	11549	9.9	101.8	1.8
沈 阳	39135	6.8	14445	7.1	101.7	1.7
大 连	38050	6.0	15664	6.8	101.9	1.9
长 春	31069	6.8	12576	7.0	101.4	1.4
哈尔滨	33190	7.1	14439	8.0	101.8	1.8
南 京	49997	8.4	21156	8.6	102.7	2.7
杭 州	52185	8.0	27908	8.5	102.6	2.6
宁 波	51560	7.7	28572	7.9	102.1	2.1
厦 门	46254	8.6	16300	6.8	101.7	1.7
济 南	43052	7.9	15346	7.8	102.7	2.7
青 岛	43598	8.0	17969	7.4	102.5	2.5
武 汉	39737	9.1	19152	8.1	102.4	2.4
广 州	50941	9.0	21449	11.0	102.7	2.7
深 圳	48695	9.1	—	—	102.4	2.4
成 都	35902	8.1	18605	9.4	102.2	2.2
西 安	35630	7.4	15191	8.0	100.9	0.9

表 18—3　2016 年长三角城市群主要经济指标

城市	生产总值		第二产业		工业		第三产业	
	绝对量（亿元）	增长（%）	绝对量（亿元）	增长（%）	绝对量（亿元）	增长（%）	绝对量（亿元）	增长（%）
上海	27466.15	6.8	7994.34	1.2	7145.02	1.0	19362.34	9.5
南京	10503.02	8.0	4117.32	5.3	3581.72	4.8	6133.16	10.3
无锡	9210.02	7.5	4346.78	6.8	3977.58	7.0	4728.05	8.6
常州	5773.86	8.5	2682.29	7.4	2428.74	7.7	2938.90	10.1
苏州	15475.09	7.5	7277.46	5.4	6709.00	5.5	7975.82	9.7
南通	6768.20	9.3	3170.30	9.0	2633.06	9.6	3231.82	10.7
盐城	4576.08	8.9	2050.02	9.2	1771.68	9.9	1992.15	10.8
扬州	4449.38	9.4	2197.63	8.3	1925.92	8.7	2000.26	12.0
镇江	3833.84	9.3	1870.40	8.6	1728.00	8.9	1825.66	10.7
泰州	4101.78	9.5	1933.89	8.8	1679.83	9.4	1927.89	11.4
杭州	11050.49	9.5	3977.39	4.7	3578.67	5.2	6768.26	13.0
宁波	8541.10	7.1	4239.60	6.5	3766.60	7.0	3996.90	8.1
嘉兴	3760.12	7.0	1911.57	5.7	1727.09	6.1	1704.70	9.1
湖州	2243.06	7.5	1058.14	6.1	955.72	6.5	1057.17	9.6
绍兴	4710.19	5.5	2319.17	4.5	2016.44	4.7	2181.16	6.9
金华	3635.01	7.5	1585.61	4.9	1366.11	5.1	1901.34	10.3
舟山	1228.51	11.3	489.34	11.2	403.34	14.2	609.17	12.1
台州	3842.81	7.7	1645.14	7.6	1414.03	8.6	1942.74	8.1
合肥	6274.30	9.8	3189.20	8.9	2562.60	9.8	2814.80	11.6
芜湖	2699.44	9.7	1511.72	9.4	1371.90	9.6	1060.82	11.0
马鞍山	1493.80	9.0	827.50	8.5	736.30	8.9	582.50	10.7
铜陵	957.25	9.1	569.59	9.3	517.04	9.5	338.73	9.5
安庆	1531.20	8.0	727.20	8.4	640.60	8.6	612.00	9.3
滁州	1422.80	9.2	707.20	9.7	617.60	10.0	490.10	11.5
池州	589.00	8.1	265.80	8.4	212.20	9.7	252.00	9.6
宣城	1057.80	8.7	502.20	8.4	431.40	9.2	427.90	11.1

注：1、存贷款余额为本外币，增幅为与同期比。2、出口增幅加（￥）是为人民币增幅。

表18—3 2016年长三角城市群主要经济指标（续表1）

城市	规模以上工业总产值		固定资产投资		出口		实际到位外资		社会消费品零售总额	
	绝对量（亿元）	增长（%）	绝对量（亿元）	增长（%）	绝对量（亿美元）	增长（%）	绝对量（亿美元）	增长（%）	绝对量（亿元）	增长（%）
上海	31082.72	0.8	6755.88	6.3	1834.67	-6.4	185.14	0.3	10946.57	8.0
南京	13026.90	1.0	5533.56	2.0	295.92	-6.1	34.79	4.3	5088.20	10.9
无锡	15084.26	3.8	4795.25	2.0	429.10	1.6	34.13	6.3	3119.56	9.6
常州	12266.87	8.5	3605.08	6.5	208.60	-1.9	25.00	0.5	2202.83	10.7
苏州	30679.49	1.1	5648.49	-7.8	1639.41	-9.7	60.03	-14.5	4936.79	10.7
南通	14952.77	8.9	4811.95	10.0	229.50	7.0（￥）	23.87	3.1	2632.87	10.7
盐城	9205.75	8.3	3882.80	15.2	47.40	-7.5	7.10	-11.1	1630.90	11.1
扬州	10099.60	7.5	3288.70	15.3	72.60	-5.9	12.00	41.9	1358.80	9.9
镇江	9066.19	7.2	2873.43	15.1	69.51	1.1	13.51	3.5	1236.78	11.1
泰州	12575.81	12.9	3164.12	17.4	66.74	4.7	13.44	26.2	1118.34	11.7
杭州	12611.92	1.2	5842.42	5.1	502.59	0.5	72.09	1.4	5176.20	10.5
宁波	14440.20	4.4	4961.40	10.1	660.90	-7.2	45.10	6.6	3667.60	10.3
嘉兴	7843.72	3.4	2790.16	11.0	235.07	2.5	26.92	0.3	1638.49	10.8
湖州	4612.19	3.8	1592.18	13.5	90.90	8.7（￥）	10.01	6.3	1068.86	11.8
绍兴	10035.96	3.2	2882.48	11.6	245.10	0.2（￥）	8.00	-15.0	1783.34	11.3
金华	5054.57	3.4	2084.01	13.5	471.20	5.1（￥）	3.43	25.2	1977.87	11.2
舟山	1920.21	15.4	1311.14	15.5	60.04	7.4（￥）	2.10	169.7	457.40	11.2
台州	4212.19	6.9	2272.63	13.9	177.10	0.1（￥）	3.37	189.5	2013.14	11.4
合肥			6501.17	11.1	126.35	-7.8	28.08	12.0	2445.70	12.0
芜湖	6450.68	9.5	3006.90	11.0	40.67	-23.7	25.11	9.2	828.20	13.0
马鞍山	2846.61	11.2	2064.62	11.0	15.13	2.0	21.00	8.0	470.63	12.4
铜陵	2400.86	6.3	1196.88	12.6	6.68	1.0	2.43	8.0	305.68	12.3
安庆			1521.90	9.8	14.50	-21.4	1.80	-1.0	681.70	12.0
滁州	2828.80	11.4	1699.20	16.6	16.88	17.0	11.40	8.0	515.20	12.7
池州	799.20	8.9	652.60	8.7	1.84	-11.4	3.61	4.1	222.10	12.2
宣城			1414.30	10.2	13.81	-21.3	8.60	8.0	475.80	12.6

表 18—3　2016 年长三角城市群主要经济指标（续表 2）

城　市	一般公共预算收入		金融机构本外币存款余额		金融机构本外币贷款余额		城镇常住居民人均可支配收入		农村常住居民人均可支配收入	
	绝对量（亿元）	增长（%）	绝对量（亿元）	增长（%）	绝对量（亿元）	增长（%）	绝对量（元）	增长（%）	绝对量（元）	增长（%）
上海	6406.13	16.1	110510.96	6.5	59982.25	12.3	57692	8.9	25520	10.0
南京	1142.60	12.0	28355.89	7.1	22268.94	17.5	49997	8.4	21156	8.6
无锡	875.00	5.4	14612.00	10.9	10517.75	10.4	48628	7.8	26158	8.3
常州	480.29	3.0	8850.03	15.5	6081.37	12.2	46058	7.8	23780	8.5
苏州	1730.04	10.8	27727.55	9.9	22752.22	12.9	54341	7.8	27691	8.3
南通	590.18	-5.7	11330.57	15.1	6896.58	13.4	39247	8.1	18741	8.5
盐城	415.20	-2.7	5471.00	23.9	3718.40	20.8	30496	8.1	17172	9.0
扬州	345.30	2.5	5448.23	13.7	3526.36	13.1	35659	8.2	18058	8.7
镇江	293.01	-3.2	4835.19	19.2	3472.35	14.8	41794	8.1	20922	8.9
泰州	327.60	1.7	5406.35	18.9	3720.85	12.3	36828	8.0	17861	8.8
杭州	1402.38	13.2	33386.04	11.8	26169.00	12.2	52185	8.0	27908	8.5
宁波	1114.50	10.5	16989.30	5.0	16622.90	5.5	51560	7.7	28572	7.9
嘉兴	387.93	10.4	6848.41	15.0	5286.90	7.5	48926	7.5	28997	8.0
湖州	211.18	9.9	3552.42	15.0	2757.57	8.8	45794	8.4	26508	8.6
绍兴	390.30	7.3	7435.32	7.0	6153.24	1.7	50305	7.6	27744	8.2
金华	338.14	9.0	7618.92	10.6	6183.88	0.9	46554	7.8	21896	7.9
舟山	120.32	10.1	1915.84	7.0	1521.82	1.5	48423	8.0	28308	9.3
台州	343.28	10.7	7068.62	12.1	5826.03	5.6	47162	9.0	23164	9.1
合肥	614.85	7.6	13479.68	20.4	12064.18	18.6	34852	9.0	17059	8.4
芜湖	298.72	13.4	2915.78	14.4	2852.59	14.5	32315	8.6	17307	8.4
马鞍山	140.32	7.3	1871.97	16.3	1350.50	14.0	38142	8.2	17719	8.5
铜陵	80.72	8.4	1228.87	10.7	971.18	6.8	30633	8.9	12054	8.9
安庆	128.00	29.4	2650.40	17.6	1484.20	12.7	26502	8.0	10814	8.3
滁州	167.30	16.4	1990.00	19.0	1432.00	18.5	26286	8.8	10956	8.8
池州	71.50	0.2	877.00	16.9	508.00	5.7	26261	8.2	12409	7.8
宣城	139.30	5.9	1478.02	22.3	1052.06	16.0	30877	8.0	13379	8.7

表18—4　宁镇扬三市主要经济指标

	宁镇扬合计	南 京	镇 江	扬 州
地区生产总值（亿元）	18786.24	10503.02	3833.84	4449.38
#第二产业增加值	8185.23	4117.32	1870.40	2197.63
第三产业增加值	9959.23	6133.16	1825.66	2000.26
规模以上工业总产值（亿元）	32192.69	13026.90	9066.19	10099.60
固定资产投资（亿元）	11695.68	5533.56	2873.43	3288.68
#工业投资	4951.21	1761.65	1475.13	1714.43
房地产投资	2704.44	1845.60	448.64	410.20
社会消费品零售总额（亿元）	7683.78	5088.20	1236.78	1358.80
进出口总额（亿美元）	700.68	502.12	103.17	95.39
#出口总额	436.81	295.92	69.52	71.37
实际使用外资（亿美元）	60.34	34.79	13.51	12.04
一般公共预算收入（亿元）	1780.91	1142.60	293.01	345.30
金融机构本外币存款余额（亿元）	38629.00	28355.89	4824.88	5448.23
金融机构本外币贷款余额（亿元）	29267.65	22268.94	3472.35	3526.36
全体居民人均可支配收入（元）	—	44009.45	34064.00	28633.00
城镇居民人均可支配收入	—	49997.28	41794.00	35659.00
农民居民人均可支配收入	—	21156.25	20922.00	18057.00
居民消费价格指数（%）	—	102.7	102.1	102.2

中国统计出版社最新图书简目

（仅供参考，以实际出版为准）

统计资料

中国统计年鉴　中国统计摘要　中国发展报告
中国经济普查年鉴　国际统计年鉴　金砖国家联合统计手册
中国-东盟国家统计手册　中国农村统计年鉴　中国县域统计年鉴
中国城市统计年鉴　中国对外直接投资统计公报　中国地区经济监测报告
中国贸易外经统计年鉴　中国零售和餐饮连锁企业统计年鉴　中国商品交易市场统计年鉴
大中型批发零售和住宿餐饮企业统计年鉴　中国农产品价格调查年鉴　中国住户调查年鉴
中国价格统计年鉴　中国能源统计年鉴　全国农产品成本收益资料汇编
中国环境统计年鉴　中国建筑业统计年鉴　国外资源、能源和环境统计资料汇编
中国工业统计年鉴　中国城乡建设统计年鉴　中国县城建设统计年鉴
中国城市建设统计年鉴　中国科技统计年鉴　中国房地产统计年鉴
中国证券期货统计年鉴　中国劳动统计年鉴　中国第三产业统计年鉴
工业企业科技活动资料　中国社会统计年鉴　中国高技术产业统计年鉴
中国人才资源统计报告　中国教育统计年鉴　中国人口和就业统计年鉴
文化及相关产业统计概览　中国文化及相关产业统计年鉴　中国教育经费统计年鉴
中国民族统计年鉴　中国残疾人事业统计年鉴　中国民政统计年鉴
中国乡镇街道行政区域简册　中国基本单位统计年鉴　中国妇女儿童状况统计资料（英）

省级综合统计年鉴系列

北京 天津 河北 山西 内蒙古 辽宁 吉林 黑龙江 上海 江苏 浙江 安徽 福建 江西 山东 河南 湖北 湖南
广东 广西 海南 重庆 四川 贵州 云南 西藏 陕西 甘肃 青海 宁夏 新疆 新疆生产建设兵团

市(县)级综合统计年鉴系列

滨海新区 石家庄 唐山 邯郸 保定 沧州 邢台 廊坊 承德 衡水 秦皇岛 张家口 太原 大同 阳泉 长治 晋城
朔州 晋中 运城 忻州 临汾 吕梁 呼和浩特 呼和浩特新城区 鄂尔多斯 包头 沈阳 大连 长春 吉林 延吉 四平
通化 松原 哈尔滨 齐齐哈尔 黑龙江垦区 上海浦东新区 南京 无锡 徐州 常州 苏州 南通 连云港 淮安 盐城
扬州 镇江 泰州 宿迁 江阴 丹阳 海门 杭州 宁波 温州 嘉兴 湖州 绍兴 金华 衢州 舟山 台州 丽水 合肥
安庆 马鞍山 福州 厦门 宁德 漳州 龙岩 南昌 九江 上饶 新余 抚州 萍乡 赣州 吉安 景德镇 济南 青岛 潍坊
枣庄 日照 滕州 郑州 洛阳 平顶山 三门峡 商丘 信阳 济源 汝州 武汉 十堰 荆州 宜昌 荆门 咸宁 长沙 广州
深圳 惠州 东莞 汕尾 南宁 柳州 桂林 来宾 河池 防城港 海口 三亚 成都 贵阳 黔南 毕节 昆明 西安 咸阳
延安 宝鸡 安康 铜川 汉中 榆林 兰州 庆阳 银川 乌鲁木齐 兵团一师 兵团十师

调查年鉴系列

天津 山西 内蒙古 辽宁 吉林 上海 福建 江西 河南 湖北 湖南 广西 重庆 四川 云南 甘肃 宁夏 新疆

统计方法应用/实用手册

实用SAS统计分析教程　马克威统计分析与数据挖掘应用案例　统计公文知识问答
乡镇统计人员岗位知识培训系列教材：辅助调查员岗位基础知识　乡镇统计人员岗位基础知识
县级统计人员岗位知识培训系列教材：Excel在统计工作中的应用　简明统计分析
地市级统计人员岗位知识培训系列教材：统计报告与演示　Excel在统计工作中的应用

统计通俗读物/统计科普图书

国家统计局核心统计指标变迁　货架上的统计　账本里的统计

重点图书

砥砺奋进的五年——从十八大到十九大　新编英汉汉英统计大词典　中华医学统计百科全书
新常态下的中国服务业：理论与实践　新动能新产业发展报告-2017
挑大学选专业2018—考研择校指南　挑大学选专业2018—高考志愿填报指南

中国统计出版社发行部电话：（010）63376907　63376908　同档行书店电话：68783171　68783172

地址：北京市丰台区西三环南路甲6号　邮政编码：100073　网址：http://www.zgtjcbs.com